U0518170

当代中国农村经济伦理问题研究

A Study on Rural Economic Ethical Problems in Contemporary China

涂平荣 著

图书在版编目（CIP）数据

当代中国农村经济伦理问题研究/涂平荣著．—北京：
中国社会科学出版社，2015.6
ISBN 978－7－5161－6277－4

Ⅰ.①当…　Ⅱ.①涂…　Ⅲ.①农村经济—经济伦理学—
研究—中国　Ⅳ.①F323

中国版本图书馆 CIP 数据核字(2015)第 131027 号

出 版 人　赵剑英
责任编辑　刘晓红
责任校对　周晓东
责任印制　戴　宽

出　　版　中国社会科学出版社
社　　址　北京鼓楼西大街甲 158 号
邮　　编　100720
网　　址　http：//www.csspw.cn
发 行 部　010－84083685
门 市 部　010－84029450
经　　销　新华书店及其他书店

印　　装　北京君升印刷有限公司
版　　次　2015 年 6 月第 1 版
印　　次　2015 年 6 月第 1 次印刷

开　　本　710×1000　1/16
印　　张　18.25
插　　页　2
字　　数　316 千字
定　　价　68.00 元

序　言

喜闻涂平荣的博士论文《当代中国农村经济伦理问题研究》即将要在中国社会科学出版社出版，作为他的导师，我由衷地感到欣慰。把博士论文进一步修改完善出版，这既是学者的学术使命之一，也是学者人生的一大幸事。承蒙弟子嘱托，希望在此书中留下我的笔墨，故欣然接下了此书的序言任务，借此谈些感想。重览书稿，熟悉而亲切，博士论文的一稿、二稿、三稿……直至出版前的定稿，文章的框架结构、观点提炼、语言风格等逐渐合理与规范。“数年磨一剑”，付出终有回报，涂平荣博士的《当代中国农村经济伦理问题研究》终于修成正果、即将付梓出版了。这也是对作者近年来致力于农村经济伦理问题研究辛勤劳动的一个见证。

中国是个农业大国，农村的经济发展是国家经济发展的命脉，农民是中国现代化进程中的主要力量。“三农问题”关系到国民素质的全面提高和经济持续健康发展，关系到社会稳定与国家富强。本书中作者既有相关论题的理论阐释，又有相关主题的实证分析，不仅对我国当前“三农问题”中的经济伦理问题进行了描述性研究，而且从伦理学角度对这些问题进行了规范性研究。从经济活动的生产、分配、交换和消费四个层面系统探讨了我国当前“三农”问题中存在的经济伦理问题，分析了四个环节中产生问题的成因，并给出了相应的消解策略。这些研究成果不仅可为解决“三农”问题提供学理依据与道义支持，有助于完善我国农村经济发展的伦理价值目标、丰富和发展经济伦理学的研究内容、拓展应用伦理学的研究视野和发展空间；而且对贯彻落实当前党的十八大及十八届三中、四中全会、2015 年中央一号文件中的“三农”政策，推进我国农村经济健康、有序、和谐发展均具有重要的应用价值。因此，本书选题不仅具有重要的理论价值，而且具有重要的现实意义。

“三农”问题是学界的研究热点，但从伦理学的视角对“三农”问题的研究却相对冷清，侧面反映出伦理学特别是经济伦理学领域的专家学者关注与投身农村经济伦理问题研究的不多。10 年前（2005 年）我曾对这一研究现状有过感慨："从经济伦理研究的整体来说，对中国农村社会经济和农民经济伦理的演变与研究几乎视而不见，这一忽视，导致的结果是'中国的经济伦理问题似乎只是城市经济伦理问题'"。鉴此，我同意作者对当前该问题研究现状的概括"恰如中国的城乡二元经济结构态势，也存在'重城轻乡、重工轻农、重国企轻乡企、重市民轻农民'的研究格局与发展态势"。也时常鼓励有志于此类研究的青年学者，包括自己的弟子多从伦理学视阈投身于"三农问题"研究，以充分发挥伦理学服务农村经济社会发展的功能，完成伦理学学科的历史使命。

而从伦理学视阈研究当代中国的农村与农业经济问题，形成一个具有中国特色的农村经济伦理学学科体系，不仅是对当代中国应用伦理学创新与拓展的历史使命，而且有利于促进中国特色社会主义的道德实践，助推"中国梦"的实现。党的十八届三中全会也明确提出，全面深化改革的总目标是完善与发展中国特色社会主义制度，推进国家治理体系与治理能力现代化。因此我认为本书的选题具有很强的"问题意识"，既有新意、也有创意。本书把经济伦理学的研究视野延伸到"三农"领域，在梳理相关资料基础上对农村经济伦理进行了界定，对当代中国农村一些主要的经济伦理问题进行了实证分析与道德考量，从某种程度上说是对经济伦理学的研究领域与学术使命的拓展。

本书在一个宏观的理论场景之中提炼、分析与把握当代中国农村经济伦理问题这一研究对象，在研读相关理论与实践资料、整理相关数据方面下了功夫，收集了诸多最新最近的相关数据与材料，有些通过计算以图表、比值等形式加以了整理，运用这些具体数据与史料作为佐证材料增强了论题的说服力与可信度。这在一定程度上弥补了以往伦理学研究重"价值判断"轻"事实判断"的不足。如作者结合了农村经济学注重事实判断与伦理学注重价值判断的思维定式，对当代中国农村一些主要经济伦理问题既进行了具体数据与史实的客观性描述，又进行了相应的伦理价值评判，实现了实证研究与价值研究的新型结合。在研究方法上有一定的创新。

当然，学无止境，本书还存在一些待改进之处。本书中的一些观点有待进一步精确提炼，对农村生产、交换、分配、消费四大领域主要伦理问题与伦理理论的阐述还需进一步打磨。同时，本书有待进一步深入探究学理逻辑，毕竟当代中国农村经济伦理问题研究，是跨越伦理学、经济学、历史学、政治学、社会学、农学等多学科领域的复杂课题，深入研究需要相关学科的知识背景和扎实的理论功底及敏锐的问题洞察力，且目前还停留在问题探讨的起始阶段，尚无现成的成果可供参考，这对作者的知识储备与综合驾驭多学科知识的能力是个严峻挑战，这需要通过更多的学术磨练来不断推进农村经济伦理学理论的完善与发展。希望作者继续努力，潜心治学，务实勤耕，开拓创新，不断取得更多更好的学术成就。

是为序。

王小锡

（中国伦理学会副会长、中国经济伦理学会会长、
南京师大教授、博士生导师）

目　录

导论

第一节 选题缘由与研究意义

一 选题缘由

“三农”问题一直是中国现代化进程中的突出问题，党和政府十分重视和关注。比如，党的十八大报告及十八届三中全会报告均强调指出：“解决好农业农村农民问题是全党工作的重中之重”，并提出构建“新型农业经营体系、给予农民更多的权益，推进城镇化”等发展策略，这就需要与时俱进地构建相应的农村经济伦理学理依据去引导与规范农村经济主体的言行，培育农村德性经济主体，充分发挥“道德资本”、“道德生产力”在农村经济发展中的功效，以推进我国农村经济的持续、健康、和谐发展，实现社会主义新农村“生产发展”与“乡风文明”双重效应。

新中国成立以来，我国农村基本经济体制经历了根本性转变，由计划经济体制向市场经济体制转型，农村经济社会发展也发生了翻天覆地的变化，特别是家庭联产承包责任制实施后，农民的生产积极性、主动性得到了空前的提高，农村劳动力得到了空前的释放，农民可支配的时间日益增多，党和国家对农村工作的主要方针政策也由过去的“过度抽取”、“统购包销”向现在的“多予、少取、放活”、“工业反哺农业，城市支持农村”的转变，农村与农民得到了巨大实惠。至2012年年底，农村居民人均纯收入年均增长9.9%、农村人均住房面积37.1平方米，城镇化率提高到52.6%，中央财政“三农”累计支出4.47万亿元，年均增长23.5%，国家补贴种粮农民资金已达到1923亿元，涉农增加17.63万亿元，小麦、稻谷最低收购价累计提高86.7%，改造农村危房1033万户，初步解决进城务工人员随迁子女在城市接受义务教育问题，实施惠及

3000多万农村义务教育阶段学生营养改善计划。①

同时，近年来随着社会主义新农村建设阔步前进、高潮迭起，农村城镇化、农业现代化、农民市民化的步伐也在加快，农村经济活动日益增多，经济主体呈多元化、复杂化发展态势，农村这块受传统经济伦理道德影响根深蒂固的土壤面临巨大冲击，农村经济秩序、财富伦理观念也经历着深刻的嬗变，传统社会推崇的“安贫乐道”、“勤劳致富”，如今已演变为“羡富耻穷”、“暴富荣耀”；过去我们整个社会所崇尚的重义轻利、大公无私、集体主义、诚实守信等道德观念逐渐被一些人淡忘或遗弃；昔日维护农村经济社会正常运转的伦理价值体系逐渐坍塌，也难以满足现代农村经济发展的伦理诉求。市场经济推崇的效率与效益观念、优胜劣汰的竞争机制，对农村经济主体也产生了诸多负面影响。如见利忘义、唯利是图、投机钻营、坑蒙拐骗、金钱崇拜等现象在农村层出不穷，实用主义、市侩主义、利己主义等言行充斥农村。正如学者申端锋经过实证调查指出：当前，部分农村“社会风气坏了”，各种社会伦理问题逐步浮出水面，中国农村出现了伦理性危机。② 这些现状已为加强和完善农村经济伦理建设敲响了“警钟”，亟待建构适应当前农村实际，符合社会主义核心价值体系基本要求，能引领农村共同的价值观念与社会信念，特别是积极健康、具有广泛约束力和普遍适用性、能得到社会成员一致认可的农村经济伦理理论，为我国农村经济的健康、和谐、持续发展提供伦理价值目标与道义支撑。同时，长期以来，我国城乡二元经济结构也造成了城乡、工农差距日益扩大、贫富差距越发凸显的事实。以2010年中国城乡收入差距的数据为例，据中国社会科学院城市发展与环境研究所发布的《中国城市发展报告No.4——聚焦民生》显示，目前我国城乡收入差距比为3.23∶1，成为世界上城乡收入差距最大的国家之一，特别是中西部城乡收入差距比高达4∶1以上。③ 这些严峻的现实一方面印证了邓小平同志的猜测：“中国经济要出问题，可能就出在农村、农业、农民”④；另一方面也

① 温家宝：《2013年政府工作报告》，新华网（http//news：sina.com.cn/c/2013－03－05/104926432553.shtml）。

② 申端锋：《中国农村出现伦理性危机》，《经济管理文摘》2007年第9期。

③ 王红茹、朱杉：《我国成世界城乡收入差距最大国家之一，今年城乡收入差距会缩小吗?》，《中国经济周刊》2010年第37期。

④ 《邓小平文选》（第3卷），人民出版社1993年版，第159页。

警示着我们必须对新中国成立以来的农村经济制度、政策进行深刻的伦理反思与道德考量，以推进我国农村经济制度伦理化进程。

值得一提的是，笔者对该论题的研究深感兴趣，且具有浓厚的感情，这源自于笔者生于农村、长于农村，源自于笔者在农村的六年工作经历，源自于对农村经济社会发展中的伦理问题有近距离的接触和较为深刻的体会。笔者伦理学专业硕士研究生毕业以后又有幸成为省“十一五”、“十二五”重点学科——伦理学与省高校人文社会科学重点研究基地——农村社会发展研究中心的骨干成员之一。“当代中国农村伦理问题研究”校级青年科研创新团队带头人出于研究工作需要与专业旨趣，对农村经济社会发展中存在的现实问题及相关研究成果也自然格外关注，并且自己也进行过一些相关研究，已主持或作为骨干成员参与完成过相关的省部级、市厅级课题10余项，发表了相关论文20余篇，积累了一些相关的前期成果，造就了科研工作的一些“乡土情结”；读博之后选定的方向为经济伦理，所依托的经济伦理学团队在国内有重要地位，实力雄厚，加上导师的支持与鼓励，于是，便萌生了结合前期成果和工作需要对当代中国农村经济伦理问题进行深入研究的动力与意愿。但是，对当代中国农村经济伦理问题进行系统研究，是一项学科跨度很大的研究工作。它不但需要有伦理学、农业农村经济学、农村社会学、人类学及政治学、管理学、历史学、农学等学科知识背景，还需要有宽广的学术敏锐力、深邃的问题洞察力，才能综合驾驭这些学科的相关原理或观点，得出令人满意的研究成果。所以，研究面临的困难和挑战自然不言而喻。

二 研究意义

本书具有重要的理论意义与实践意义。

（一）理论意义

鉴于当代中国农村经济伦理问题的系统研究是一项跨学科的研究工作，目前国内研究成果还很少，学界、政界均无建设性的理论或指导性意见的事实，这就需要不断融合伦理学、农村农业经济学、农村社会学、政治学、管理学、人类学、历史学等学科特别是农村经济学与经济伦理学的相关原理或观点，切实找到它们的契合点与生长点，达成诸多共识，才能对当代中国农村经济发展中诸多现实难题进行科学的道德考量与伦理阐释，以确定农村经济伦理的价值目标。

对当代中国农村经济发展中的伦理问题进行系统研究，有助于丰富和发展当前经济伦理学、农村经济学、农村社会学、当代中国史等相关学科的研究内容，有助于深化中国当代农村经济伦理思想的内涵，拓展应用伦理学的研究视野和范围，促进伦理学、农村经济学的交叉与融合，打破学科壁垒，达成理论共识。具体如下：

首先，从历史学学科的发展来看，可从伦理的角度加深对当代中国农村经济伦理思想史的认识与理解，拓展历史学的研究范畴，从而对这段中国农村经济思想史作出正确的伦理评价。

其次，从经济学学科的发展来看，运用伦理学特别是经济伦理的相关原理对农村经济发展中的问题进行伦理分析，澄清农村经济的伦理价值和道德意蕴，从而完善农村经济学的内容及学科体系。

再次，从伦理学特别是经济伦理学学科发展来看，伦理学研究深入到农村经济领域，可以扩大研究范围，延伸应用伦理学的研究空间，促进经济伦理学、农村经济学的交叉与融合，丰富农村经济伦理的内涵。

最后，伦理学应关注社会民生，回应社会热点，为弱势产业——农业、弱势地区——农村、弱势群体——农民的经济活动提供有效的伦理阐释与道义支持，回应新农村建设与统筹城乡和谐发展的社会热点，这正是伦理学的应然要求与实然使命。

（二）实践意义

1. 有利于构建和谐的经济秩序甚至是国际经济新秩序

就全球农业、农村经济发展中存在的伦理问题而言，当今世界各国间农业、农村发展很不平衡，发达国家凭借自身的经济、科技、军事优势，利用国际经济政治旧秩序，对发展中国家的农业、农村的剥削与掠夺从来就没有停止过。正如印度学者范达娜·席瓦在其著作《失窃的收成》序言中所描述的：一些跨国企业掌握着国际组织与国际经济秩序，利用转基因技术与操纵国际法剥削发展中国家的贫穷农民，滥用这些落后国家的自然资源，破坏传统的人与自然之间的平衡，以发展中国家的环境恶化与日趋贫困为代价牟取暴利。[①] 联合国粮农组织也指出：全球人口持续增长导致世界生物多样化的严重丧失，并致使未来全球粮食生产与分配面临伦理挑战；由于长期利益与短期利益、经济利益与社会利益、一般区域与重点

---

① ［印度］范达娜·席瓦：《失窃的收成：跨国公司的全球农业掠夺》，唐均译，上海人民出版社 2006 年版，序言。

区域之间的矛盾，以及当代发展与后代需求之间的矛盾相互交织，致使世界多地动植物资源与空气、水、土地、森林资源等人类赖以生存与发展的自然资源正在迅速地退化；农业的工业化使农民越来越依赖于供应商的种子、化肥、农药、地膜、机械与其他农艺设施，这不但降低了农作物的安全性，也使农作物和家畜在遗传上日趋一致，影响了生物多样性，从而带来更大风险；经济实力的过分集中导致国与国之间以及国内各贫富群体之间、粮食安全与不安全之间、享有与不享有教育和技术的群体之间，以及全球化进程中获胜者与失利者之间的差距不断拉大，这些差距将导致更多的不公平和矛盾。新的生物技术在推进了农业生产力进一步提升的同时，也可能对环境与人类健康带来新的风险与灾难，而且由于国家从农业研究领域中退出的趋势明显，以及知识产权法的约束，使得掌握在私人手中的农业新技术可能成为进一步集中经济实力的手段，造成更大的差距和不公平。世界粮农组织揭示的客观事实充分暴露了国际社会中横向的发达国家与发展中国家农村的经济交往之间，纵向的各国国内各利益群体与农村的经济交往之间的矛盾和冲突，蕴涵着诸多伦理问题，亟待建构公正合理、具有普世价值的农业农村经济伦理规范来引领与推动全球农业农村经济的持续、健康、公正、和谐发展，以推动世界农业农村经济发展的伦理化进程。

2. 有助于农村经济的和谐发展、科学发展，提升农村经济的“道德竞争力”①

国内外农业、农村经济发展中还存在诸多不公、不正、不和谐的现实问题。如国际范围内世界各国间农业、农村发展很不平衡，横向的发达国家与发展中国家农村的经济交往之间，纵向的各国国内各利益团体与农村的经济交往之间的矛盾和冲突从未停止过，也引发了诸多经济伦理问题，亟待建构公正合理的农业农村经济伦理规范来引领与推动全球农业农村经济的持续、健康、公正、和谐发展，以推动世界农业农村经济发展的伦理化进程。国内，新中国成立以来特别是改革开放以来，我国农村经济社会取得了辉煌的成就，但也产生了城乡差距拉大、农村财富伦理异化、资源破坏与污染严重、农产品价廉且流通不畅、农村劳动力价廉低效、农民诸多权益缺失、农业发展保障不力等诸多现实问题。这些事实必须引起我们

① 张志丹：《道德经营论》，人民出版社 2013 年版，第 49—60 页。

对当代中国农村经济的发展进行深刻的伦理反思与道德考量，以确定农村经济发展的伦理价值目标，为解决“三农”问题提供道义支持。而且，党的“三农”经济政策或制度特别是近期党的十八大及十八届三中全会的涉农经济政策和制度，也需要经济伦理层面的学理依据与道德理论去支撑与推进。

3. 有助于农村经济社会的和谐发展，推进民生建设，全面建成小康社会

就国内农村经济发展进程中的伦理问题而言，新中国成立60多年以来，我国农村经济在中国共产党的英明领导之下，走过了一段不平凡的发展道路。我国农村经历了“土地改革→互助组→初级社→高级社→人民公社→家庭联产承包→农村税费减免→城乡统筹发展”这样一个经济制度变迁的过程，农村的经营方式、农产品的流通方式、农民的谋生方式与交往方式、农村经济结构等发生了一系列变革，也取得了辉煌的成就，农村面貌确实发生了巨大变化。特别是改革开放后，农村生产力得到了空前的解放和发展，农村经济社会得到了飞速发展，它不仅解决了13.6亿中国人的吃饭问题，而且实现了农村的基本小康，对世界农业也做出了积极贡献。正如世界惊叹“中国以占世界7%的耕地养活了全球22%的人口”。但在发展的过程中，也产生了一系列问题，如农村经济制度显失公平、农村财富伦理异化、农用土地破坏惊人、农村环境污染严重、农产品价格低廉且流通不畅、农村劳动力价廉低效、农民权益缺乏、农业发展保障不力等，造成了李昌平所说的“农民真苦，农村真穷，农业真危险”等与和谐社会格格不入的现象。这与党的十六届五中全会提出的“生产发展、生活富裕、乡风文明、村容整洁、管理民主”的社会主义新农村建设的基本要求也不相吻合。这些事实的客观存在，必须引起我们对当代中国农村经济的发展问题进行深刻的伦理反思与道德考量，以确定农村经济发展的伦理价值目标，为解决“三农”问题提供合理的伦理依据与道义支持，回应社会热点，关注社会民生，这也正是伦理学的应然使命与实然任务。

第二节 国内外相关研究现状综述

农村经济伦理是一个全新的话题，目前国内外学界还没有深入研究，尚处于求索问题的初级阶段，而对当代中国农村经济伦理问题的专题研究几乎空白，目前仅见一些相关的研究成果。从时间来看，国内对当代中国农村经济伦理问题的相关研究始于20世纪90年代，内容仅见于一些零散的相关言论中；国外的“农民学”道德理论虽然起步较早，但对当代中国农村经济伦理问题的相关研究也只能追溯到20世纪80年代，内容也仅限于一些零星的言论，缺乏专题性、系统性的研究成果。

一 国内研究①

随着我国改革开放与市场经济的纵深发展，“三农”问题日益成为社会关注的热点和焦点，经济学、政治学、社会学、管理学、人类学等学科领域的专家学者早已纷纷跻身且热衷于“三农”问题的研究，一大批论文、专著与研究报告等研究成果不断涌现，相关的学术会议与研究机构也不断升级。但对农村经济伦理问题的专题研究很少，只有一些零散的相关言论，相比之下，伦理学特别是经济伦理学领域的专家学者更是很少关注与投身农村经济伦理问题研究，其研究现状恰如中国的城乡二元经济结构态势，也存在“重城轻乡、重工轻农、重国企轻乡企、重市民轻农民”的研究格局与发展态势，故农村经济伦理问题仍是学界研究的“荒区”，研究者不多，截至2014年1月1日，笔者以“农村经济伦理”为检索词在中国知网上检索，也只检索到四篇相关的文章，专题性专著笔者目前也还未涉猎。就此研究现状，国内著名伦理学家、中国伦理学学会副会长庞卫国教授（2005）曾指出，“我国伦理学界对农村道德建设的系统研究是不够的”。② 现任中国经济伦理学会会长王小锡教授（2005）也颇有感触：“从经济伦理研究的整体来说，对中国农村社会经济和农民经济伦理的演变与研究几乎视而不见，这一忽视，导致的结果是‘中国的经济伦理问

① 部分内容见涂平荣《当代中国农村经济伦理问题国内相关研究综述》，《伦理学研究》2013年第3期。

② 庞卫国：《转型期农村道德建设研究》，海天出版社2005年版，序言。

题似乎只是城市经济伦理问题’。”① 借用王露璐教授（2008）的话来说：“乡村，似乎成了我国伦理学（尤其是经济伦理学）研究中‘被遗忘的角落’。”② 而从已有且与农村经济伦理问题相关的研究成果来看，目前国内关于农村经济伦理问题的研究主要涉及对农村经济伦理含义与研究内容的相关描述、对农村经济与伦理道德内在关系的分析、对农村或农业经济制度和政策的伦理剖析、对农村经济伦理问题的现状揭示、成因分析及相应对策探讨等方面。

（一）农村经济伦理概念的研究

研究农村经济伦理，首先就需界定其含义、理顺其学科性质与明确其研究内容，以厘清其知识的学科谱系。而现有的研究成果对此问题还没有明确的界定，偶见一些零星的相关描述。就农村经济伦理的含义而言，王露璐（2008）曾从中国传统社会的乡土特色层面进行过描述性定义，她在借用费孝通先生对中国社会所作出的“乡土性”概括的基础上，认为可以将这种具有“乡土”特色的中国乡村经济伦理称为“乡土经济伦理”。③ 就农村经济伦理的研究内容而言，曹政军（2008）从伦理学的视角出发，认为乡村经济伦理就是以乡村经济生活中的伦理道德现象为研究对象，揭示在乡村经济活动中形成的道德思想和观念、道德关系与道德行为。④ 谢丽华（2010）曾从经济学与社会学的视角出发，对农村生产伦理进行过概述，认为农村生产伦理是农民在生产活动中的伦理精神或伦理气质，是农民从道德角度对生产活动的根本看法⑤；指出了农村经济交换伦理的应然诉求是交换正义⑥；认为农村分配关系正义性的判断标准主要包括政府和集体剩余的抽取不可侵蚀资本；政府、集体、农户间对剩余物的分割应保持合理的比例，适度向农民倾斜并相对稳定；农村各生产经营主体负担公平；收入分配差距适度，调节自如；分配制度符合或体现市场经济法则，能够最大限度地容纳市场运作；税费的主从关系明确；税收的技

① 王小锡等：《中国经济伦理学20年》，南京师范大学出版社2005年版，第73页。

② 王露璐：《乡土伦理——一种跨学科视野中的“地方性道德知识”》，人民出版社2008年版，第2页。

③ 王露璐：《乡土经济伦理的传统特色探析》，《孔子研究》2008年第2期。

④ 曹政军：《中国乡村经济伦理问题研究——兼论新农村道德建设》，硕士学位论文，湖南师范大学，2008年。

⑤ 谢丽华：《农村伦理的理论与现实》，中国农业出版社2010年版，第2页。

⑥ 同上书，第72页。

术性原则得到充分体现；行政运作成本低水平[①]；认为农村消费伦理是指农民在消费水平、消费方式等问题上产生的道德观念、道德规范以及对社会消费行为的价值判断与道德评价。[②]

（二）农村经济与伦理道德内在关系的研究

经济与伦理道德的内在关系是经济伦理讨论的主要话题，农村经济与伦理道德的内在关系，从学理逻辑而言，也应是农村经济伦理的主要研究内容。部分学者曾从自身研究的学科领域，直接或间接地论及了这个问题。如秦树理（2002）曾从农业经济结构调整与农村社会道德建设的互动关系入手，指出当前正在深入开展的农业经济结构调整，引起了农业生产关系、生产方式和劳动组织形式的重大变化，对农业劳动者的思想道德观念产生了深刻的影响，促进了社会主义道德的进步。社会主义道德已成为推动农村经济社会发展的巨大精神动力。由此，他强调要加大农业经济结构调整力度，为强化农村社会主义道德建设提供坚实的经济基础，同时农村的道德建设也要紧紧围绕农村经济发展的中心任务，服务与服从于农村经济建设的需要。[③] 贺汉魂（2003）从经济学的视野出发，认为在传统社会里，农民人情对农民伦理行为、经济行为均起支配作用。步入现代社会，市场经济对农民人情也形成了巨大的冲击。然而转型期的农村依然存在大量的传统因子，因此农民的人情在市场条件下依然有强大的生命力，但人情与市场经济在性质上是根本不同的，两者相互碰撞易产生农民的人情危机。当然农民的人情危机并不能否定农民人情对市场经济的现代价值。[④] 耿永志、吴满财（2005）认为，农村可持续发展中经济伦理的价值取向应体现生态保护、社会公平、经济发展的原则。[⑤] 岳跃（2006）运用了经济学与伦理学的相关原理，通过对农户经营行为的纳什均衡博弈模型的分析表明经济因素与伦理道德因素共同决定农户的经济行为，农户的经济行为与道德行为不是对立而是通融的，有道德的理性人可以从遵守道德

① 谢丽华：《农村伦理的理论与现实》，中国农业出版社2010年版，第106页。

② 同上书，第147页。

③ 秦树理：《在农业经济结构调整中加强农村道德建设》，《光明日报》2002年9月30日理论版。

④ 贺汉魂：《市场条件下农民人情辩证——转型期农民经济伦理问题分析》，《怀化学院学报》2003年第4期。

⑤ 耿永志、吴满财：《农村可持续发展过程中经济与伦理关系问题浅探》，《农业现代化研究》2005年第4期。

标准和市场游戏规则中使自己和博弈双方都获得利益，指出了农户的道德行为将会增加自身的经济收益，而缺德行为将会损害他人与社会的利益，最终还会损害自己的利益。[①] 孙蕊（2008）认为：经济发展是一个价值选择和道德协调的统一，其中应该体现一定的伦理性规定，重视经济活动中的伦理性将对社会经济的健康发展注入巨大动力。中国政府提出建设社会主义新农村的思路体现了经济发展中的伦理性要求，同时也立足中国实际对经济学的研究注入了伦理道德的内涵。[②] 陈锦晓（2009）从经济学的视野出发，认为改革开放以来，乡村工业化的发展增加了农民收入，推动了农村城镇化、现代化的进程，极大地改变了乡村社会经济利益格局，从而使传统乡村伦理发生了重大变迁。同时，工业化的发展本身也提出了新的伦理课题，表现在工业发展破坏了原有的生态平衡，耗费了资源、污染了环境，催生了消费社会的到来和消费主义文化的兴起，损害了农民的生存与发展权益。[③] 吕甜甜（2009）通过以吴江市横扇镇圣牛村为个案的实证分析，从经济伦理视阈阐释了苏南土地股份合作实现产权伦理的理性转换和私营经济是一种高效的资源配置方式，揭示了伦理是助推苏南乡村经济在全国持续领先的奥秘，由此提出应吸收和借鉴苏南农村经济发展中优秀的伦理精神，以推进全国社会主义新农村建设。[④]

（三）农业、农村制度或政策的伦理剖析

经济制度伦理是经济伦理研究的重要内容之一，从现有的研究成果来看，有些学者在反思农业、农村经济制度的伦理问题时，对当代中国农村的经济制度进行过不同层面的伦理拷问，利用制度伦理的理论与方法分析了我国农业、农村的政策和制度的伦理缺陷，从伦理的视角探讨过我国农业政策和有关制度建设的前提和基础问题，有些学者还提出或设计了纠正或规范我国农村经济制度的伦理路径。如郑风田（1999）曾用制度理性假说来认识中国农民的经济行为，该假说认为中国农民的经济行为合理与否主要受制于制度，其包含两层意义，一是一项政策制定时首先应该考虑

---

① 岳跃：《中国农户经济行为的二元博弈均衡分析》，中国经济出版社 2006 年版，第1—3页。

② 孙蕊：《农村经济发展中伦理道德的价值性解读》，《中共云南省委党校学报》2008 年第 5 期。

③ 陈锦晓：《乡村工业化与乡村伦理问题》，《生态经济》2009 年第 5 期。

④ 吕甜甜：《社会主义新农村建设经济路向的伦理特质——以吴江市横扇镇圣牛村为例》，《河北农业科学》2009 年第 11 期。

农民的反应，是否对农民有激励作用，是否有利于农民供给增长；二是在发现农民有不合理或不合法的行为出现时，要更多地从制度层面上去找原因，并以此制定合理的政策。[①] 杨灿明等（2003）从制度伦理的本质、基本原则与精神等层面论述了给予当代中国农民国民待遇是解决“三农”问题的必然选择，即废除城乡二元户籍制度，给农民以真正自由的权利；改革不平衡的财税体制，使农民享受到均等的公共品供应和一视同仁的社会保障，是解决“三农”问题的对策。[②] 这些举措已触及农村经济制度层面的伦理问题。王越子（2004）从制度伦理的视角分析我国的“三农”问题，研究指出“三农”问题是缺乏正义即自由和平等的制度缺陷在现阶段的集中反映，认为解决“三农”问题必须着眼于建构合正义性的制度安排，即制度安排要从法律层面上来确立和保护公民的自由、自由权以及基本权利的公正分配，预防和禁止制度歧视，禁止和惩罚侵害公民正当权利的行为和规则。[③] 陈婴虹（2004）从政治学的视角出发，认为中国农民利益缺失的关键在于国家与农民间的契约精神的缺乏，表现为契约关系残缺且失衡。所以，在国家与农民之间建立良性的契约互动关系，是解决中国农民利益保护的根本之道。[④] 聂红梅等（2005）从政治学的视角指出：农村税费改革前，存在农民不合理负担、可用农地资源普遍减少、机构膨胀、农村领导干部人数呈不断上升趋势、部分领导干部行政职业道德令人担忧等社会现状，通过农村制度的创新可缓解上述道德病症。[⑤] 段玉恩（2008）认为：最低生活保障是实现社会公平的政策选择，带有浓厚的伦理色彩，当前我国农村最低生活保障中存在着社会保障权弱化、中央财政支出不公平、社会服务缺失等突出问题。其原因是政府价值取向的偏离、基层干群公民权利意识淡薄，解决这一问题的关键是加大政府支出力度，加快农村社会保障基本法的建设，完善农村社保的制度建设和监

---

① 郑风田：《制度变迁与中国农民经济行为》，中国农业科技出版社 1999 年版，第 185—186 页。

② 杨灿明、胡洪曙、施惠玲：《农民国民待遇与制度伦理分析——兼论“三农”问题的解决对策》，《中南财经政法大学学报》2003 年第 5 期。

③ 王越子：《制度缺陷与“三农”问题：基于制度伦理视角的一个解说》，《贵州财经学院学报》2004 年第 6 期。

④ 陈婴虹：《论农民利益的缺失——从国家与农民契约关系的角度》，《理论导刊》2004 年第 5 期。

⑤ 聂红梅等：《中国农村制度创新伦理》，《河南社会科学》2005 年第 1 期。

督。[①] 被誉为“9 亿农民的代言人”的温铁军认为：乡土中国之所以不同于城市中国，在于大多数传统农区的非正式制度、非规范契约至今仍然是维系农村发展与乡村治理的制度文化基础。[②] 有 20 多年乡镇干部经历的李桂平（2011）认为：农民的话语权、受教育权、社会保障权缺失，在农村产权方面，人们所看到的主要是农民的经营权，而很少关注农村集体的所有权，集体因此被“虚化”了。[③]

（四）对农村经济伦理问题的现状、成因及其对策的探讨

从学理而言，农村经济伦理的学术使命应是揭示和探讨农村经济社会发展中的伦理道德问题的现状、成因与相应对策。从现有的相关研究成果来看，不少学者已自觉不自觉地做了一些类似的研究。如吕亚荣（2003）曾从经济学的视角出发，指出并分析了改革开放以来我国农村社会经济发展中，出现了收入分配不平等日益严重、工农产品价格“剪刀差”仍然存在、农民承担税费负担不公平、农民就业和享受教育的机会不公平等问题。[④] 但他未提出相应的解决对策。耿永志、吴满财（2005）从宏观经济学的视角出发，认为当前农村中存在着经济和伦理关系不协调的一面，表现在重经济发展，轻伦理道德建设，这已严重破坏了农村生态环境，打乱了农村经济秩序，阻碍了农村经济的可持续发展。相应对策是提倡公平竞争和效率的精神，提倡追求正当利益。[⑤] 岳跃（2006）结合了伦理学与经济学的相关原理，对农户的经济行为进行了道德评价与伦理考量，指出在中国农户的经济行为中，存在农户劳动力再生产行为扭曲、农用地抛荒现象严重、农产品营销体系滞后、农户经营组织化程度偏低、农户投资的非农化与短期化倾向严重、农户消费水平偏低、消费能力较差等伦理问题，主要原因是受传统观念和封建陋习影响；对策是从经济与道德的二元均衡角度出发，中国目前应加强传统观念的变革和农村制度的创新与政策的调整，使大多数农户由理性的“经济人”向“有道德的理性人”转化。[⑥]

---

① 段玉恩：《农村最低生活保障制度的伦理思考》，《山东社会科学》2008 年第 6 期。

② 温铁军：《“三农”问题与制度变迁》，中国经济出版社 2009 年版，第 9 页。

③ 李桂平：《突围中的农村》，江西高校出版社 2011 年版，第 136 页。

④ 吕亚荣：《关注农村改革中的几个不公平问题》，《农业经济问题》2003 年第 11 期。

⑤ 耿永志、吴满财：《农村可持续发展过程中经济与伦理关系问题浅探》，《农业现代化研究》2005 年第 4 期。

⑥ 岳跃：《中国农户经济行为的二元博弈均衡分析》，中国经济出版社 2006 年版，第 1—3 页。

申端锋（2007）在广泛调查我国中部农村时发现，“取消农业税后的中国乡村社会正在经历从治理性危机到伦理性危机”，表现在经济伦理层面的问题是农民的“财富伦理发生了变异”、“钱衡量价值”成为时尚。原因是市场经济条件下，乡村生活受到货币经济的冲击，乡村生活的合理性及其价值越来越受到破坏和质疑。治理策略是不能局限于“李昌平式的‘三农’问题主要是治理问题和经济问题”，还要加大“社会问题的视野”，直面当前农村社会中的伦理性危机，从而对“三农”问题的出路尤其是新农村建设有一个更好的认识和设计。[①] 方金（2007）从农业经济管理学的角度出发，指出改革开放以来，我国农村经济得到了迅猛发展，但在农业领域以及农产品生产与交易过程中也出现了诸如生物技术运用的风险性、农药的滥用、化肥的过度使用、毒大米事件、农业技术的垄断、农产品交易中的歧视、农民的社会和经济地位以及农业资源的可持续利用等伦理问题；并运用制度伦理学、经济伦理学、生态伦理学的有关分析工具，从伦理学、管理学的角度探讨了解决上述问题的相应路径。[②] 刘建荣（2007）通过实证调查指出社会转型时期我国农村存在个体观念与集体观念的冲突，功利观念与道义观念的冲突，平庸守旧观念与创新竞争观念的冲突，重农抑商、农本商末观念与发展商品经济观念的冲突，知足常乐、小富即安观念与富而思进、勤劳致富观念的冲突，平均观念与平等观念的冲突，盲从观念与自由观念的冲突，封闭守旧观念与开放务实观念的冲突，节俭观念与效益观念的冲突，宗法迷信观念与民主科学观念的冲突等问题；原因是中国传统道德文化的影响、经济转轨、社会变迁及外来文化的冲击；对策是运用社会主义道德规范的主导与规范。[③]

贺雪峰（2008）从社会学的视角描述了当前农村出现了“葬礼上跳脱衣舞”、虐待遗弃老人、红白喜事攀比成风、头胎是女婴堕胎盛行、建房比高低、“笑贫不笑娼”等伦理缺失现象，原因是中国农民安身立命基础的本体性价值出现了危机，认为中国农民本体性价值的核心是传宗接代，现代性因素的进入，致使传宗接代的本体性价值开始理性化，从而导致构成农民安身立命基础的传统价值发生动摇；并结合农民价值的三种类

① 申端峰：《中国农村出现伦理性危机》，《中国老区建设》2007 年第 7 期。

② 方金：《中国农业伦理问题研究》，博士学位论文，山东农业大学，2007 年。

③ 刘建荣：《社会转型时期的农民道德现状——一项基于实地调查的研究》，《湖南师范大学社会科学学报》2007 年第 1 期。

型——本体性价值、社会性价值与基础性价值及其相互关系剖析了当前中国农村严重伦理危机问题。[①] 李承宗（2008）从农村社会学的视角对农村道德问题进行了系统“扫描”，发现农村社会公德意识差、公共财物保护意识不强、破坏生态环境的行为十分普遍、诚信思想不浓、勤俭与尊重劳动的传统美德缺失、家庭关系与邻里关系紧张、经济较发达的农村地区人们的道德状况也令人担忧等问题；原因是新旧体制转型造成价值导向迷茫、市场经济的负面影响、农村推行积极进步的思想道德示范效应很弱、部分地方政府重经济建设轻思想道德教育倾向严重、部分农民素质偏低；对策是创新农村道德风尚、树立农民的公民意识、建设农村的和谐秩序、坚持农村的可持续发展。[②] 罗文章（2008）从农村“商德”与农民职业道德建设入手，指出农村居民进入市场社会和商业职业领域的历史步伐带来了诚信危机、义利失衡、行为失范等“商德”问题及农民有“小农意识”的职业局限；对策是引导农村居民树立社会主义义利观、培养农村居民的诚信美德与公平竞争观，引导农民树立正确的职业价值观、培养积极的敬业精神、强化职业道德责任感和确立职业纪律意识。[③]

二　国外研究[④]

国外对农村经济伦理问题的相关研究起步较早，近代以来已形成了相对成熟的“农民学”道德理论流派。如马克思恩格斯的“小农经济”的道德理论，印度“圣雄”甘地的“农舍经济”伦理思想，苏联农业经济学家蔡亚诺夫、德国经济史家卡尔·波拉尼、美国学者詹姆·斯科特等人的“自给小农”生存动机道德理论，二战前后的“新古典学派”的R. 菲尔斯、S. 塔克斯、西奥多·W. 舒尔茨、波普金等人的“理性小农”利润动机经济道德理论，20世纪中后期法国著名农村社会学家孟德拉斯的由“自给小农”的生存动机向“理性小农”的利润动机转化的经济道德理论，当代美国学者赫伯特·西蒙的“有限理性和效用理性”小农的经济伦理观以及有关国际组织的会议和倡议中对农村经济伦理的相关论述

① 贺雪峰：《农民价值观的类型及相互关系——对当前中国农村严重伦理危机的讨论》，《开放时代》2008年第3期。

② 李承宗：《伦理学视野下的当代中国现实理论问题》，湖南大学出版社2008年版，第66—92页。

③ 罗文章：《新农村道德建设论》，当代中国出版社2008年版，第143—155页。

④ 部分内容见涂平荣《近代以来国外农村经济伦理问题相关研究综述》，《亚洲学术论坛》2013年第1期。

等。有些研究成果还付诸了实践，产生了较好的功效。如印度甘地的“农舍经济”实践、韩国的新村运动非常注重提高农民的道德水平，把经济发展、科技发展和国家伦理道德建设紧密结合起来，推动农村经济发展与社会全面进步。日本的造村运动，也非常注重培养农民自立自主精神，注重农村人才培养，政府政策体现农民意愿。国际粮农组织的会议文件和倡议中的关于农业经济伦理方面的具体条款在部分国家也在逐步实施。但针对当代中国农村经济伦理问题的相关专题研究寥寥无几，目前仅零星地体现于抗日战争时期来华支持中国抗日，有着“中国人民的老朋友”美誉的美国人韩丁即威廉·辛顿（Willam Hinto）及黄宗智、阎云翔、李怀印等几位当代美籍华人的专著或论文中，他们多从人类学的视角出发，注重实证研究，多以某个地区或具体村庄为研究对象，进行长时间的追踪调查，对当地农村经济社会运行中的伦理问题进行了一些客观的描述或深刻的伦理剖析。内容主要涉及对当代中国农村经济主体（指农民或农户）经济行为的道德动机考察、农村道德变迁与衰弱的现状和成因及其相应对策、农村经济制度或政策的伦理剖析等方面。如韩丁（1983）认为集体化时代的农民愿意走互助合作化道路，并非政策宣传奏效，而是经济利益所致。黄宗智（2010）则认为当代中国的“小农”既是利润追求者和维持生计的生产者，更是受剥削的耕作者，其经济行为作出“生存动机”或“利润动机”的抉择实属环境或条件所迫，无可指责，对城乡二元经济体制持批评态度。阎云翔（2006）描绘了从1949—1999年间黑龙江省下岬村农民本土伦理道德变迁及衰弱的种种迹象，如公德缺失、极端功利化与重权利轻义务等道德问题；成因是“集体化终结、国家从社会生活多个方面撤出之后，社会主义道德观也随之崩溃”；对策是通过培育民间组织来化解这些道德困境。李怀印（2010）则指出，当代中国乡村前期在集体化时期的耕种者在农业生产中总是怠工。成因是国家的农业政策未能把劳动付出和报酬相匹配及劳动监督困难等因素。并指出中国农村集体化时期的平均主义分配制度显失公平，导致了农民生产积极性消失、农业生产效率低下，同时国家对农村的过度抽取，极大损害了农村的再生产能力与发展。这些言论有一定的合理性，但须结合国情去理性认识。

（一）“自给小农”生存动机与“理性小农”利润动机并存的道德理论

国际著名历史学家、美国加利福尼亚大学洛杉矶分校（UCLA）历史系教授、中国人民大学长江学者、讲座教授黄宗智立足实证研究，把效用理论运用于农民学，遵循“从经验出发到理论再返回经验”的研究进路，对当代中国农村经济、社会问题进行了深入细致的研究，集中体现在其《华北的小农经济与社会变迁》（1986）、《长江三角洲小农家庭与乡村发展》（1992）和《中国的隐性农业革命》（2010）三本专著中，他对当代中国农民的经济活动进行了一些伦理审视，指出当代中国的“小农既是一个追求利润者，又是维持生计的生产者，当然更是受剥削的耕作者，三种不同的面貌，各自反映了这个统一体的一个侧面”。① 而且他从理论层面把乡村企业行为和消费者行为结合起来考察，认为企业行为追求利润最大化，而消费者行为追求效用最大化，在不同的约束条件和社会环境下，“小农”会有不同的行为动机或目的。总体来说，规模较大，相对富裕的农场，其经济活动很大程度上受利润的支配，单个、较穷的“小农”，其经济活动很大程度上是基于生存与安全的考虑，对利润的追求是次要的。在此基础上，黄宗智还将融生产者与消费者于一体的农户的经济动机抽象为“效用”原理，即不用“追求最高利润”的观念（源于企业行为理论），而用“效用”观念（源于微观经济学中关于理性消费者的抉择理论），把“效用”作为行为抉择的首要因素，可顾及行为主体在一些特殊情况下作出的主观决策，以减少其风险性。在当代中国农村经济社会变迁之中，农民生产仍然由两种生产所组成，农村经济结构仍然是“主业+副业”的基本模式，由主要劳动力从事主业，较廉价的辅助劳动力从事副业。不同的是“主业+副业”的地位发生了变化，由原来的“农业主业+手工业副业”，转化为“工业主业+农业副业”的结构。进入20世纪后，中国乡村经济商品化进程加快，使乡村社会的生产关系中的人情因素逐渐弱化，经济因素增强，即“从一种在相识的人之间、面对面的长期性关系，改变为脱离人身的、短期性市场关系”。② 从这些层面也可折射出乡村经济伦理也在发生相应的变迁，由“自给小农”的经济道德观念向“理性小农”的经济道德观念转化，书中还对当代中国农村的几项经济制度中存在的问题进行了伦理评价，但没有对农民进行道德指责。相反，字里行间还时时流露出对当代中国农民深层次的人文关怀与道义支持。阎云翔（2006）则立足自己的实证观察，指出当代黑龙江省的下岬

① 郭于华：《重读农民学经典论题——“道义经济”还是“理性经济”》，《读书》2002年第5期。

② ［美］黄宗智：《华北的小农经济与社会变迁》，中华书局2000年版，第212页。

村部分农村青年传统美德逐渐消失，极端功利化的自我中心取向日趋严重。

（二）从事农村经济活动的个体道德变迁与衰弱的现状、成因及其对策

阎云翔（2006）从人类学视角出发，以黑龙江省的下岬村为个案，描绘了从1949—1999年下岬村农民本土伦理道德变迁及衰弱的种种迹象，指出了农村青年择偶、农村生育、家庭财产分割、老人赡养、集体精神等方面暴露出的伦理道德问题，他通过深度观察，发现下岬村在经历了经济社会发展后成长起来的年轻人财富伦理已发生“异化”。如年轻人订婚索要的“彩礼钱”越来越多，用途也由原来的孝敬父母转向年轻人婚后的小家庭专用，年轻人分家财产分割时矛盾突出，成家立业后“啃老”现象严重，孝敬父母的传统伦理弱化，遗弃、虐待老人时有发生，暴露出功利化、自我化，只重权利，不愿履行应尽的义务等伦理问题。成因是改革开放后，实施的是家庭联产承包责任制，国家对农村社会经济生活的控制与管理相对放松，以集体主义为基本原则的社会主义道德观在农村也随之弱化，加上传统伦理道德的日益淡化，实施家庭联产承包制后的农村出现了“道德与意识形态的真空”。[①] 对策是通过培育农村的民间组织来化解这些伦理困境。美籍华人李怀印（2010）则指出，当代中国乡村前期在集体化时期的耕种者（农民）在农业生产中总是怠工，成因是国家的农业分配政策未能把劳动付出和报酬相匹配及劳动监督困难等因素。

（三）农村经济制度或政策的伦理缺失问题

李怀印（2010）指出，1949年以后中国乡村的六十年，大致以1980年为界，分为前后两个阶段，前期在集体化阶段实施平均主义分配制度显失公平，导致耕种者（农民）农业生产中干多干少、干好干坏一个样，农民的生产积极性消失，故生产效率低下。人民公社化和“大跃进”运动则进一步深化了国家对农村社会的渗透和控制。此阶段的官方意识形态则一直试图强调农村集体制的种种成功之处，诸如动员人力以改变自然环境、提高全国农业产量、从根本上改善农村人口生存条件等，以证明社会主义的优越性。后期改革开放阶段的农民被描述为自利而理性的行为人；按照一种有争议的解释，他们对于家庭农业回报最大化的期望，是改革之

① ［美］阎云翔：《私人生活的变革：一个中国村庄里的爱情、家庭与亲密关系（1949—1999）》，龚晓夏译，上海书店出版社2006年版，第5—6页。

后立即产生经济奇迹的一个关键因素。与之相反，改革时代的政府官员则往往强调生产队的低效率和农民的普遍贫困，以贬低集体化时代，证明包产到户取代集体生产的必要性与合理性，为农村改革寻找依据。① 并指出：农村税费改革前征收农业税和工农产品的价格“剪刀差”，是“国家的过度抽取，极大损害了生产队的集体积累能力，阻碍了农业的现代化投资。而农村生产队在农业现代化方面仅能做到最低程度的投资，以维持集体经济的‘简单再生产’。当代中国农民对新中国的工业化建设确实作出了巨大贡献”。② 从这些层面可以看出农村经济制度的道德含量与公平因素缺失。并指出中国农村改革开放后取得的重大成就，并非改革设计者最初预期的农业产出大幅度增长，而是集体化时期奠定的经济与政治基础、农村劳动力的意外释放、农户收入来源的多样化、农业税的逐步减免乃至废除等，这些因素为中国乡村经济社会的现代化铺就了道路。③ 美国人韩丁（1980）则通过自己在中国农村辗转奔波 30 多年的所见所闻为史实，重点选择了山西武乡县张庄村参加土改运动的切身体会为个案，对新中国成立前夕解放区与新中国成立初期的土改制度、人民公社制、农业集体合作化制度、“大跃进”运动、按劳分配等大加赞赏，但也指出了存在“共产风”、“浮夸风”、“割资本主义尾巴”、平均主义、官僚主义、集体化劳动效率低下等严重损害农村经济社会良性发展的现实问题。

三　现有研究的不足与趋势

从国内研究成果中不难发现，对农村经济伦理问题的研究还处在萌芽的自发状态和初始、探索阶段。对农村经济伦理的基本概念的研究还停留在描述性状态，内涵不够明确，还有待进一步界定与澄清，其学科性质、研究对象、基本范畴等也远未成型，研究目标和研究任务尚未明确。对农村经济与伦理道德相互关系的研究也还处在零散状态，学科融合不够，没有明确的主线或清晰的步骤，缺乏逻辑性、完整性与系统性。对农业、农村制度的伦理审视或道德拷问也只是就事论事，缺乏理论深度与问题意识，且层次不明朗，逻辑结构不衔接。对农村经济社会发展中的的伦理道德问题的表现形式、成因分析及其相应对策的探讨已触及具体现实问题，

---

① ［美］李怀印：《乡村中国纪事——集体化和改革的微观历程》，法律出版社 2010 年版，第 204 页。

② 同上书，第 221—222 页。

③ 同上书，第 254 页。

有问题意识，相关研究思路相似，具体对策也有些共识，有些也很有见地。但由于相关研究的视角不一，研究方法不同、学科壁垒未突破，导致研究的问题意识单一，思路单向、学理逻辑不畅、理论支撑不足、学术共识不够、缺乏对主线贯通和系统建构的理论驾驭、深度研究与综合运用。如对古今中外农村经济伦理相关研究成果的梳理、比较与融会的研究成果还有待深入，农村经济伦理的理论资源还有待开发，对不同学科领域内农村经济伦理问题的相关研究成果还缺乏整合和贯通的向度、力度和深度，没有形成农村经济伦理自身的学术视野、研究领域和学理逻辑，还或多或少地依附于经济伦理学、农村社会学、农村与农业经济学、农村政治学等学科的羽翼之下，或者说还处于萌芽状态或自发阶段，没有从相关学科交融中独立分化出来，也未能独立发挥自身在农村经济发展中的应然作用。而且，现有的研究也集中在改革开放以后或社会转型期，对新中国成立后至改革开放前这段时期农村经济发展中的伦理问题的相关研究成果更少。因此，加大对农村经济伦理问题的系统理论研究和综合开发，探究当代中国农村经济社会发展中经济伦理的变迁规律与内生价值，从伦理层面科学阐释与消解农村经济社会发展中现实难题，为推进社会主义新农村建设、统筹城乡发展、促进社会和谐提供精神动力和智力支持的学术使命与历史责任仍然任重而道远。

另外，国外对农村经济伦理问题的相关研究，理论较为成熟，结构较为完善，研究的方法多样，非常注重实证研究，研究对象多针对某个具体村落或领域进行长时间的追踪调查，避免了空洞的宏大叙事或高谈阔论。研究的视野也比较开阔，小到某个村落的经济伦理现状描述，大到国际社会的农村道德观察和伦理评判。但也存在学理逻辑不畅、学术共识不够等问题，缺乏结合农村经济学与伦理学的学科背景与知识谱系进行深入系统研究的成果，特别是进入农业、农村经济领域探讨伦理道德问题的研究成果不多，有些只能从其相关的言论中去引申，没有围绕农村经济伦理这一主旨进行深度的理论开发和实践延伸，没有形成农村经济伦理自身的研究领域、学术视野与学理逻辑，还未形成自身的基本原理与其他学科展开对话。

从上述国内外有关研究的概述，我们可以清楚地看出，现有的“三农”问题研究也涉及了农村经济社会发展的诸多伦理问题，这对于我们进一步研究和探索当代中国农村经济伦理问题提供了重要的思想资源、学术方法和评价标准，其上下求索、筚路蓝缕的探究之功无疑是值得我们肯定的。但是，总的来看，研究中取得的成就和存在的问题可以概述如下：

第一，从研究论题来说，研究“农民学”、“三农”问题的论著和成果较为丰硕，而专门以当代中国农村经济伦理为选题的专门性著作并不多见。比如，有些研究虽然已经在某种程度上涉及了农村的经济发展存在的问题，诸如生产力落后，农民工问题，留守儿童、妇女和老人问题，社会福利等社会伦理问题，但主要的考察视野不是伦理学的，缺乏伦理学术语的理论阐述与实践路径，所以给人的印象还不是对农村经济伦理的研究；有的在某种程度上是对农民和农村经济发展的考察，也由于其视野不在伦理学上，所以也显得不是对农村经济伦理的研究。实际上，这些研究还是与农村经济伦理有关系的，只是比较外在表面，没有深入到内里加以剖析。

第二，从研究内容来看，现有的研究已经取得巨大成绩，涉及农村经济伦理问题的诸多方面。但是，应该看到，仍然存在一些研究“死角”或者有待填补的研究“空白”。因此，需要涵盖当代中国农村经济伦理的主要方面，涉及农村经济伦理研究的现状、概念、研究所依托的思想资源、特点、功能以及存在的主要经济伦理问题、原因及其相应的实践路径和机制，进行系统全面的研究。就是说，所有这一切都需要进一步丰富和充实，否则，对于完整系统的农村经济伦理研究来说，现有的研究显而易见是大为欠缺的。

第三，从研究方法来说，现有的研究方法借鉴了多科学的研究方法和研究视角。比如历史学、社会学、经济学、文化学、人类学、文艺学等学科方法，丰富和深化拓展了当代中国经济伦理的研究，但是如何实现这些方法的有机整合和统一，以构建马克思主义的唯物辩证法指导下的、伦理学研究方法主导的跨学科研究方法系统，从而纵深推进现有的研究，仍然是个十分困难的研究课题。

对上述这些伦理研究问题进行深刻反思是推进当代中国经济伦理研究向前深入，避免越来越陷入低水平重复的逻辑前提。概言之，未来的研究趋势或者进一步研究和提升的空间表现如下：

一是从研究选题来说，需要围绕当代中国经济伦理的问题，有机整合现有研究资源，对当代中国农村经济伦理进行专题性研究。

二是从研究内容来说，需要对农村经济伦理研究的现状、概念、研究所依托的思想资源、特点、功能以及存在的主要经济伦理问题、原因及其相应的实践路径和机制等，进行全面系统的研究，同时也可以对农村经济伦理与城市经济伦理进行横向的共时性比较研究，并对农村经济伦理进行纵向的历时性比较。

三是从研究方法来说，需要构建马克思主义指导下的、伦理学研究方法主导的社会学、历史学、经济学和人类学等跨学科研究方法系统，从而纵深推进现有的当代中国农村经济伦理研究，实现研究的历史性跨越和质性的提升。

第三节 研究的目标、路径与创新之处

一 研究目标、内容与解决的问题

（一）研究目标

（1）通过对当代中国农村经济发展中存在的具体现实问题进行深刻的伦理反思与道德考量，为进一步完善当代中国农村经济发展的伦理价值目标找准方向，为推进农村经济发展提供精神动力与智力支持，为解决“三农”问题提供学理依据与道义支持。

（2）把经济伦理学的研究视野延伸到“三农”领域，对当代中国农村经济发展中的主要伦理问题进行深入、系统的研究，进一步丰富与发展经济伦理学的研究内容，拓展应用伦理学的研究领域与发展空间。

（3）通过对农村经济伦理问题进行深入、系统的调查研究与史料分析，全面了解当代中国农村经济制度、政策与具体经济活动中的主要伦理问题现状。在辩证分析其成因的基础上，探讨相应的对策，为现阶段我国农村经济伦理建设提供决策依据。

（4）党的十八大及十八届三中全会均强调指出：“要重点解决好农业农村农民问题、构建新型农业经营体系、赋予农民更多权利和利益、推进城乡一体化”等，而要贯彻落实这些“三农”政策，也需要与时俱进地引领与规范农村经济主体的言行，充分发挥道德资本在农村经济发展中的功效，以推进我国农村经济持续、健康、和谐发展。

（二）研究内容

（1）当代中国农村经济伦理问题现状实证研究。通过实证调查，了

解、发现我国部分农村在经济发展中存在的主要伦理道德问题的实况，为研究当代中国农村经济伦理问题提供样本分析数据与翔实材料。

（2）农村经济伦理问题理论资源研究。通过对古今中外农村经济伦理的思想精华、经典论述与正反的典型事例进行全面梳理与系统总结，为解决当代中国农村经济伦理问题夯实理论基础和提供方法论借鉴。

（3）当代中国农村经济伦理问题现实意义研究。紧密结合当前贯彻党的十八大及十八届三中全会的“涉农”政策要义、农村精神文明建设现实需求、新农村建设基本要求、农村经济的可持续发展要求、农村小康社会目标的实现、和谐农村的构建、国际农业农村经济新秩序的创建七个层面探讨农村经济伦理建设的现实意义。

（4）当代中国农村基本经济制度伦理问题研究。结合当代中国农村经济制度、政策的演变过程与实施效果的史实，从伦理层面对家庭承包责任制前后与农村税费改革前后各个阶段的农村基本经济制度、重大政策进行伦理评价和道德考量，从宏观层面归纳当代中国农村经济制度中存在的主要伦理问题，分析其根源、探讨相应对策。

（5）当代中国农村经济具体活动中的主要伦理问题研究。通过调研的数据材料和收集整理的文献、资料等翔实信息，对当代中国农村经济活动中的生产、交换、分配、消费等具体环节中出现的伦理问题进行系统的分类研究，揭示农村具体经济活动中的主要伦理问题，客观全面地总结各个领域的成绩和不足，辩证地分析各自成因，并针对各自现状切实提出具体思路与翔实对策。

（三）解决的关键问题

（1）通过查阅相关文献资料及对部分农村的实证调查，真实了解当前我国农村经济发展中存在的具体伦理问题，了解村民对现行农村经济制度和政策的真实感受、经济行为的道德含量和对经济发展的伦理诉求，为研究当代中国农村经济伦理问题取得样本分析数据与具体翔实的材料。

（2）通过对相关文献资料的系统梳理与相关学科观点的融合与贯通，努力寻找农业、农村经济学与经济伦理学的契合点与生长点，并在此基础上界定农村经济伦理的内涵、特点与功能，分析农村经济伦理的学理依据与现实意义，把经济伦理学的研究视野延伸到农村经济领域，拓宽应用伦理学的研究空间，增强其“问题意识”，为解决当代中国农村经济领域的一些现实问题提供伦理层面的建议。

（3）通过对当代中国主要农村经济制度、政策的宏观分析与微观考证，认真总结其成功经验与发现它存在的现实问题，运用相关原理或观点对其作出客观的伦理评价、道德考量及改进策略，以推进当代中国农村经济制度、政策的伦理化进程，彰显制度正义。

（4）通过对当代中国农村经济活动中生产、交换、分配、消费等具体环节的伦理问题进行深入的分类研究，翔实了解当代中国农村生产、农村交换、农村分配、农村消费四大领域的伦理问题现状，认真总结各个领域的成绩与不足，并在分析各自成因的基础上切实探讨相应对策。

二 研究思路、方法与创新之处

（一）研究思路

通过系统梳理与全面总结古今中外与农村经济伦理问题相关的理论成果与经典事例，为农村经济伦理建设夯实理论基础和开阔视野，同时通过咨询相关学科的知名专家，融合农村经济学、伦理学、农村社会学等相关学科的观点，寻找它们的契合点、生长点与理论共识，并在此基础上阐述农村经济伦理的内涵、特点与功能；再运用史实结合的分析方法，通过实证调查和查阅相关的文献资料了解当前我国部分农村经济发展中主要伦理问题的现状，为研究当代中国农村经济伦理问题取得样本分析数据与具体翔实材料，再结合调研的数据材料和收集整理的文献、资料等翔实信息，对当代中国农村经济活动中的生产、交换、分配、消费等具体环节中出现的伦理问题进行系统的分类研究，客观全面地总结各个领域的成绩与不足，辩证分析各自成因，并针对各自的现状切实提出相应的解决办法，为解决当代中国农村经济伦理问题提供伦理层面的具体对策。

（二）研究方法

（1）文献法。对农村经济伦理问题相关文献资料进行全面收集、系统梳理，并运用相关原理对现有资料进行综合开发与有效嫁接，构建与本课题相关的最新学术信息平台。

（2）田野调查法。通过田野调查，了解和发现部分农村经济伦理问题的实况，在此基础上作出实证分析。

（3）实证研究与规范研究相结合的方法。结合农村经济学注重研究对象的客观事实判断与伦理学注重价值判断的学科特征，对当代中国农村经济领域的具体伦理问题进行理论分析与实证研究。

（4）学科交叉法。本书将从农村经济学、经济伦理学等学科的视角，运用学科交叉的研究方法，通过综合驾驭与有效嫁接相关学科理论观点来描述、分析和解决当代中国农村经济发展中的主要伦理问题。

（三）创新之处

（1）视角新。本书把经济伦理学的研究视野延伸到了“三农”领域，在梳理相关资料的基础上对农村经济伦理进行了界定，并对当代中国农村经济一些主要问题进行了伦理反思与道德考量，进一步拓展了经济伦理学的研究领域与学术使命。

（2）方法新。本书结合了农村经济学注重事实判断与伦理学注重价值判断的思维定式，对当代中国农村一些主要经济伦理问题既进行了具体数据与史实的客观性描述，又进行了相应的伦理价值评判，实现了实证研究与规范研究的新型结合。

（3）材料新。本书围绕农村主要经济伦理问题进行过一些实证调研，收集了诸多最新最近的相关数据与材料，有些通过计算以图表、比值等形式加以整理，运用这些具体数据与史料作为佐证材料可进一步增强论题的说服力与可信度。

第一章 农村经济伦理的界定与相关理论资源

新中国成立以来，特别是改革开放以来，我国农村的经济体制、经济制度发生了翻天覆地的变化，计划经济体制向市场经济体制转型，农村经济社会取得了长足的发展，特别是家庭联产承包责任制实施后，农民的生产积极性、主动性得到了空前的提高，农村劳动力得到空前释放，农民可支配的时间日益增多，党和国家对农村工作的主要方针政策也由过去的“过度抽取”、“统购包销”逐步向“多予、少取、放活”、“工业反哺农业，城市支持农村”、“以工促农，以城带乡”、“城乡一体化”的方向转变，农村与农民得到了越来越多的实惠。同时，随着社会主义新农村建设的高潮迭起，农村城镇化、农业现代化、农民市民化的步伐也在加快，农村经济主体多元化、复杂化，经济活动日益增多，农村这块受传统经济伦理道德影响根深蒂固的土壤也面临着巨大冲击，农村经济秩序、伦理观念也在经历着深刻的嬗变，过去我们整个社会所崇尚的重义轻利、大公无私、集体主义、诚实守信、勤俭节约等道德观念逐渐被人淡忘和遗弃，也难以满足现代农村经济发展的伦理诉求。

市场经济奉行的优胜劣汰机制，推崇的效率与效益观念，一方面促进了农村经济社会的发展，另一方面对农村经济主体也产生了诸多负面效应。正如学者申端锋经过实证调查后指出：当前，部分农村的“社会风气坏了”，各种各样的社会伦理问题逐渐浮出水面，中国农村出现了伦理性危机。[①] 这种现状迫切需要建构既符合当前农村实际，又符合社会主义核心价值观要求的经济伦理规范，加强农村经济伦理建设。同时，长期以来，我国城乡二元经济结构造成的城乡、工农差距日益扩大、贫富差距越发凸显的事实及农业、农村为工业、城市发展长期提供的资本积累而作出

① 申端锋：《中国农村出现伦理性危机》，《经济管理文摘》2007年第9期。

的巨大牺牲的史实也必须引起我们对新中国成立以来的农村经济制度、政策进行深刻的伦理反思与道德考量，以推进我国农村经济制度伦理化进程。这就为农村经济伦理问题的研究提供了现实依据，有问题就需要相应的应对策略，也就需要对农村经济伦理的内涵、特点、功能进行合理界定，并结合农村经济学、经济伦理学的相关学科的基本原理，寻找二者的契合点与生长点，为解决农村经济伦理问题提供学理依据。

第一节 农村经济伦理的界定

研究农村经济伦理问题，首先需要界定农村经济伦理的内涵，以澄清农村经济伦理的理论源流与现实意义，但由于目前农村经济伦理还处于萌芽状态的问题阶段，加上学科语境与研究者的知识背景、理论旨趣的差异性，目前国内对农村经济伦理的内涵至今还没有定论。下面试对农村经济伦理的概念进行简要阐述。

一 农村经济伦理的内涵

尽管政治学、经济学、社会学、管理学、教育学、人类学等学科领域的专家学者早已捷足先登对“三农”问题进行研究，一大批的调查报告、论文、专著等学术成果不断问世，相关的研究机构不断涌现或升级，专题研讨会、学术讲坛等学术交流活动的规模日益扩大，但立足伦理学特别是经济伦理学视角对农村经济伦理问题的研究成果仍然稀缺，伦理学学界的专家学者在“三农”研究领域的“声音”也相对较小。现有成果对农村经济伦理问题的研究只有一些零星的论述，虽然已触及农村经济社会发展中的一些现实问题，但还处于问题阶段，缺乏系统性。对此，湖南师范大学庞卫国也深有体会，明确指出：“伦理学学界对农村道德的系统研究是不够的。”① 华东师范大学朱贻庭、赵修义教授也郑重指出：“农村经济伦理问题应是经济伦理学研究的突破口与生长点”②，并呼吁伦理学的研究视野应延伸到“三农”领域。确实，在当前“三农”问题已成为党和国家中心工作的重中之重时，伦理学的研究任务也应朝着为“三农”问题

① 庞卫国：《转型期农村道德建设研究》，海天出版社 2005 年版，序言。

② 朱贻庭、赵修义：《经济伦理研究有待澄清的三个问题》，《社会科学》2011 年第 3 期。

献计献策的方向迈进，农村不应成为伦理学特别是经济伦理学“被遗忘的角落”，而应成为研究的热点与重点。鉴于此，一些伦理学领域的专家学者已开始涉足农村经济伦理问题研究。如王露璐教授（2008）曾从中国传统社会的乡土特色层面对农村经济伦理进行了描述性定义，她在借用费孝通先生对中国社会所作出的“乡土性”特点概括基础上，认为可将这种具有“乡土”特色的中国乡村经济伦理称为“乡土经济伦理”。[①] 谢丽华（2010）则从经济学与社会学的视角出发，对农村经济活动的生产伦理与消费伦理进行了相关概述，认为“农村生产伦理是农民在生产活动中的伦理精神或伦理气质，是农民从道德角度对生产活动的根本看法”[②]；“农村消费伦理是指农民在消费水平、消费方式等问题上产生的道德观念、道德规范以及对社会消费行为的价值判断与道德评价”。[③] 曹政军（2008）从乡村经济伦理的研究内容出发，认为乡村经济伦理就是以乡村经济生活中的伦理道德现象为研究对象，揭示在乡村经济活动中形成的道德思想和观念、道德关系与道德行为。[④] 此外，如果沿用部分学者对经济伦理内涵进行界定的经典观点，农村经济伦理的内涵可有以下几种说法：

其一是指人们在农村经济领域所形成的伦理精神，或者人们从道德角度对农村经济活动的根本观点与看法，以及协调农村经济生活与经济活动中的利益关系的道德准则与行为规范。

其二是指一定的阶级或集团用以调节农村经济活动中经济行为主体与他人、社会与自然之间的利益关系，且能以善恶为评价标准进行评价的意识、规范与行为规范的总和，是农村经济关系中的应有的条理与秩序。

其三是指产生于农村经济活动与经济行为中的道德观念，以及人们对这种道德观念的认知和评价道德体系。

其四是关于农村经济活动在伦理上的正当性、应然性与合理性。

其五是指在农村经济活动中形成的各种伦理关系及协调处置这些关系的道德原则与行为规范的总和。

---

① 王露璐：《乡土经济伦理的传统特色探析》，《孔子研究》2008 年第 2 期。

② 谢丽华：《农村伦理的理论与现实》，中国农业出版社 2010 年版，第 2 页。

③ 同上书，第 147 页。

④ 曹政军：《中国乡村经济伦理问题研究——兼论新农村道德建设》，硕士学位论文，湖南师范大学，2008 年。

其六是指在农村社会经济活动中产生，并用于调整和规范农村经济主体的经济行为及其相互关系的价值观念总和，它既是调整和规范农村经济主体自身经济活动及其相互关系的一种行为规范，又是农村经济主体认识与把握自身经济生活的一种实践精神。一般说来，它包括宏观（农村经济制度伦理）、中观（农村经济组织伦理）、微观（农村经济个体伦理）三个层次和农村生产、农村分配、农村交换、农村消费四个环节①，这种定义内涵较为全面，具有一定的代表性。

笔者认为，鉴于农村经济伦理是农村经济学与伦理学的交叉边缘学科范畴，应兼有两门学科的共同属性和双重使命。一方面，它应以道德哲学的视角审视“三农”经济制度政策、农村经济现象与经济行为，以揭示或阐释其深刻的伦理内涵；另一方面，它又应以经济哲学的视角看待道德的经济意义和价值规律，展现经济理性与理性经济的应然状态与基本内容。因此，从农村经济学的角度来界定农村经济伦理的内涵，农村经济伦理是人们在农业农村经济活动与经济生活中形成的道德观念，以及对这种道德观念的认知与评价的道德规范的总和。从伦理学的角度来界定农村经济伦理的内涵，农村经济伦理是从经济运行的内在机理与基本规律、基本原则中提升的道德价值体系，它研究经济体制、政策、经济规律对伦理规范所产生的影响。农村经济伦理的这两种内涵单向地从自身学科着手进行的概念界定有一定的合理性，但其忽视了农村经济伦理是农村经济学与伦理学的交叉边缘学科范畴的事实，没有找到农业、农村经济学与伦理学的契合点与生长点。实际上，农村经济伦理内涵的界定应融合农业、农村经济学与伦理学的共同属性，应将农业、农村经济的伦理意义与伦理道德的经济功能有机结合。鉴于此，农村经济伦理应包括农村经济制度、政策运行与农业、农村经济活动中存在的道德问题，以及协调与处理农村经济行为主体在经济生活与经济活动中应遵循的行为规范与原则及人们对农村经济制度、政策的道德评价。因此，笔者认为农村经济伦理应该是指在农村经济生活与经济活动过程中形成的各种社会关系及协调、评价这些社会关系的道德原则与规范的总和。确切地说，是指人们在一定的经济制度安排下，在农村经济生活与经济活动中产生的道德观念、道德规范及对农村经济社会制度与经济行为的价值判断与道德评价的总和。其研究目标在于将

① 罗能生：《经济伦理：现代经济之魂》，《道德与文明》2000 年第 2 期。

经济伦理的功能与农业、农村经济社会发展有效地结合，充分发挥“道德资本”、“道德生产力”在推进农业、农村经济社会发展中的功效，促进农村物质文明、精神文明、政治文明、社会文明、生态文明协调、同步与可持续发展。

二　农村经济伦理的特点

农村经济伦理是经济伦理的一部分，其研究对象是农村经济领域的道德现象与道德规律，有其特殊性，就地域而言，其作用与服务的范围仅限于农村，是与城市经济伦理相对应的；就作用与服务的产业而言，它仅局限于作为国民经济第一产业的农业，是与第二产业——工业经济伦理与第三产业——服务业伦理相对应的；同时作为经济伦理的一个部分，它又具有经济伦理的一般特征，即理论性、实践性、交叉性、规范性、价值性、目的性等。

（一）区域性

农村经济就其本质而言，是一种区域经济，其经济活动的范围或者经济关系发生地点在农村。正如有的学者指出：农村经济是指农村地域内直接、间接从事物质生产和非物质生产经济活动的综合体，或是指农村各种经济关系与经济活动的统称。① 农村经济的这种区域性特征决定了农村经济伦理的研究对象只能是农村的经济行为主体，就研究客体而言，也只能是研究农村经济活动或者经济关系的伦理问题。就研究空间范围而言，农村经济伦理是与城市经济伦理相对应的，其调整的社会关系（农村经济生活、经济活动或经济关系）与服务对象（农民）均在农村这一特定的区域，具有明显的区域性。就经济学中的产业划分而言，农村经济主要是指农业经济，是与工业经济相对应的，这种划分决定了农村经济伦理与工业经济伦理相对应，研究的领域也主要在农业这一基础产业。

（二）理论性

农村经济伦理应是一门理论科学，它的历史使命和根本任务不仅在于阐释农村经济发展中的道德问题，为引导与规范农村经济发展提供伦理层面的学理依据与道义支持，为农村经济发展提供伦理价值目标，而且还需要厘清农村经济道德的本质、作用、功能及其发展、演变规律等理论体系，对农业、农村经济道德现象进行系统化、条理化的理论概括。正如有

① 丁长发：《农业和农村经济》，厦门大学出版社2006年版，第2页。

的学者指出："一般说来，经济伦理是人们在经济活动中的伦理精神或伦理气质，或者说是人们从道德角度对经济活动的根本看法；而经济伦理学则是这种精神、气质和看法的理论化形态，或者说是从道德角度对经济活动的系统理论研究与规范。"① 农村经济伦理属于经济伦理的一个分支，其理论性的特点也就不言而喻了。

（三）实践性

道德不仅是人们认识世界的一种社会意识，而且是人们完善自身精神境界与把握世界的一种实践活动。正如马克思所指出："人类除了用科学掌握现实世界之外，还有世界的艺术精神的、宗教精神的、实践精神的把握。"② 农村经济伦理属于应用伦理学的一个分支，也是一门实践科学。农村经济伦理是研究农村经济道德现象的，而农村经济道德现象存在于农村的社会经济生活之中，一定得与人和社会发生各种各样的关系。如农村经济行为主体在日常的社会经济实践中形成和表现出来的经济道德意识、经济道德情感、经济道德意志等必然会与它们的经济道德实践直接相关，能指导、影响与制约着它们的经济活动。正如有的学者指出："作为一门学科而言，经济伦理学应具有接近实践、提倡对话、合作交往、学科综合等特点，特别是要搭建跨越经济生活中的'存在'与'应该'、事实（描述）与价值（判断）之间的桥梁"③，让人们明确自己在经济生活中应该做什么、不应该做什么，哪些行为是有价值的、哪些行为是没有价值的，以指导人们的具体经济生活。

（四）交叉性

农村经济伦理是农业、农村经济学与伦理学的交叉学科，这种交叉性质决定了研究农村经济伦理问题必然要兼顾两门学科的共同属性。而农村经济伦理的基本理论与基本规范要在农业、农村经济领域发挥作用必须具备两个条件。其一是农村经济伦理理论、农村经济伦理规范应具备伦理学理论与规范的共性，且不得违反伦理学的基本理论与基本规范；其二是农村经济伦理理论、农村经济伦理规范要与农业、农村经济学有共识，且不得违反经济学的基本原理与基本规律。因为农村经济伦理理论、农村经济伦理规范与农村经济主体的经济行为是密切相关的，是引领与规范农村经

① 陈泽环：《现代经济伦理学初探》，《社会科学》1995 年第 7 期。

② 《马克思恩格斯选集》（第二卷），人民出版社 1995 年版，第 19 页。

③ 陈泽环：《现代经济伦理学初探》，《社会科学》1995 年第 7 期。

济活动的行为准则。一方面，这种交叉性质决定了研究农村经济伦理问题必然要兼顾两门学科的共同属性。农村经济伦理理论、农村经济伦理规范要付诸农村经济实践，而农村经济实践仍然是经济活动，它必然要受经济规律的影响与制约，因此，它们必须接受农村经济实践的检验。另一方面，农村经济实践本身是社会实践的一种形式，需要在社会中得以实现，这就决定了它与其他实践形式一样，必须接受社会行为准则的制约与支配，并符合社会伦理规范的基本要求与准则。这就是农村经济伦理具有的交叉性，它不仅要立足于伦理学的视角提出与考虑问题，而且必须兼顾经济学基本要义与要求去研究问题。

（五）规范性

农村经济伦理是一门规范科学，其本质在于使人们明确农村经济领域的善恶价值取向及应该不应该的行为规定。它是通过传统习俗、内心信念、社会舆论、价值观念等反映出来的特殊行为规范。它直接引导与规范农村经济主体的经济生活，引导农村经济行为主体应该怎样做，不应该怎样做，怎样的经济行为是道德的，怎样的经济行为是不道德的。它是约定俗成的行为规范，要求农村经济行为主体去自觉自愿地遵守，不具有强制性。与法律规范不同，它不需要通过法定的程序，不需要由立法机关制定和颁布，不需要以法律条文的形式出现，是一种无形的规范、不成文的规范，是农村经济行为价值理念的具体化。

（六）价值性

农村经济伦理是一门价值论科学，它属于伦理学的分支——经济伦理学的一个重要内容，从学科渊源来讲，它属于伦理学，源头仍是哲学。而“经济伦理同哲学、美学同属于精神价值。哲学是认识价值，讲的是真。”[①] 事实上，伦理本身就是一种价值，而且作为价值本身，伦理的核心是正当。正如有的学者指出：“整个经济伦理就是一个价值体系。经济道德原则和规范、范畴是价值；经济道德品质、经济道德行为的评价等无一不是一种价值。”[②] 中国伦理学会会长万俊人教授也指出：“经济伦理有着更广阔的价值视野，挖掘经济伦理更多的实用价值，有助于推动社会主义市场经济进一步发展与完善。”[③] 从这些观点延伸下去，农村经济伦理

---

① 汪荣有：《当代中国经济伦理论》，人民出版社 2004 年版，第 12 页。

② 同上。

③ 张曦：《提升中国经济竞争力的伦理之道》，《道德与文明》2012 年第 1 期。

则主要是关于农村经济行为主体经济活动的价值及其在经济生活中体现的人生价值等评价的价值，讲的是善，是对农村经济行为是否正当、合宜、适宜的道德评价。这就决定了它具有精神价值属性。而且农村经济伦理关注农村经济制度、政策的道德含量、农村经济行为主体的全面发展与道德素养的提高、农村经济生活的健康与和谐运行、农村民生问题的有效解决等现实问题，这些无处不彰显着农村经济伦理的价值性特征。

（七）目的性

任何经济行为都具有谋利的目的性。正如恩格斯所指出："在社会历史领域内进行活动的，全是具有意识的，经过思虑或凭激情行动的，追求某种目的的人，任何事情的发生都不是没有自觉的意图，没有预期目的的。"① 农村经济行为也不例外，同时，伦理学的任务之一就是规范人们的言行，并使其朝着善的方向发展。可见农村经济与伦理二者具有目的性相融的特点，这就决定了农村经济伦理也属于目的论科学，其目的在于规范农村经济行为主体的经济活动，并使其朝着善的方向发展。但由于农村经济行为主体与农村人文环境的特殊性，又决定了农村经济伦理主要任务之一是在农村经济活动中如何实现人生目的、人生价值与人生意义，探索在当前农业、农村经济社会发展中如何与时俱进地培养与塑造农村经济行为主体高尚的道德品质，健康的道德人格，充分全面实现人的价值，以推进农村经济社会的持续、快速、和谐与科学发展。

三　农村经济伦理的功能

历史唯物主义基本原理表明，社会意识虽然由社会存在决定，但它对社会存在也具有能动的反作用，农村经济伦理属于社会意识的范畴，对农村经济的发展同样具有能动的反作用。构建农村经济秩序需要一定的道德基础，并且需要确立与农村社会经济发展相适应的经济道德规范体系。农村经济活动的过程，同时也是伦理道德活动的过程。在这种相互的过程中，积极的、符合农村经济社会发展要求的伦理道德能促进农村经济社会的持续、健康、和谐发展；相反，消极、不合时宜的伦理道德则会阻碍农村经济社会的良性发展。因此，深入探讨农村经济伦理的功能，对促进农村经济伦理的理论构建与实践发展均具有一定的现实意义。正如美国伦理学家 R. T. 诺兰所说："在当今世界，概略地考察一下主要经济哲学的核

---

① 《马克思恩格斯选集》（第四卷），人民出版社 1995 年版，第 243 页。

心思想，揭示其道德基础和道德内容，对我们是有益的。”① 具体而言，农村经济伦理的功能表现如下：

（一）促进农村经济制度公正化的“道德黏合剂”

伦理机制与经济制度有着内在机理，一方面，任何一种经济制度或政策都有其相应的道德基础。正如美国伦理学家 R. T. 诺兰所说，“每一种经济体制都有自己的道德基础，或至少有自己的道德含义”②；另一方面，任何时代、任何区域的伦理道德都是对应特定经济制度或政策的，反映一定阶级或社会人群的利益诉求，并为其经济基础服务的。农村经济伦理也不例外，农村经济伦理机制与农村经济制度也有着内在的机理。一方面，它对现行的农村经济制度或政策执行中暴露出的问题持批判态度，拷问着其蕴含的道德含量与伦理价值，促使制度安排者进行反思，为农村经济制度或政策的修改、完善提供参考依据。另一方面，一些具体的农村经济伦理规范本身也是农村经济制度的内容或体现其基本要义。如勤劳致富、诚实劳动、合法经营、诚实守信、勤俭节约等，它们能引领与规范农村经济主体向应然的方向发展，维护农村经济健康发展与有序运行。正如有的学者指出，“为经济提供方向的最终还是养育经济于其中的文化价值系统。经济政策作为一种手段可以十分有效，不过只有在塑造它的文化价值系统内它才相对合理”③，其中的“文化价值系统”主要是指伦理机制。

（二）推进农村经济发展的“道德生产力”

农村经济伦理包括宏观层面的农村经济制度伦理、中观层面的农村经济组织（农村企业）伦理、微观层面的农村经济个体（农民）的经济伦理行为三个层面。其作为一种“精神生产力”，在推进农村经济发展方面，同样能发挥巨大的经济功效与道德能量。正如有的学者指出：“伦理道德是一种精神资源，它具有自身独特的经济功能与社会功能，是促进市场经济健康发展的内在驱动力，成为经济发展的‘第三种力量’。”④

首先，就宏观层面的农村经济制度而言，符合人性需求与经济规律、

① ［美］R. T. 诺兰：《伦理学与现实生活》，姚新中等译，华夏出版社 1988 年版，第 324 页。

② 同上书，第 324 页。

③ ［美］丹尼尔·贝尔：《资本主义文化矛盾》，赵一凡等译，生活·读书·新知三联书店 1989 年版，第 21 页。

④ 厉以宁：《超越市场与超越政府：论道德力量在经济发展中的作用》，经济科学出版社 1999 年版，第 6—8 页。

充满道德含量的农村经济制度、政策，不仅能保障农村经济有序运转，而且能充分调动农村经济主体致力于社会经济建设的积极性、主动性与创造性。而且农村经济伦理作为农村的一种社会意识形态，本质上仍属于上层建筑，要为农村经济基础服务，能够而且应该揭示农村经济体制、制度或政策的道德含量、反映国家和社会经济职能的伦理本质，是探讨农业、农村经济现代化和经济理性化的基本手段和主要途径，从而能全方位、高层次、多视角、宽领域地引领、规范、支持与帮助农村经济持续、健康、和谐发展。

其次，就中观层面的农村经济组织而言，乡镇企业的生产方式、经营模式与管理理念等，都涉及生态、环境伦理、科技伦理、管理伦理与以人为本等现实问题，特别是实现资源的有效配置与劳动生产率的提高，离不开农村经济主体道德素质的提升与农村劳动者生产积极性或经营主动性的激励，涉及培育企业伦理精神与构建道德文化建设等一系列相关内容。而要实现农村生产力内部诸要素之间的有效衔接与理性存在，需要建立符合道德和理性要求的生产关系，需要企业劳动者的道德认知水平和道德协调能力的提升，劳动者作为生产要素的一部分，有了“道德资本”鼓舞与激励，就能提高“道德竞争力”①，从而释放出更高的劳动效率和生产力。

最后，就微观层面的农村经济个体而言，其对道德的科学认识与理性把握，已成为现代社会生产力发展的基石，作为生产力的第一要素的劳动者，其道德素质是劳动者素质的核心因素，是决定其劳动态度或人本管理的稳定器，能决定其劳动过程中的组织、协调、运作、管理等活动的效率、质量、效益与水平，将直接影响劳动效果与生产力的发展。正如有的学者指出：“没有基本的道德素质，劳动者的‘活劳动’就会成为纯粹工具性的‘死的生产力’。”②

（三）调节农村经济良性发展的“价值指向标”

首先，农村经济伦理具有对现行农村经济体制、涉农经济制度、政策及其实施后果进行道德评价的功能，能对其作出正确、合理的贬褒、是非、得失等价值判断，通过这些道德评判能促使农村经济体制、涉农经济制度、政策等去恶扬善，去伪存真，趋向其本真面目。毕竟“经济体制

---

① 张志丹：《道德经营论》，人民出版社 2013 年版，第 49 页。
② 王小锡：《论道德的经济价值》，《中国社会科学》2011 年第 4 期。

是一个价值实体，它包含着一整套关于人的本性及其人与人之间相互关系的价值观”。[①] 同样，农村经济体制也是一个价值实体，而且它具有全局性、群体性、方向性等特点，对整个农村经济运行起着决定性、主导性作用。如果农村经济体制有决策失误或存在缺陷，造成的损失和危害远比农村个体的经济行为失误或“失德”行为造成的后果要严重得多，这就需要充分发挥农村经济制度的伦理价值功效，以引导农村经济良性发展。

其次，农村经济伦理能促使其经济主体有效协调各种社会关系，特别是经济效益与社会效益的关系，公平公正处理各种利益纷争与矛盾纠结，和谐调整经济活动中的各项人际与人事关系，激励农村经济行为主体注重产品质量或服务态度、实施人文关怀、加强生态意识及环保措施、找准市场信息、改进科学技术、提高经济效益、保持经济效益与社会效益同步增长等，指引农村经济行为与经济生活向“应然”方向发展，从而有效保障农村经济的持续、快速、良性、和谐发展。

最后，农村经济伦理还能通过俗成的经济伦理规范去指导、规范和纠正农村经济行为主体的思想、语言和具体的经济活动，并把农村经济行为主体的视线、思维、语言和行动等各个环节统一起来，凝聚成一股力量，在生产、交换、分配、消费等各个具体活动中始终朝向预定目标，实现自我价值与社会价值的最佳匹配，促使农村经济生活与农村经济行为始终围绕社会主义核心价值体系的正常轨道运行。同时通过社会舆论、传统习惯和内心信念等道德调节方式，对偏离“应然”轨道的经济行为或经济生活进行谴责，使其理性回归，对符合“应然”轨道的经济行为或经济生活进行赞美，使其越发高扬，从而发挥价值指向标的作用。

（四）促进农村经济发展的道德化的“无形资产”

首先，经济伦理是一种特殊的经济资源，具有重要的经济价值。这已是学界的定论。正如万俊人教授指出：“道德永远是一个社会、国家和民族所必须储存的无形资源和精神资本。”[②] 农村经济伦理也不例外，其作为调节农村经济生活与农村经济活动中经济主体与自然、社会及其相互之间关系的一种自律性行为规范，它的调整的范围与作用的对象远比法律、制度等正式、成文的规范要宽、要大，在一些正式规则没有涉及的领域，

① ［美］R. T. 诺兰：《伦理学与现实生活》，姚新中等译，华夏出版社 1988 年版，第 322—323 页。

② 万俊人：《中国伦理学的发展与时代主题》，《光明日报》2003 年 9 月 2 日理论版。

甚至部分法律的“盲区”，只能依靠道德去调节。正如美国著名经济学家，诺贝尔经济学奖获得者诺思所指出：“即使在最发达的经济中，法律等正式规则在规范人们行为的总体约束也只占一部分，大部分行为空间是由道德、习俗等非正式规则来加以约束的。”① 同时，在法律、制度、规章等正式、成文的制度起作用的领域，农村经济伦理这种自律性行为规则，也可辅助它们充分发挥其应有的功能。虽然农村经济伦理调节功能不如法律、制度等正规规则那样具体、明确、直接、刚性、见效快，但它仍是一种“软实力”，其发挥的功效更深入、持久，尤其是它能有效降低法律、制度等正式、成文规则的执行成本与运行风险。因为，在一个乡风文明、伦理道德体系健全、经济伦理观念深入人心的农村社会，其经济活动的交易成本将大大降低，经济效率与效益也将不断攀升；相反，如果一个尔虞我诈、唯利是图、实用市侩等习气充斥、弥漫的乡村社会，其经济主体的经济活动则不得不处处设防，时时担心上当受骗。其经济活动必将受到影响，经济效率与效益自然就难以提高，资本运行时刻面临风险与约束，其运行必将缓慢，甚至受到伤害或吞噬。从这一层面而言，农村经济伦理是促进农村经济发展的“无形资产”。

其次，从农村经济伦理的微观层面——农村经济个体伦理而言，其道德素质如何，直接关系到农村经济生活与经济活动的良性运转，仅凭农村经济个体良好的社会信誉，就能减少其交易过程中的一些环节，降低交易成本，以提升其经济效率与效益，而良好的职业道德，也能促使农村经济主体不断改进技术、提高效率，从而提升效益。因此，对于微观的农村经济个体而言，它是一种人力资本。当然，直接把道德当作一种人力资本，也是有其理论依据的。当代新制度经济学就持这种观点。如当代新制度经济学、美国人力资本资深学者舒尔茨早在20世纪60年代就提出，人力资本包括人的道德，而且，他把人力资本理论与农村经济发展结合起来进行了大量的实证研究，发现提高包括道德教育在内的农村教育质量能改变与促进农村经济的发展，认为农村教育不但能“提高耕种者的劳动技能与劳动效率、增进创造潜能”②，而且能“增进农民的能力以适应经济增长

① ［美］诺思：《制度、制度变迁与经济绩效》，刘守英译，上海三联书店、上海人民出版社1994年版，第49页。

② ［美］西奥多·W. 舒尔茨：《经济增长与农业》，郭熙保、周开年译，北京经济学院出版社1991年版，第108页。

带来的就业机会之变”。[①] 美国学者弗朗西斯·福山在其专著《信任》中则突出了道德作为人力资本的实用价值，他指出人力资本是存在于人本身，可以通过自身努力加以发挥，能够创造经济价值的要素，是人的一种创造潜能，而要使人的这种潜能转化为一种现实的人力资本，要具备两个必要条件：一是积极能动的意识，含勤奋、责任等意识；二是个人与他人合作共事的意识与能力。而在这两个条件中的责任意识、合作共事的意识与能力，都与经济个体的道德素质息息相关。毕竟，强烈的责任意识能支撑经济个体对产品负责，对社会负责；团队意识与集体攻关能力是企业强大的核心因素；强而有力的道德调控与道德评价可以激发经济主体良好的工作态度与创造潜能，推进经济发展。[②] 从这个层面讲，农村经济伦理是促进农村经济发展的“无形资产”。

最后，从农村经济伦理的中观层面（农村经济组织伦理）而言，它也是一种无形资产。如乡镇企业的商业信誉就是一种无形资产，“酒香不怕巷子深”就印证了这个道理，中国品牌研究院2006年8月22日公布的《首届中华老字号品牌价值百强榜》也显示，中华老字号100强头名同仁堂的品牌价值为29.55亿元。品牌价值来源于良好的产品质量、企业的社会信誉和企业文化等，它是一种无形资产，能赢得顾客的青睐与信任。正如有的学者所说：“在现代诚信体系中，商务诚信既是维护市场秩序的基本规范和道德底线，又是推动市场经济发展的无形资产和高端源泉；是人与人之间商务关系得以维护的基本依据，是经济生活得以展开的基础条件；是给交易主体带来长期利益最可靠的精神资本。”[③] 同时，农村经济伦理在规范农村经济秩序、提高乡村经济主体的竞争能力、凝聚与合理调配经济资源、降低交易成本与风险、激发企业员工工作热情、鼓舞劳动者创新斗志，创造合作效益、提升经济效率等方面具有十分重要的作用。正如有的学者所言，“道德是经济运行之无形资产”、“企业道德作为无形资产，往往比有形资产更重要”。[④] 从这个层面讲，农村经济伦理也是促进

---

① ［美］西奥多·W. 舒尔茨：《教育的经济价值》，曹延亭译，吉林人民出版社1982年版，第63页。

② ［美］弗朗西斯·福山：《信任——社会道德和繁荣的创造》，李苑蓉译，远方出版社1998年版，第78页。

③ 全林远、赵周贤：《论当代中国的诚信建设》，《中国特色社会主义研究》2011年第6期。

④ 王小锡：《道德资本与经济伦理》，人民出版社2009年版，第20页。

农村经济发展的“无形资产”和“道德资本”。

第二节　农村经济伦理的相关理论资源

当代中国农村经济伦理问题的出现，不仅有其客观的现实依据，而且有传统农业伦理文化价值功能的弱化以及外来伦理文化深度影响的思想根源。由此，研究当代中国农村经济伦理问题需要相应的理论资源，需要从中国传统经济伦理思想精华、近代以来国外的农村经济伦理思想经典论述以及马克思主义经济伦理思想的相关论述中提炼观点，以丰富解决当代中国农村经济伦理问题的理论资源。

一　中国传统农业社会的经济伦理思想精华

中国传统社会属于农业社会，农耕文明是传统文明的主基调，从某种程度而言，中国传统的经济伦理思想实际上就是中国农业社会的经济伦理思想，其中很多相关的思想观点对现阶段我国的“三农”问题具有重要的理论意义与实践价值。秉着历史唯物主义的科学态度，研究当代中国的经济伦理问题也绝不能割断历史。正如毛泽东所指出：“从孔夫子到孙中山，我们应当给以总结，承继这一份珍贵的遗产。”① 以古鉴今，这也是我们对待历史文化的科学态度，其对于指导现阶段我国农村的经济伦理建设无疑也是有重要参考价值的。因而可以作为研究当代中国农村经济伦理问题的重要思想资源。按照党中央制定的社会主义道德建设基本方向的总体要求，研究当代中国农村经济伦理问题，也应遵循社会主义道德建设的基本指导思想，与中华民族传统优良农业伦理思想相承接，与社会主义法治相协调，与社会主义市场经济相适应，合理汲取传统农业社会的经济伦理思想精华，以丰富其理论资源。事实上，中华农业文明源远流长，博大精深，对中国人影响深远。正如梁漱溟所说：“中国文化的老根分‘有形’与‘无形’两部分，‘有形’的根是农村，‘无形’的根是中国人讲的老道理。”② 综观我国传统社会的历史长河中脍炙人口的农业伦理文化，其中不乏一些具有时代意义或普世价值的农业经济伦理思想。如“农为邦

---

① 《毛泽东选集》（第2卷），人民出版社1991年版，第534页。

② 梁漱溟：《梁漱溟全集》（第1卷），山东人民出版社2005年版，第613页。

本、恤农惠农”的制度伦理导向；“义以生利、生财有道、勤勉敬业，劳作有时”等生产伦理观；“诚实守信、市不豫贾、正身司市”等交换伦理规范；“藏富于民、均衡财富、取予有节”等分配伦理观；“黜奢尚俭、合‘礼’符‘义’、适度永续”等消费伦理规范。这些传统农业社会的经济伦理文化不仅对当时的社会经济发展产生了较大影响，而且对后世人们的思想观念与行为活动的影响也根深蒂固，对当代中国农村经济伦理建设也具有一定的理论指导意义与实践参考价值。

（一）“农为邦本、惠农恤农”的制度伦理导向

中国传统社会是农业社会，农民是经济活动的主体，古代中国生产活动也主要以农业生产为主，历代许多明君贤臣大都把农业生产放在国家大事首位，而后世也把他们重视农业生产、实施一系列惠农、恤农措施的经典事例传为美谈，加以颂扬，成为衡量明君贤臣的道德尺码，也使传统中国“农为邦本、惠农恤农”制度伦理导向得以传承与发展。早在远古农业时代，就有神农氏“断木为相，柔木为耒”、“教民稼墙”、“树艺五谷”[①]，大禹“身执耒臿以为民先”[②] 的典型事例。商王武丁登基前，曾是社会底层的小农，非常了解农民疾苦。所以登基后，就非常爱惜民力，体恤民情，史料有记载商王武丁曾“旧劳于外，爰暨小人”[③] 的具体事例。周公旦认为，农业是国家的大事、百姓的大事，是扩大财富的基础、增加人口条件，收取赋税的来源、巩固统治秩序的根本。周文王常躬行“卑服，及康功田功”[④]，并且亲自督促农业生产。管仲认为粮食增产是诸侯成就“王”业的根基，是君主的重大政务，是吸引民众来投奔的根本途径，是治国的基本策略。正如管子指出：“粟者，王之本事也，人主之大务，有人之涂，治国之道也。”[⑤] 孔子虽然反对君子从事农业生产，但还是非常认同为政者重视农业，赞美“禹、稷躬稼而有天下”。[⑥] 墨子出身小生产者，站在自身的阶级立场，他首次把农业称为“本”业，也持“农为邦本”观点，并提出了一些“重农”、“固本”主张，指出“凡五

① 《国语·周语上》。

② 《韩非子·五蠹》。

③ 《尚书·无逸》。

④ 同上。

⑤ 《管子·治国》。

⑥ 《论语·宪问》。

谷者，民之所仰也，君之所以为养也”。[①] 在“惠农恤农”问题上主张为政者应“节用”、“节葬”，并将“节用”、“节葬”视为“富国裕民”的首要路径。法家明确提出“重农抑商”主张，因法家称“农”为“本”，视“商”为“末”故又有“重本抑末”之说。韩非不但称“农”为“本”，而且特别指出只有农业劳动（粮食生产）才是“本”业，认为唯有发展农业生产，才能富国强兵，因为“磐不生粟，象人不可使距敌”。[②] 农家代表人物许行则直接打出“重农”的旗号，主张人人应参加生产劳动、消除“劳心”与“劳力”的社会等级分工。清朝皇帝康熙也坚持“农为邦本、恤农惠农”治国策略，常说“农事实为国之本”[③]，并把农业生产放到处理政务的首位。由于历代贤明统治者制度导向与诸多思想家的推崇，于是，在传统社会，重视农业生产、以农为本的农业经济伦理思想，也就为人们所称道，逐渐演化为中国古代基本价值观念，农业生产也从道德层面也获得了诸多正面评价。农民在传统社会的地位也较高，在中国古代社会行业的尊卑等级划分也依次为“士、农、工、商”[④]，农业也顺理成章成为立国之本、百业之首，成为历代君王治国、理政、安民、富国、强兵的经济基础，这些观点也可为当代中国重视“三农”问题提供理论依据与道义支持。

同时，中国古代一些明君贤臣在施政措施方面采取了很多“恤农惠农”措施，中国历史上很早就有“大禹治水”三过家门而不入、“神农尝百草”为百姓治病等为百姓办实事的佳话，传统社会诸多政治家、思想家也提出过“休养生息、轻徭薄赋”、“德治仁政”等主张。如管仲的“相地而衰征”[⑤]，即依照土地的好坏等级来征收赋税，实施“取民有度”的“百取五”的低税制，曾激发了农民的生产积极性，切实减轻了农民负担，也有力地促进了当时齐国农村经济发展，使齐桓公短期内成为名噪一时的“春秋五霸”之首。此后的汉高祖、汉文帝、汉景帝、北魏孝文帝、唐太宗、宋太祖、明太祖、明神宗、康熙帝等在位时均在不同程度上实施了休养生息、轻徭薄赋等恤农惠农政策，很大程度上也促进了当时国

① 《墨子·七患》。
② 《韩非子·显学》。
③ 《清圣祖实录》卷116。
④ 冯友兰：《中国哲学简史》，天津社会科学院出版社2005年版，第16页。
⑤ 《管子·治国》。

内社会经济的复苏和发展。孔子“为政以德”的治国理念，也要求为政者“泛爱众而亲仁”[①]、“节用而爱人，使民以时”。[②]指出“为政以德”的功能是“博施于民而能济众”[③]、“惠则足以使人”[④]，不但百姓能从中得到救助，而且能使百姓心悦诚服地听从政令。孟子“仁政”、“王道”治国策略，要求为政者体察民情，爱惜民力，轻徭薄赋，保障农民的生产时间，使百姓安居乐业，如此则能实现“得道多助”，成就“王道”。荀子也从“国富”目的出发，呼吁为政者实施“农为邦本、恤农惠农”政策，指出只有“罕兴力役，无夺农时，如是则国富矣”。[⑤]中国古代史上出现的“文景之治、光武中兴、贞观之治、开元盛世、康乾盛世”等太平盛世壮举也彰显了为政者实施“德政仁治”社会效果与历史功勋，这些也为传统社会那些实施“恤农惠农”农业政策的明君贤臣获取了良好口碑与声誉，成为古代中国农业制度伦理的价值导向，也可为当代中国党和国家领导人重视“三农”问题、完善“三农”经济制度建设提供一定理论资源与伦理支撑。

（二）“义以生利、生财有道、勤勉敬业、劳作有时”等生产伦理观

1. 义以生利、生财有道

中国传统社会重视德性，强调伦理道德的经济功能，认为伦理道德能产生经济利益，即“义以生利”[⑥]、“义以建利”[⑦]，虽然求利生财是个人在社会生存与发展的基础，乃人之本性，但中国传统经济伦理规范则要求求利生财必须符合道义，遵守规则，即“生财有道”[⑧]，这在传统社会被视为是天经地义的伦理规范，也多为世人推崇与认可。如儒家主张君子应“义以为质”[⑨]、“义以为上”[⑩]，认为求利求财要符合道义要求，在义利价值判断上主张“重义轻利”，不能“见利忘义”，在义利决择时，应“见得思义”、“以义制利”。如孔子所说：“富与贵，是人之所欲也，不以其

---

① 《论语·学而》。
② 同上。
③ 《论语·颜渊》。
④ 《论语·阳货》。
⑤ 《荀子·富国》。
⑥ 《国语·晋语一》。
⑦ 《左传·成公十六年》。
⑧ 《国语·晋语一》。
⑨ 《论语·卫灵公》。
⑩ 《论语·阳货》。

道得之，不处也。贫与贱，是人之所恶也；不以其道得之，不处也。”[①] 因为在儒家看来，“义，利之本也，蕴利生孽”。[②] “德义，利之本也”。[③] 程颐则直接指出：“惟仁义，则不求利而未尝不利也。”[④] 杂家也认为，“义者，百事之始也，万利之本也”。[⑤] 所以，孔子强调，“放于利而行，多怨”、“不义而富且贵，与我如浮云”[⑥]，主张“见得思义”[⑦]、“见利思义”[⑧]。当然，对于符合道义的“利”，孔子是积极提倡并且会义无反顾地去追求，正如他说：“富而可求也，虽执鞭之士，吾亦为之。”[⑨] 在“义以生利、生财有道”的实例分析中，孔子明确指出：“上好礼、好义、好信，则四方之民至。焉用稼也。”当然，对“义以生利、生财有道”中的“义”与“道”，儒家贯彻的主要是西周以来的一些“礼制”规范，要求经济活动中的人们应恪守自身的等级名分，从事与自己身份相称的经济活动，认为无论从事何种职业均要遵守社会分工，不能越“礼”牟利，在《周礼》中，儒家提出了“以九职任万民”的思想，要求九种职业的从业人员恪守各自的职业范围谋利生财，不得越“礼”谋利生财，即“一曰三农，生九谷。二曰园圃，毓草木。三曰虞衡，作山泽之材。四曰薮牧，养蕃鸟兽。五曰百工，饬化八材。六曰商贾，阜通货贿。七曰嫔妇，化治丝枲。八曰臣妾，聚敛疏材。九曰闲民，无常职，转移执事”。[⑩] 而且各业之间应恪守等级名分，不得越“名分”非“礼”谋利生财。如“仕者不稽，田者不渔，抱关击柝皆有常秩，不得兼利尽物”，尤其是反对食禄君子越“礼”并利用权势与民争利，主张为政者应“贵德而贱利，重义而轻财”，如果他们“违于义而竞于财”，社会经济秩序则会出现“大小相吞，激转相倾”[⑪] 的混乱局面。这些观点对于当今社会规范领导干部兼职经商、充当企业顾问等行为均具有一定的借鉴意义。

---

① 《论语·里仁》。
② 《左传·昭公十年》。
③ 《左传·僖公二十七年》。
④ 《孟子·梁惠王上》。
⑤ 《吕氏春秋·无义》。
⑥ 《论语·里仁》。
⑦ 《论语·季氏》。
⑧ 《论语·宪问》。
⑨ 《论语·述而》。
⑩ 《周礼·天官·大宰》。
⑪ 《盐铁论·错币》。

2. 勤勉敬业，劳作有时

中华民族素有勤劳美称，传统农业社会自然条件的落后，勤勉敬业，尊重自然规律，劳作有时，成为农民获取生活来源和获取剩余产品用以改善生活的基本方式，即"民生在勤、勤则不匮"，人们常常赞誉"勤种田得饭吃，常堵水得鱼吃"，于是，勤勉敬业便成为传统社会人们劳动态度与职业精神的价值导向，并俗成社会共同的劳动道德规范，也表现出农民从事农业生产的劳动伦理精神与职业境界，这种劳动伦理精神的有无与职业境界的高低也直接决定社会财富的来源，成为衡量农民生产行为的价值标尺，所谓"沃土之民不材，逸也；瘠土之民莫不响，劳也"[①]，便是其真实写照，"动不违时，财不过用，财用不匮"，便是尊重自然农业规律，劳作有时的价值所在。于是儒家主张"君子勤礼，小人尽力"[②]，奉劝农民"于事辞佚而就劳，于财辞多而就寡"。[③] 管仲也非常重视"勤勉敬业，劳作有时"的生产伦理思想，他曾询问部下齐国"乡子弟力田为人率者几何人?"[④] 并派专人统计出勤勉于农业生产表现突出者，并加以表彰，以此鼓励"勤勉敬业，劳作有时"行为，理由是"不务天时，则财不生；不务地利，则仓廪不盈"。[⑤] 墨子对农民勤勉敬业行为也大力推崇，并强调了勤劳对农民的生存意义与道德价值，指出"今也农夫之所以朝出暮入，强乎耕稼树艺，多菽粟，而不敢怠倦者，何也？曰：彼以为强必富，不强必贫；强必饱，不强必饥，故不敢怠倦"，这里的"强"就是指代勤劳，并指责"不以其劳获其实，已非其有而取之"[⑥]，这种不劳而获的行为是不义的。孔子则从天命论的角度论证尊重自然规律的重要性，指出："天何言哉，四时行焉，百物声焉，天何言哉"[⑦]，进而奉劝为政者"使民以时"[⑧]，征用民力应遵循"三时不害"[⑨] 原则，以保障农民从事农业生产的正常时间。孟子则直接勉励农民"深耕易耨"，即精耕细作，勤于除

① 《国语·鲁语下》。
② 《国语·鲁语上》。
③ 《盐铁论·世务》。
④ 《管子·问》。
⑤ 《管子·牧民》。
⑥ 《墨子·非乐上》。
⑦ 《论语·阳货》。
⑧ 《论语·学而》。
⑨ 《左传·桓公六年》。

草，“易其天畴”，即勤于耕种田地，以提高农业劳动效率与效益。同时强调农业生产只有“不违农时”，才能“谷不可胜食”。[①] 荀子也主张勤勉敬业、只争朝夕的劳动态度，指出“今日不为，明日亡货，昔之日已往而不来矣”[②]，并翔实论证了“天有其时”农业时令规律，指出“养备而动时，则天不能病”[③]，告诫农民只有“春耕夏芸秋冬藏，四者不失时”，才能“五谷不绝而百姓有余粮”[④]，并从农业生产有时令规律与爱惜百姓的视角呼吁为政者要“无夺农时”。杂家的论著《吕氏春秋》也记载了农业生产中人、土地与自然环境三者之间的相互依存关系，指出：“夫稼，为之者人也，生之者地也，养之者天也”。并详细记载了农业生产活动中的除草、沤肥的时令规律及其功效。如“季夏之月……土润溽暑，大雨时行，烧薙行水，利以杀，如以热汤，可以粪田畴，可以美土疆”。[⑤] 北魏贾思勰的农学专著《齐民要术》中则专题记载了农业生产中的时令规律与正反经验，指出农业生产如果“顺天时，量地利”，则“用力少而成功多”，反之。如“任情反道”，则“劳而无获”。意在告诫人们，农业生产切忌主观肆意违背自然规律，而应崇尚自然，遵循季节时令，才能以最小的劳动成本产出更多物品。上述经典论述与相关事例久经广泛传播，逐渐深入农民心里，为农民所认可与接受，成为指导农业生产的伦理规范，对当代中国农业生产伦理理论的丰富与发展也有一定的参考价值与指导意义。

（三）“诚实守信、市不豫贾、正身司市”等交换伦理规范

中国古代剩余产品的交换活动始于第一个私有制国家——夏朝，当时仅是简单的物物交换。如《周易·系辞下》载：“日中为市，致天下之民，众天下之货，交易而退，各得其所。”大禹治水时也指出：“暨稷播，秦庶艰食鲜食，懋迁有无，化居，烝民乃粒。”[⑥] 司马迁在《史记·货殖列传》中则对以往产品交换作了中肯的评价：指出我国“南北东西，各产奇货，商人越山俎海，周流互易，供天下人民养生送死之需”。[⑦] 这三

① 《孟子·梁惠王上》。
② 《荀子·富国》。
③ 《荀子·天论》。
④ 《荀子·王制》。
⑤ 《吕氏春秋·审时中》。
⑥ 《尚书·益稷》。
⑦ 《史记·货殖列传》。

段话的言外之意是百姓通过产品交换，互通有无，各得其所需，其中也赋予了产品交换活动的伦理意义。而为适应早期剩余产品的交换需要，也慢慢形成了一些交换规则，如“左准绳，右规矩”，“声为律，身为度，称以生”①，久而久之便逐渐形成了今天经济交换活动中必须共同遵守的“规矩”②，《周礼·地官·司市》也载：“夫释权衡断轻重，废尺寸而意长短，虽察，商贾不用，为其不必也。”这些均是我国传统农业社会早期产品交换的规则，而在具体的商业交换活动中，也出现了很多引导与规范商业交换行为的伦理规范。如“诚实守信、市不豫贾、正身司市”等交换伦理规范，这些伦理规范对当代中国农村交换伦理建设也具有一定的理论指导意义。具体如下：

1. 诚实守信

诚信是传统社会重要的伦理规范，社会人群均要遵守，早在春秋时期，管仲就提出“士、农、工、商”四大职业群体均要遵守诚信规则，指出“非诚贾不得食于贾，非诚工不得食于工，非诚农不得食于农，非信士不得立于朝”，尤其是对于传统社会中地位最低的商人，管仲告诫其应做“诚贾”③，要遵纪守法、诚信经营，否则就会沦为人人指责的“奸贾”④。孔子虽然没有直接论述商贾诚信经营问题，但对诚信问题认识颇深，指出“人而无信，不知其可也”⑤，“民无信不立”⑥，认为诚信是人之为人的生存之本与立足社会的根基，奉劝民众要“谨而信”、“言必信，行必果”⑦，商贾的交换活动自然也要遵循诚信道德规范。孟子则指出诚信是天道与人道的合一，认为“诚者，天之道；思诚者，人之道也”，并在此基础上指出了诚信的经济功能，如“临财不见信者，吾必不信也”⑧，指出商人应恪守诚信商德，做到“童叟无欺”，即“虽使五尺之童适市，莫之或欺”。⑨ 荀子则进一步指出商人诚信经营的社会功能是经济顺畅、

① 《史记·夏本纪》。
② 《商君书·修权》。
③ 《管子·乘马》。
④ 《韩非子·五蠹》。
⑤ 《论语·为政》。
⑥ 《论语·颜渊》。
⑦ 《论语·子路》。
⑧ 《孟子·离娄上》。
⑨ 《孟子·滕文公上》。

国家兴盛，即“商贾敦悫无诈，则商旅安，货财通，而国求给矣”①，尤其是奉劝商人要诚信立业，要求商人“端敦悫诚信，拘守而详”，这样才能“横行天下，虽困四夷，人莫不任”。② 农家代表人物许行也极力主张商业往来应遵循诚信原则，认为“从许子之道，则市价不二，国中无伪，虽使五尺之童适市，莫之或欺”③，上述言论均在强调诚信对立足社会，特别是商务交往中的讲求诚信的必要性与重要性。今天，我国构建和谐社会的基本要求也把“诚实友爱”列入其中，足以说明诚信作为道德规范古今社会同样重要。

2. 市不豫贾

“市不豫贾”作为商业活动应遵守的交换伦理规范，在中国传统伦理思想中也很早就有了经典论述。如《淮南子·览冥训》载：“黄帝治天下，道不拾遗，市不豫贾。”《史记·循吏列传》中也有相关记载，书中描述了令孔子非常赞赏的郑国丞相郑子产治国理政有方，做丞相第二年，郑国经济交换活动中“市不豫贾”现象就蔚然成风。孔子本人也主张“布帛精粗不中数，幅广狭不中量，不粥于市”、“贾羊豚不加饰”④，要求市场上交换的物品要真实可信，不能以假乱真或滥竽充数，当然也不能缺斤少两。毕竟，“夫释权衡而断轻重，废尺寸而意长短，虽察。商贾不用，为其不必也”⑤，即如果抛弃权衡重量、长度的秤砣、秤杆、尺寸等计量工具而去主观估计商品的重量或尺寸等，即使是很有经验，商人也不会采纳，只有通过标准计量工具的衡量，才能确定公正合理的价格，即“以量度成贾而征”。⑥ 司马迁对此等问题曾做过精辟的总结，认为“贪贾以奸营利，只能得三分之利，廉贾以义化利，能得五分之利”，即“贪贾三之，廉贾五之”。⑦ 还有历史上的“徽商、晋商”均以诚信立市，靠诚信起家致富。如徽商的经商理念是：“职虽为利，非义不可取也”，自觉地诚实经营、不贪小利，指出：“利者人所欲，必使彼无所图，虽招之将

---

① 《荀子·儒效》。
② 《荀子·修身》。
③ 《孟子·滕文公上》。
④ 《孔子家语·相鲁》。
⑤ 《商君书·修权》。
⑥ 《周礼·地官·司市》。
⑦ 《史记·货殖列传》。

不来矣，缓急无所恃，所失滋多，非善贾之道也。”① 而晋商诚信信誉不仅在国内久负盛名，在洋人中也芳名远扬，据1888年的相关资料记载：在上海英国汇丰银行一位经理登记该行与晋商长达25年的业务往来记录单中显示，双方大量合作25年来，交易数额达白银几亿两，“但没有遇到一个骗人的中国人”。② 这些经典论述与事例可为当代中国的农村交换伦理建设提供理论依据，对引导与规范当前我国农村交换活动也具有一定的实践指导意义。

3. 正身司市

“正身司市”主要是对官府商业管理人员与商人的职业伦理规范，它要求官府商业管理人员与商人不得垄断商务，巧取豪夺，牟取暴利，或在商品质量、价格上不得违反官府禁令。事实上，中国古代官府为防止“奸贾”蒙骗顾客，巧取豪夺，破坏市场秩序，违背道义牟取暴利发生曾设置过监督管理商务活动机构。如商朝曾设立“工商食官”监督管理相关事务。西周时官府对市场上商品质量、价格等方面的管理条例也很完备。③ 在《礼制·王制》中就明确规定了16条违反礼义或不合时令的物品不能上市交易的禁令。如“圭璧金璋、命服命车、宗庙之器、牺牲、戎器、用器不中度、兵车不中度、布帛精粗不中数、幅广狭不中量、奸色乱正色、锦文珠玉成器、衣服饮食、五谷不时、果实未熟、草木不中伐、禽兽鱼鳖不中杀”，交易这些物品是非法的。而且对从事市场管理的相关人员也作出了明确职责范围与管理依据。当然在人治的传统社会，对市场管理人员自身道德修养也非常重视，要求其做到“身正”而“令行”，孔子就是其中的典范之一，他本人不仅推崇子产的“市不豫贾”主张，而且特别注重自身的道德修养，在短暂的为官时期孔子也曾身体力行，整治鲁国交易市场颇有政绩。如西汉刘向在《新序·杂事》篇曾载：“鲁有沈犹氏者，且饮羊饱之，以欺市人；……鲁市之鬻牛马者善豫贾”，当打听到孔子要到鲁国任司寇后，这些“善豫贾”者个个闻风丧胆，羊贩子不敢再给待卖的羊灌水充当重量，牛马贩子也不敢再哄抬价格，孔子凭借自身的品行与作风无形中就扭转了鲁国市场交易的不正之风，见证了“身正”而“令行”的效果。同时，孔子也反对官府设置关卡征收重税的行

① 张海鹏、王廷元：《徽商研究》，安徽人民出版社1995年版。

② 渠绍淼：《晋商兴衰溯源》，《文史研究》1992年第1期。

③ 徐少锦：《中国古代优秀的商业伦理精神》，《审计与经济研究》1997年第5期。

为，曾责备鲁国大夫藏文仲设“六卡”阻碍自由贸易的行为。当然，他本人也主张自由贸易，曾以商品自喻，称“我待贾者也”[①]，并称赞经商致富的弟子子贡“赐不受命，而货殖焉，亿则屡中”。[②] 孔子还反对商业垄断，认为垄断商品价格牟取暴利是可耻行为。正如他所言：“独富独贵，君子耻之。”[③] 孟子则直接批驳“罔市利”的商贾为“贱丈夫”，即“有贱丈夫焉，必求龙断而登之，以左右望，而罔市利”。并指出：“人亦孰不欲富贵？而独于富贵之中，有私龙断焉！”[④] 荀子也贬斥那些“为事利，争货财，无辞让”的商业垄断行为是“贾盗之勇”[⑤]，指出如果百姓都贪财夺利成风，无辞让之心，则国家难以生存，即“众庶百姓，皆以贪利争夺为风，曷若是而可以持国乎？”[⑥] 在传统社会中，这样的言论与经典事例还很多，它们是当代中国农村经济伦理建设可贵的理论资源与思想财富。

（四）“藏富于民、均衡财富、取予有节”等分配伦理观

分配活动是最能考量经济活动伦理意蕴与道德含量的环节，也是维护社会稳定，保持经济发展的重要途径。尽管中国传统社会等级森严，阶级矛盾始终存在，但社会始终是发展的，在漫长的传统社会也留下很多推动历史向前发展的分配伦理思想与经典分配事例。如“藏富于民、均衡财富、取予有节”等分配伦理思想，这些思想观点对完善当代中国的分配制度与规范分配言行也具有一定的理论意义与实践价值。

1. 藏富于民

“藏富于民”的分配伦理观源于中国古代民本思想，多基于民心向背的统治策略与富民强国的需要主旨。如管仲就反对横征暴敛、“取民无度”，主张并实施了“相地而衰征”公平税收制度，切实减轻了民众负担，因为他深谙“上无量则民乃妄”，所以他坚持“民恶贫贱，我富贵之”[⑦] 的“藏富于民”治国理念，认为只有这样才能获取民心，稳固统治。于是，管仲总结出“凡治国之道，必先富民”的深刻道理，并采取

① 《论语·子罕》。
② 《论语·先进》。
③ 《孔子家语·弟子行》。
④ 《孟子·公孙丑下》。
⑤ 《荀子·荣辱》。
⑥ 《荀子·强国》。
⑦ 《管子·牧民》。

了多项“藏富于民”的措施，如推行“无夺民时”[①]、“士、农、工、商”四民分业，为民众提供了公平竞争的生财环境，鼓励与督促民众合理开发自然资源，制定“量其重，计其赢，民得其七，君得其三”[②] 的分配原则。调动民众的生财积极性，落实“归之于民”、“托出于民”[③] 的富民策略，指出只有民富才会“敬上畏罪”、“安乡重家”，民贫则易“陵上犯禁”、“危乡轻家”[④]。老子则从“为无为，则无不治”[⑤] 的视角表达“藏富于民”的思想，反对官府过多、过强干预民众正常的经济活动、取民过度，认为只有实施宽松政策，给民众以和谐的“大气候”，让民众自由选择自己喜好的、擅长的求财之道，才能“民利百倍”。[⑥] 孔子也主张“藏富于民。”，所以当弟子冉有问及卫国“人口多了后，还需要做什么?”时，孔子不假思索就回答：“富之。”并进一步指出“既富乃教之也，此治国之本”。[⑦]孔子弟子有若也指出：“百姓足，君孰与不足？百姓不足，君孰与足?”[⑧] 从中可见，孔子已深刻领悟了“富民”与“治国”的逻辑关系，毕竟，“贫而无怨难”[⑨]，民富则国安，民贫则易乱，否则“四海困穷，天禄永终”。[⑩] 孔子也主张轻税薄赋，反对苛捐杂税与聚敛贫民，呼吁为政者“因民之所利而利之”[⑪]、“博施于民”，使百姓富裕，当他发现“苛政猛于虎”[⑫] 的残酷现实后也深表感叹，得知弟子冉求为季氏“聚敛而附益之”时，甚至不顾师生情面，发动其他弟子去“鸣鼓而攻之”。[⑬] 孟子也主张“藏富于民”，认为“易其田畴，薄其税敛，民可使富也”[⑭]，并呼吁为政者实施“制民之产”仁政策略，使民有“恒产”、生“恒

① 《国语·齐语》。
② 《管子·轻重乙》。
③ 《管子·乘马》。
④ 《管子·治国》。
⑤ 《老子·第三章》。
⑥ 《老子·第九十章》。
⑦ 《论语·子路》。
⑧ 《论语·颜渊》。
⑨ 《论语·宪问》。
⑩ 《论语·尧曰》。
⑪ 同上。
⑫ 《礼记·檀弓下》。
⑬ 《论语·先进》。
⑭ 《孟子·尽心上》。

心”，则能使百姓“养生丧死无憾”、“老者衣帛食肉，黎民不饥不寒”①，否则，“天子不仁，不保四海；诸侯不仁，不保社稷；卿大夫不仁，不保宗庙”。② 荀子则坚决反对为政者横征暴敛，指出：“足国之道，节用而裕民，而善藏其余，节用以礼，裕民以政。”所以，只有“轻田野之税，平关市之征，省商贾之数，罕兴力役，无夺农时”③，才能民富国强，否则“筐箧已富，府库已实，而百姓贫，夫是之谓上溢而下漏……倾覆灭亡可立而待也”。④ 墨子更是主张“藏富于民”，认为为政者应体恤民力、取民有度，并指出民有三大“巨患”，即“饥者不得食，寒者不得衣，劳者不得息”⑤，因此，他强烈反对为政者“厚作敛于百姓，暴夺民衣食之财”⑥，提出“忠实欲天下富，而恶其贫”。⑦ 而当时“君子”的共识，是呼吁君王实施“兼爱”，以富贵引导民众，即“富贵以道其前”⑧，兴天下之利，平等地分配给每个民众，做“兼君”。清朝雍正皇帝也很重视“藏富于民”的分配策略，明确提出：“国家经费既敷，则藏富于民，碑各家给而人足，乃朕之至愿也。”⑨ 并推行了“摊丁入亩”税收制度，实施了减免赋税，拯济灾荒，兴修水利，奖励垦荒等“恤民”、“富民”政策，取得了良好的经济成效与社会反响，以上理论观点或经典事例对当代中国农村分配制度伦理建设及农村扶贫政策的完善也有一定的理论指导意义。

2. 均衡财富

中国传统社会关于“均衡财富”的思想资源丰富，春秋时期的管仲曾提出：“天下不患无财，患无人以分之”⑩，此处的“分”即经营管理的意思，从中可见管仲不是担忧天下没有财富，而是担忧没有能对财富进行有效经营管理的人才，尤其对贫富不均问题认识深刻，指出“民富则不可禄使也，贫则不可罚威也。法令之不行，万民之不令”，乃“贫富之

① 《孟子·梁惠王上》。
② 《孟子·离娄上》。
③ 《荀子·富国》。
④ 《荀子·王制》。
⑤ 《墨子·非乐上》。
⑥ 《墨子·辞过》。
⑦ 《墨子·兼爱中》。
⑧ 《墨子·尚同下》。
⑨ 《清世宗实录》（卷98）。
⑩ 《管子·牧民》。

不济也”[①]，而且“甚贫不知耻，甚富不可使”[②]、“民贫则难治”[③]。所以，管仲认为只有“贫富有度”，财富分配均衡，才能减少社会矛盾，保障社会安定。正是基于这种认识，在财富分配问题上，管仲特别谨慎，主张“均衡”分配。如对农业生产资料就实施了均等分配，即“陆、阜、陵、墐、井、田、畴均”[④]，保障人人有份，实现社会公正。在税费征收方面，管仲也采取了相对公平的税收政策——“相地而衰征”，即按土地质量不同、收成不同而征收不同比例的赋税，既体现了税费公正，又防止了因收益差别而导致的贫富分化。管仲还采取了其他措施使社会财富均衡分配。如通过“轻重之术”[⑤]，通调民利，灵活操纵“富能夺，贫能予”[⑥]的国家价格调节工具，落实财富均衡分配政策，防止士官达人与“奸贾”“暴富”与社会弱势群体“赤贫”发生，落实“散积聚，钧慕不足，并分财利而调民事”[⑦]的措施，促使社会财富均衡分配。司马迁在《史记》中也记载了管仲“轻重鱼盐之利，以赡贫穷”[⑧]的史实。春秋末年，齐国大夫晏婴把“取予有道，均分财富”奉为贤明君王的行为风范。指出“盛世之君”的行为准则是：“其取财也，权有无，均贫富，不以养嗜欲。”[⑨]孔子从维护社会稳定的视角提出了“不患寡而患不均，不患贫而患不安”[⑩]的财富分配观，体现出体恤民生的德政思想，在一定程度上也承续了古代中国那种“大同”社会理想，并寄希望为政者“养民也惠”、“博施于民”，使贫富差距缩小，社会矛盾得到缓和。墨子则从“兼爱”的道义要求出发，主张“有力者疾以助人，有财者免以分人”[⑪]的分配伦理观，希望通过能者帮助弱者、富者帮助扶贫者实现社会财富均衡，达到“兼爱”的效果。老子在分配问题上主张“损有余而补不足”，反对“损不足而奉

① 《管子·国蓄》。

② 《管子·奢糜》。

③ 《管子·治国》。

④ 《国语·齐语》。

⑤ 《国语·周语下》。

⑥ 《管子·揆度》。

⑦ 《管子·国蓄》。

⑧ 《史记·齐太公世家》。

⑨ 《晏子春秋·内篇问上》。

⑩ 《论语·季氏》。

⑪ 《墨子·尚贤下》。

有余"[①]，目标也是希望帮贫济困达到社会财富均衡，实现其"小国寡民"的均贫富社会。法家商鞅则直截了当地指出："治国能令贫者富、富者贫，则国多力。"[②] 韩非也持相同看法，认为："明主治国，适其时事以致财物，论其税赋以均贫富。"[③] 董仲舒同样主张财富分配应适度均衡调节，使贫者富者各得其分。因为，富者太富易骄奢，贫者太贫易犯禁，贫富悬殊易引发社会动乱。所以，明智的社会财富分配方法是"制人道而差上下，使富者以示贵而不至于骄，贫者足以养生，而不至于忧。以此为度，而均调之"。[④] 朱熹也认为社会财富应均衡分配，指出："均则不患于贫而和，和则不患于寡而安，安则不相疑忌，而无倾覆之患。"[⑤] 而北宋末年的统治者却偏不吸取教训，倒行逆施，对百官财富给予过多，对百姓收取赋税过度。正如清朝史学家赵翼所描述："恩逮于百官者唯恐其不足，财取于万民者不留其有余。"[⑥] 历代的许多农民起义也印证了贫富不均引发的后果。如王小波、李顺领导的农民起义就打着"均贫富"的旗号，太平天国运动也高扬"均田免粮"的旗号，取得人们道义上的支持。

3. 取予有节

"取予有节"出自《淮南子·本经训》，是指收取与给予均有节制，合乎情理，通常比喻不苟贪得。这条规则也是中国传统社会分配领域的重要规范，在官府的赋税征收、民生保障、自然资源的开发利用与保护等方面均有相关的规定。如在百姓最为关注的土地分配问题上，管仲提出了"均地分力"主张，即依据土地质量不同按一个公共标准折算后进行分配，再依据均地所需当时的社会必要劳动量分派劳动力把公田分配给农民耕种。与之相配套的是"与之分货"的"相地而衰征"的赋税制度，即依据土地质量等次而征收不同等级的税收，结果使农民的生产积极性与粮食产量同时剧增，分配正义也得到彰显。同时管仲还鼓励百姓勤勉务农、垦荒与合理开发自然资源，实施了"其积多者其食多，其积寡者其食寡，无积者不食"[⑦] 的收入分配制度，这些措施既体现了官府"取予有节"的

---

① 《老子·第七十七章》。
② 《商君书·天地》。
③ 《韩非子·六反》。
④ 《春秋繁露·度制》。
⑤ 《四书集注·论语·季氏》。
⑥ 《二十二史札记·宋制禄之厚》（卷二五）。
⑦ 《管子·权修》。

伦理维度，又彰显了与劳动者劳有所得的分配公平；既激发了民众生产经营的积极性与创造潜能，又保障了土地质量优劣不同的耕种者农业收入相对平衡、防止了社会贫富分化。在自然资源开发利用方面则主张“山泽各致其时”[①]，既充分尊重自然规律、保护资源永续使用，又使农业生产有持续收益。在民生保障方面，管仲也做到了“予”有节，主张官府承担社会弱势群体的供养问题，曾“量委积之多寡，定府官之计数，养老弱而勿通，信利周而无私”，并在诸侯会盟时把这种官府保障社会“老弱孤残”生计的做法介绍给其他诸侯国，希望其他诸侯国也承担起“养孤老，食常疾，收孤寡”[②]的社会责任。

孔子在“取予有节”问题上立足“礼”与“仁”的要求，在“取”应有节问题上，他从德政立场出发，极力呼吁为政者“敛从其薄”[③]，爱惜民力，谴责因“取民过度”导致“苛政猛于虎”的社会现实，并指出：“若乃十一而税，用民之力岁不过三日，入山泽以其时而无征，关饥市廛，皆不收赋，此则生财之路，而明王节之，何财之费乎？”[④]主张“关饥市廛皆不征税”[⑤]，这种减免通商税收，鼓励商业发展的观点曾获得胡寄窗先生的高度评价：“在中国，与战国后期以来二千多年中极端轻视商业的流行观点相比，却是很突出的。”[⑥]他还呼吁为政者“使民以时”，反对“刳胎樊夭、竭泽而渔、覆巢毁卵、伐不成材”等违背自然规律、滥用生物资源的行为，指出：“断一树杀一兽，不以其时，非孝也。”[⑦]他本人也践行了“钓而不纲，弋不射宿”[⑧]等环保行为，彰显了孔子“取”而有节的伦理风范。在“予”应有节问题上，孔子呼吁为政者应“因民之利而利之”、“惠而不费”[⑨]、“节用而爱人”[⑩]、“博施于民”。[⑪]

① 《国语·齐语》。
② 《管子·幼官》。
③ 《左传·哀公十一年》。
④ 《孔子家语·王言解》。
⑤ 《礼记·王制》。
⑥ 胡寄窗：《中国经济思想简史》，中国社会科学出版社1981年版，第43页。
⑦ 《礼记·祭义》。
⑧ 《论语·述而》。
⑨ 《论语·尧曰》。
⑩ 《论语·学而》。
⑪ 《论语·雍也》。

孟子在“取予有节”问题上坚持“非礼不进，非义不爱”[①] 立场，认为不符合道义的“取”与“予”，则“一介不以与人，一介不以取诸人”[②]，呼吁为政者“取于民有制”[③]，行“仁政”，给予百姓足够、适当的劳动时间与生产条件，“制其田里，教之树畜”[④]。主张“制民之产”，让百姓有“恒产”；税费征收上也主张“市，廛而不征，法而不廛”[⑤]，在农业生产上也强调遵循自然规律，奉行节资护源的生态伦理行为。

荀子则从富国裕民的目的出发，指出“足国之道”，在于“节用裕民，节用以礼”[⑥]，认为“王者之法”，应当“等赋”[⑦]，国家理财应通过“开源节流”的方式，而不是对百姓取之过度。所以他强烈反对横征暴敛，主张“轻田野之税，平关市之征，省商贾之数，罕兴力役，无夺民时”。[⑧] 对自然资源的利用不仅要遵循“天行有常、天有其时”[⑨] 的自然规律，而且要取之有度、用之有节，要合理开发与有效保护，以保障林业、渔业、种植业等部门可持续发展，保障百姓收入有永续来源，要求“草木荣华滋硕之时，则斧斤不入山林，不夭其生，不绝其长也。鼋鼍鱼鳖鳅鳣孕别之时，罔罟毒药不入泽，不夭其生，不绝其长也”[⑩]。上述理论观点对我国现阶段的贫富差距拉大、城乡发展失衡现象及资源节约型与环境友好型社会建设，既是一个警醒，也是一剂“良方”。

（五）“黜奢尚俭、合‘礼’符‘义’、适度永续”等消费伦理规范

中国传统社会消费伦理资源丰富，在小农经济主导的农业社会，许多思想家、政治家从不同的阶级立场出发，提出了许多脍炙人口的消费伦理观点，用以引领与规范当时的消费言行。如“黜奢尚俭、合‘礼’符‘义’、适度永续”等消费伦理规范，它们不仅对当时的社会经济发展产生了一定的影响，而且对后来人们的消费观念与消费活动也产生了较大影响，对当代中国农村的消费伦理建设也具有一定的理论指导与实践参考

① 《礼记·礼运》。
② 《孟子·万章上》。
③ 《孟子·滕文公上》。
④ 《孟子·尽心上》。
⑤ 《孟子·公孙丑上》。
⑥ 《荀子·富国》。
⑦ 《荀子·王制》。
⑧ 《荀子·富国》。
⑨ 《荀子·天论》。
⑩ 《荀子·王制》。

价值。

1. 黜奢尚俭

中华民族历来有崇尚节俭，反对奢侈的良好社会风尚，“俭”为善德，“侈”为恶德，也被人们习以为常地接受。正如《左传·庄公二十四年》所载：“俭，德之共也。侈，恶之大也。”《说文解字》对“俭”的解释是“去奢崇约谓之俭”，当然，传统社会在消费领域关于“黜奢尚俭”的经典论述还有很多，管仲本人生活上尽管有奢侈作风，但他深知“俭则伤事，侈则伤货”① 的道理，于是在治国理政策略上还是极力主张“罢奢尚俭”，出于治国防“奸邪”目的，他明确指出“国奢则用费，用费则民贫，民贫则奸智生，奸智生则邪巧作”②，并实施了“节衣服，俭财用，禁奢泰”③ 的治国策略。正如他说：“大人之忠俭者，从而与之；奢侈者，因而毙之。”④

孔子则是“黜奢尚俭”的忠实维护者与践行者，他曾明确指出：“士致于道，而耻恶衣恶食者，未足与议。”⑤ 在俭与奢的抉择上，强调：“奢则不孙，俭则固。与其不孙，宁固。”⑥ 子贡对孔子的评价是“夫子温、良、恭、俭、让而得之”⑦，“俭”德是其中之一。司马迁在《史记》中也记载了孔子“政在节财”⑧ 的观点。

荀子则从治国理财的角度出发，认为“强本而节用，则天不能贫，……本荒而用侈，则天不能使之富”⑨。并提出了“节用裕民”观点，主张通过“节流”方式来实现“裕民”目的。指出“不节流裕民”，就会“亡国、危身”。⑩

墨子站在下层平民阶级立场，更是极力主张并践行节俭，认为“节用”的目的是“兴百姓之利”。它曾指出大禹治水七年，商汤在位时五年

① 《管子·乘马》。
② 《管子·八观》。
③ 《管子·八观》。
④ 《左传·昭公三年》。
⑤ 《论语·里仁》。
⑥ 《论语·述而》。
⑦ 《论语·学而》。
⑧ 《史记·孔子世家》。
⑨ 《荀子·天论》。
⑩ 《荀子·富国》。

大旱，而老百姓并没有冻着饿着的原因是“其生财密，其用之节也”[①]，这也为其论证国家“节用”能兴百姓之利找到了理论依据，进而提出“国家去其无用之费”，就能使社会产品成倍增长，百姓也可节省出很多劳动时间，不用去生产那些无必要的奢侈品，而且消费也应保持最低标准，社会产品的生产应以实用为目的，不能增加消费效果的产品一概不要生产。如：“天下群百工”，“各从事其所能”，产出的物品“凡足以奉给民用则止，诸加费不加于民利者，圣五弗为”。[②] 在衣食住行方面，也提出了一系列节俭规范细则，并批评当时的“厚葬”奢靡之风，主张“节葬”，并规劝为政者要吸取“俭节则昌，淫逸则亡”的历史教训，自觉践行“黜奢尚俭”消费伦理规范。

老子从生产与消费的辩证关系入手，认为是社会产品生产繁多使人的消费欲望膨胀，从而产生各种贪欲与社会动乱，只有回到低生产水平，人的消费欲望才会回落，动乱才会减少。所以，老子也主张“黜奢尚俭”，并以“俭”为自己的“三宝”之一，奉劝“小邦寡民”应保持简单的基本生活需求，“甘其食，美其服，乐其俗，安其居”[③]，不要有太高的消费欲望，过分消费，只会降低消费品的效用，使人得不偿失。如“五色令人目盲，五音令人耳聋，五味令人口爽，驰骋田猎令人心发狂，难得之货令人行妨”。所以，“圣人为腹不为目，故去彼取此”。[④] 在控制消费欲望方面，老子强调消费要“知足”[⑤]，能满足自身最基本的生活需求即可，提倡人们应保持自然淳朴的消费观念，“少私寡欲、见素抱朴”，做到“知足”常乐，切莫贪欲过度、不知足，因为“祸莫大于不知足”。在此，可以发现老子把“贪欲、不知足”看成奢侈消费的源头。这些观点意在规劝人们不要过分追求人体器官的物欲消费需求，而应选取简单俭朴的生活方式，知足常乐，即使有家财万贯，行使挥金如土的消费，也并非真正的富有，真正的“富有”是适度享用，知足消费，即老子所说的“知足者富”。[⑥] 董仲舒在总结秦朝“短命”的历史教训时也指出秦朝有“荒淫

① 《墨子·七患》。
② 《墨子·节用中》。
③ 《老子·第十九章》。
④ 《老子·第十二章》。
⑤ 《老子·第十九章》。
⑥ 《老子·第三十三章》。

越制，逾侈以相高"[①]奢靡恶行。这些荒淫无度的消费之风导致其社会矛盾激化，加速了其灭亡。这些观点对反当时达官贵族阶层的奢侈消费之风有很好的疗效，对今天提倡节俭，培育厉行节约的良好社会风尚及反贪官污吏奢靡之风也具有一定启发意义。

2. 合"礼"符"义"

传统社会受"礼"、"义"文化影响深刻，消费活动也就自然会受其约束与规范。自西周以来就形成了以周礼的贵贱标准为依据分等次的等级消费习俗，社会各阶层在衣、食、住、行、婚、葬、娱等活动中均要符合自己名分。东汉史学家班固曾做过系统总结，指出："自天子公侯卿大夫士至于皂隶抱关击柝者，其爵禄奉养，宫室车服，棺椁祭祀，死生之制，各有差品，小不得僭大，贱不得逾贵"。[②]春秋战国是中国文化的大繁荣时期，消费伦理文化也是大放异彩，孔子便是周礼消费伦理文化忠实的继承与发展者。他认为君子的一切活动均要符合"礼"的要求，自觉做到"非礼勿视，非礼勿听，非礼勿言，非礼勿动"[③]，以"义以为质，礼以行之"[④]去规范自己言行，消费活动作为人类活动的一部分，自然也要合"礼"符"义"。

孔子极力提倡消费活动符合"礼"、"义"规范要求，在日常饮食起居方面，要求君子"食无求饱，居无求安"[⑤]，达到"无终食之间违仁"[⑥]的消费伦理境界，并以此高度赞赏弟子颜回为恪守"礼"、"义"规范，以"一箪食，一瓢饮，在陋室"[⑦]为乐的消费行为。孔子本人也以"饭疏食饮水，曲肱而枕"[⑧]的食居消费水平为乐，而对违反"礼"、"义"规范的消费行为，孔子强烈反对并坚决抵制。如面对季氏"八佾舞于庭"、"旅于泰山"等僭越等级的消费行为，孔子发出了"是可忍也，孰不可忍也?"的谴责；面对管仲与邦君比，亦"树塞门"、亦"有反坫"等僭越

① 《汉书新注·食货志上》（卷二十四上）。
② 《汉书·货殖传》（卷九十一）。
③ 《论语·颜渊》。
④ 《论语：卫灵》。
⑤ 《论语·学而》。
⑥ 《论语·里仁》。
⑦ 《论语·雍也》。
⑧ 《论语·述而》。

等级的消费行为，孔子也予以了唾弃：“管氏而知礼，孰不知礼?”[①] 对于一些不合时宜的“礼”制，孔子也是坚持道义、勇于改进的。如“礼，与其奢也，宁俭”[②]、“麻冕，礼也；今也纯，俭，吾从众”。[③] 在为官期间的日常饮食、服饰、出行等消费活动中，孔子也坚持“礼”制，“割不正不食”、“食不厌精，脍不厌细”[④]，出门的服饰单、夹、裘着装齐全；出行必用相应的车马，认为自己“从大夫后，不可徒行”[⑤]，否则，就有悖于周礼。对于孔子合“礼”符“义”的消费伦理思想，胡寄窗先生曾有个精辟的概括：“俭不违礼，用不伤义。”[⑥]

孟子也主张人的消费行为应符合道义要求，认为如果片面追求吃好、穿好、住好，而不注重自身教养，违反道义规范，则与动物差别不大。正如他所指出：“人之有道也，饱食、暖衣、逸居而无教，则近于禽兽”[⑦]，指出要养成良好的消费伦理品行，就得“养心”、“寡欲”[⑧]，坚持在日常生活中锻炼自己的道德信念。在穷困潦倒时，要坚守“穷不失义”的消费信念；在大富大贵时，要恪守“达不离道”[⑨] 的消费准则，做到“富贵不能淫，贫贱不能移”[⑩]，使自己的消费行为无论何时、无论何地均合“礼”符“义”。

荀子则从自然人性论出发，认为人的消费欲望是正当可求的，提倡“养人之欲，给人之求”[⑪]，指出人是社会的人，要遵循社会规则，消费活动也不例外，也得依“礼义”以范之。毕竟“礼”是用来调养人们欲望的，即“礼者，养也”。[⑫] 所以，他继承与发展了孔子的消费伦理观，提倡社会人群的消费活动应立足各自的等级名分，合“礼”符“义”进行消费。如

① 《论语·八佾》。
② 同上。
③ 《论语·子罕》。
④ 《论语·乡党》。
⑤ 《论语·先进》。
⑥ 胡寄窗：《中国经济思想简史》，中国社会科学出版社 1981 年版，第 93 页。
⑦ 《孟子·滕文公上》。
⑧ 《孟子·尽心下》。
⑨ 同上。
⑩ 《孟子·滕文公下》。
⑪ 《荀子·礼论》。
⑫ 《荀子·正论》。

他提出的“明贵贱亲疏之节”① 的消费观，认为贤明的君王应安排好富饶有余的“财”来确定各种名分的消费等级，以显示其身份与地位，即“圣王财衍以明辨异”②，贤明圣王制定不同人群的消费等级，就是“礼”，对社会上层人物来说，消费就应该据“礼”来明差等、定级别、示身份。所以，荀子指出：“衣服有制，宫室有度，人徒有数，丧祭械用皆有等宜。”③ 社会各阶层只有各安其分，各得其所，社会才会安定有序。

墨子在消费问题上极力主张“节用”、“节葬”，反对“无用”、不合情理的奢侈消费。与儒家衡量消费伦理的价值标准——“礼”、“仁”、“义”等伦理范畴不同，墨家衡量消费伦理的价值标准是“有用”，是对国家人民有利的“义”，与儒家带有等级、血缘色彩的“义”不同。认为消费能满足人们的基本生理需要即可，就是“有用”、符合道义的，而王公贵族“为锦绣文采靡曼之衣，铸金以为钩，珠玉以为佩、女工作文采，男工作刻镂……”的服饰消费；“台榭曲直之望，青黄刻镂之饰”的居室消费；“饰车以文采，饰舟以刻镂”④ 的出行消费，如此华丽、昂贵、精美过度的消费，不仅无用、没有必要，而且不“义”。因为这些消费“殚财劳力”，对国家与人们均不利。因此，他提倡服饰“冬以圉寒，夏以圉暑”，“适身体，和肌肤……”即可，指出服饰不是用来“荣耳目而观愚民”的；饮食“足以充虚继气、强股肱、耳目聪明”即可，不需要“极五味之调、芬香之和、致远国珍怪异物”；居室“高足以辟润湿，边足以圉风寒，上足以待雪霜雨露”即可；出行“全国轻利”多好，还“可以任重致远”。⑤ 并且反对“厚葬”，认为此风盛会导致社会产品浪费、财富匮乏，殉葬还会导致人口减少，这不符合天下之利的“义”。这样的理论观点上对当时奢侈消费成风的王公贵族，下对“淫僻之民”均是一种警示，对规范当今部分领导干部公款消费、违规用房、超标配车等消费行为及部分民众盲目消费、攀比消费等均具有一定的参考价值。

3. 适度消费

在中国传统社会，既有强调消费能促进生产、拉动内需、扩大就业而

---

① 《荀子·正名》。
② 《荀子·君道》。
③ 《荀子·王制》。
④ 《墨子·辞过》。
⑤ 《墨子·节用中》。

主张奢靡消费的观点，也有强调奢侈会祸国殃民、浪费财富、败坏风气而力挺节俭的思想，还有主张适度消费的观点。春秋时期的管仲不仅是个政治家，也是个经济学家。他对“奢”与“俭”的辩证关系及其各自功效的认识颇为深刻，认为二者均要适度、适宜，不能过分、偏执。毕竟“俭则伤事，侈者伤货”。[①] 从维护政治统治需要出发，他指出：“国侈则用费，用费则民贫，民贫则奸智生，奸智生则邪巧作。故奸邪之所生，生于匮不足，匮不足之所生，生于侈；侈之所生，生于无度。”所以，国家在奢靡消费成风的时候迫切需要“审度量，节衣服，俭财用，禁侈泰”。[②] 出于促进经济发展目的，他巧妙地借用了黄金作为当时计量财用的工具与“奢”、“俭”的相互关系原理，指出：“辩于黄金之理则知侈俭，知侈俭则百用节矣……俭则金贱，金贱则事不成；侈则金贵，金贵则货贱，故伤货。货尽而后知不足，是不知量也。事已而后知货有余，是不知节也，不知量，不知节，不可。”[③] 从中可见，管仲对“奢”与“俭”的认识与把握是非常到位的，是主张适度消费的。

在管仲的从政生涯中，既有提倡节俭、颁布禁“奢侈”消费、罚“厚葬”的政令，又有鼓励奢靡消费以振兴某种产业、度过经济萧条、增加贫民就业机会的言论。如他所指出“修宫室台榭，非丽其乐也，以平国策也”[④]，意指修建豪华宫室也是为了拉动经济发展的国策，“非高其台榭，美其宫室，则郡材不散”[⑤]，意指不建筑高台亭榭，各类木材就没销路。同时指出“兴时化，莫善于侈靡”，即社会生产不景气之时，侈靡消费能拉动生产需求。认为“富者靡之，贫者为之，此百姓之治生”[⑥]，即富人侈靡消费，穷人能从生产消费品中得到就业机会，这是百姓谋生之道，从而也能促进各行各业发展。明朝学者郭子章继承与发展了管仲的这种适度消费伦理思想，在“俭则伤事，侈者伤货”的基础上提出了“奢之为害也巨，俭之为害也亦巨”思想，并进一步指出：“财聚则民散，财散则民聚，财聚似俭而基祸，财散非俭而受福。福祸之际不可不省也。”[⑦]

---

① 《管子·乘马》。

② 《管子·八观》。

③ 《管子·乘马》。

④ 同上。

⑤ 《管子·事语》。

⑥ 《管子·侈靡》。

⑦ 《郭青螺先生遗书》（卷二十一）。

表明他主张奢朴适度，实乃偏向崇奢论消费伦理思想。当然，这些言论得辩证地看待，但它们对经济萧条时拉动内需、刺激消费、扩大就业确实具有一定的理论意义与实用价值，这一观点被后世学者章太炎、郭沫若等人所看重，并进行了重新审视。

儒家思想之集大成者荀况也主张适度消费，他认为应该保证庶民基本的消费物质需要，同时又不能让他们超过自身地位相称的消费水平，即不能越“礼制”而过度消费。正如其曰：“而圣王之生民也，皆使当厚优犹不知足，而不得以有馀过度。”[①] 所以，他既反对墨子那种过分节俭的主张，又反对春秋时期王公贵族那种奢靡消费行为，认为墨家奉行的那种穿粗衣、吃劣食，长期生活过于俭朴，必然会营养不良，以致没有足够体力去从事生产，不能生产则社会财富就会枯竭。正如荀子所指出：“墨子虽为之衣褐带索，菽饮水，恶能足之乎！既以伐其本，竭其原，而焦天下矣。”所以，“墨术诚行，则天下尚俭而弥贫”。[②] 即如果墨家那种过分节俭的主张在全社会推广，那么天下虽然崇尚节俭，但会越来越穷。同时，荀子也强烈反对王公贵族那种过分奢侈，挥霍无度的消费行为，认为这些人“俗淫……其养生无度”[③]，只会“习俗移志，安久移质”[④]，使人玩物丧志，生活腐朽堕落。所以，他呼吁“天子诸侯无靡费之用，士大夫无流淫之行”[⑤]，保持适度消费。

在自然资源利用方面，古代许多政治家、思想家也提出了很多永续消费的观点与事例。相传大禹就很注意生物资源的永续使用，并制定了相关禁令，如《逸周书·大聚解》载：“禹之禁，春三月，山林不登斧，已成草木之长；夏三月，川泽不入网罟，以成鱼鳖之长。”春秋时期，管仲则从君王的素质与责任入手，指出为君王应“谨守其山林菹泽草莱”，否则就“不可以立为天下王”[⑥]，呼吁君王应具备生态道德，肩负起保护人们赖以生存的自然资源的可永续使用的职责。孔子也告诫人们：“剖胎杀夭则麟麒不至郊，竭泽涸渔则蛟龙不合阴阳，覆巢毁卵则凤凰不翔。何则？

① 《荀子·正论》。
② 《荀子·富国》。
③ 《荀子·乐论》。
④ 《荀子·儒效》。
⑤ 《荀子·君道》。
⑥ 《管子·轻重甲》。

君子讳伤其类也”。[①] 从中不难发现，孔子不仅把滥杀动物视为“不义”的行为，而且认识到此举会导致云雨不兴、鸟兽绝迹等生态环境失衡的恶果，像麟麒、蛟龙、凤凰等在当时都是象征社会和谐、国泰民安的吉祥物，它们不光顾不仅意味着当时生态环境的恶化，而且昭示着社会动乱。这种深邃的认识在当时的历史条件下不失为一种理性判断[②]，并指出：“断一树杀一兽，不以其时，非孝也”[③]，而且还亲自实践“钓而不纲，弋不射宿”[④] 生态行为。孟子也很重视自然资源的永续使用，指出：“数罟不入洿池，鱼鳖不可胜食也，斧斤以时入山林，林木不可胜用也。”[⑤]

荀子也指出，“污池渊沼川泽谨其时禁，故鱼鳖优多，而百姓有余用也；斩伐养长不失之时，故山林不童，而百姓有余材也”。[⑥] 汉代贾谊则直接告诫人们：“龟育不入庙门，鸟兽不成毫毛，不登庖厨”；强调对自然资源的使用，应“取之有时，用之有节”，适度消费自然生物，则“物蕃多”。[⑦] 西汉刘向对自然生物的永续使用做了个较为全面的总结，指出：“故先王之法，田不掩群，不取麛夭，不涸泽而渔，不焚林而猎。豺未祭兽，罝罘不得布于野；獭未祭鱼，网罟不得入于水；鹰隼未挚，罗网不得张于溪谷；草木未落，斧斤不得入山林；昆虫未蛰，不得以火烧田。孕育不得杀，鷇卵不得探，鱼不长尺不得取，彘不期年不得食。”人们遵循了这样的消费原则，才能使“草木之发若蒸气，禽兽之归若泉流，飞鸟之归若烟云”。[⑧] 这些观点不仅符合生态伦理的弃恶性原则，也体现了现阶段我国社会主义新农村建设任务中“生产发展、村容整洁、生态文明”的道义要求。

二　近代以来国外“农民学”相关道德理论

国外关于农村经济伦理问题的相关研究起步较早，自近代以来，已形成相对成熟的理论流派，如苏联农业经济学家蔡亚诺夫、20 世纪德国最伟大的经济史家卡尔·波拉尼、美国学者詹姆·斯科特等人的“自给小农”生存动机道德理论，二战前后的“新古典学派”的 R. 菲尔斯、S.

---

① 《史记·孔子世家》。

② 涂平荣：《孔子的生态伦理思想探微》，《江西社会科学》2008 年第 10 期。

③ 《礼记·祭义》。

④ 《论语·述而》。

⑤ 《孟子·梁惠王上》。

⑥ 《荀子·王制》。

⑦ 《新书·礼》。

⑧ 《淮南子·主术训》。

塔克斯、西奥多·W. 舒尔茨、波普金等人的“理性小农”利润动机经济道德理论，20世纪中后期法国著名农村社会学家孟德拉斯的由“自给小农”的生存动机向“理性小农”的利润动机转化的经济道德理论，印度“圣雄”甘地的“农舍经济”伦理思想，当代美国学者赫伯特·西蒙的“有限理性和效用理性”小农经济伦理观，国际粮农组织对农业、农村经济伦理问题的提议以及当代美籍华人黄宗智、阎云翔、李怀印等对中国农村经济伦理问题的实证研究。有些研究还付诸了实践领域，产生了较好功效。如印度甘地的“农舍经济”实践、国际粮农组织的会议文件和倡议中的关于农业经济伦理的相关规范在部分国家也在逐步实施。这些理论观点对丰富与发展当代中国农村经济伦理建设的理论依据与实践路径也具有一定现实意义。

（一）“自给小农”生存动机道德理论

苏联的农业经济学家蔡亚诺夫、奥匈帝国时期的经济史家卡尔·波拉尼、美国学者詹姆·斯科特等人为代表的一批学者从社会学的视角出发，通过对农民经济行为的实证研究，发现在高度自给自足社会，农民往往追求的是家庭效用的最大化，而对家庭收入和利润等市场经济下的概念考虑更少。如蔡亚诺夫曾对20世纪20年代苏联小农家庭式农场的经济行为进行过实证研究，认为农民经济有其特定内涵，是指“非资本主义的家庭农场”，即以家庭成员劳动为基础的农民生产单位，它不同于资本主义经济，有自身的活动规律，家庭劳动不能转化为资本，生产活动不受利润原则制约，无法计算利润，劳力与资源配置也不是从最大经济效益原则出发，而是受制于伦理、道义与习俗等传统力量。他指出俄国小农“全年的劳作乃是在整个家庭为满足其全体家庭生计平衡的需要的驱使下进行的”。[①] 其生产目的仅是为了维持家庭生计，生产动力是追求生存最大化。并且系统论证了农民经济活动的基本原则，农户家庭的生产与消费、农村人口与经济发展要保持均衡、农业的纵向合作化道路等。这些理论有一定的合理性，但其排除了生产关系因素，完全排斥了市场，否定任何交换行为，这是不可取的，也是违反经济伦理的道义要求的。卡尔·波拉尼等紧随其后，在《早期帝国的贸易和市场》（1957）中又从另一角度批驳了把

---

① ［苏联］蔡亚诺夫：《农民经济组织》，萧正洪译，于东林校，秦晖序，中央编译出版社1996年版，第29页。

农民等同于资本家的观点，他反对把“功利的理性主义”世界化，反对把世界所有人都当作追求经济合理化的“功利原子”来看待，提倡用“实体经济学”取代波普金式的“形式经济学”，指出在资本主义市场未出现之前，小农的经济行为是“植根”于伦理关系的，是出于生存目的而进行的活动，市场出现后则主要围绕市场需求与利润追求而展开，因而考察小农的经济活动的动因要依据社会制度的发展阶段来定。詹姆·斯科特在《农民的道义经济学：东南亚的反叛与生存》（2004）中认为亚洲农民传统上认同小共同体，社区（集体）利益高于个人权利，在同一共同体内，尊重人人均有维持生计的基本权利的道德观念，习惯法的“小传统”常重新分配富人财产以维护集体的生存，认为农民的主导动机是“安全第一”、“避险高于趋利”，特别是在耕地稀少、贫瘠、自然条件差的地区，农户的经济活动更是求稳怕险，奉行的是“生存与安全第一”的经济伦理观。这些理论观点均从不同视角，分析了不同历史背景与地域范围内农民经济行为的道德动因及取舍依据，对我国农民经济行为的道德考察也具有一定的理论指导意义。

（二）“理性小农”利润动机道德理论

二战前后的“新古典学派”的R. 菲尔斯、S. 塔克斯、西奥多·W. 舒尔茨、波普金等人从决策心理的角度考察农户的经济行为，认为农户的经济行为是有理性的，其经济活动的动机是追求利润的最大化。二战前的“新古典学派”农民学家R. 菲尔斯、S. 塔克斯等人的“便士资本家”理论，认为自然经济下的农户是冷静而理智的经济实体，虽然他们的“资本”只有几个便士，但他们的行为方式像商人、小企业家或资本家一样，具有趋利倾向，富有计量性和逻辑性。二战后的西奥多·W. 舒尔茨在《改造传统农业》（1999）中正式提出了系统的“理性农民”理论，认为传统农民如同在特定的资源和技术条件下的“资本主义”企业，追求最大利润，对价格反应灵敏，其生产要素的配置行为也符合“帕累托最优原则”。[①] 他指出传统农业内部的资源配置也是有效率的，即其著名的“贫穷而有效率”命题，并且指出农民文盲的事实并不妨碍他们的理性活动和求利动机。只是在生存环境恶劣，生产难以自给，生活难以保证的状

① “帕累托最优”是博弈论中的一个重要概念，以意大利经济学家帕累托的名字命名，指资源分配的一种状态：在不使任何人境况变坏的情况下，不可能再使某些人的处境变得更好。帕累托最优是公平与效率的“理想王国”。

态下，传统农民在利益的抉择中往往会理性地追求经济安全和收入稳定，往往选择效用最大化而非利润最大化。鉴于这种认识，舒尔茨指出了计划经济条件下盛行平均分配，广大农民为集体而生产，劳动没有了“理性追求”和利润动机，农民劳动的积极性和效率难免低下，农村经济发展必然受到阻碍。其观点后来又得到了波普金的进一步深化，波普金在《理性小农》（1979）中认为农民和商人或资本家一样，其经济行为背后也充满了利润的算计，指出农民是“理性的个人主义者”，指出即使是贫穷和接近生存边缘，农民仍会努力把握机会，作出理性的选择，并会做出一些风险性投资。波普金还指出村落只是空间上的概念，并没有利益上的认同纽带，村民之间也会互相竞争并追求利益最大化。这些理论在结合各自时代背景的基础上分析了农民经济行为的道德动因与现实依据，对丰富与发展我国的“农民学”道德理论也具有一定的参考价值。

（三）“自给小农”生存动机向“理性小农”利润动机转化的道德理论

法国著名农村社会学家孟德拉斯在《农民的终结》（1967）一书中以法国农村的现代化道路为背景，分析了法国乡村社会二战后土地对农民的意义、农民的劳动方式（时间和空间）、知识习得方式的变化、农民意识的变迁过程，指出了“小农”在传统小农经济场域中形成了小农习性。在经历现代化后，小农意识、小农习性会发生变化，农民因为赢利而重视农业家庭经营，打破了小农的平均主义观念，允许通过投资先富裕的事件发生，允许打破土地结构，形成了适应现代化社会的市民习性。同时指出了农民处于不公正地位，是因为农民不团结，国家对农产品价格采取非市场化干预，以及道德成见，这些可以视为农民与国家、市场、社会的关系。法国农民在经历了这些变化后，其生活方式逐步向城市靠拢，农民通过政治参与、职业转变，社会地位得到提高，乡村再度复兴。在孟德拉斯看来，从“小农”到“农业生产者”或者“农场主”的变迁，是一次巨大的社会革命。同时指出在工业化、城市化的进程中，农民具有的理性似乎是一种永恒的“哲理”，虽然农民在经济活动中也追求趋利避害但不同于以经济理性为基础的现代理性，它不追求利润最大化，正如孟德拉斯所指出，对传统社会的法国农民来说，“土地是一种独特的，无与伦比的财产”。这种财产能确定他们的经济命运与社会地位，它是传统农业经济条件下农民“重要的资本和唯一可靠的财富”，是确立他们“社会等级制的基础与声望的标志”。[①] 而金钱对于传统农民来说，意义是次要的。因为“金钱不是一种可靠的价值。真正具有价值的只有土地，因此，要想富起来必须种好田地，而不是进行侥幸的投机，投机似乎会迅速带来收益，但却没有前途”。[②] 这些言论指出了法国传统社会土地对于农民的生存意义与价值导向，对推动我国农业由传统农业向现代农业转型也具有一定的参考价值。

（四）“有限理性和效用理性”小农经济伦理观

第十届诺贝尔经济学奖获得者、当代美国经济学家赫伯特·西蒙依据社会现实中农民所带有的自发性、盲目性、保守性等“非理性”特点，提出了人是有限理性的学说，认为人的理性只能是有限的，人类理性中的理性和非理性是同时存在，特别是信息的局限性导致决策和行为中的非理性，这一点在边远、偏僻地带具有针对性。他的这一研究结果是建立在实证基础上的，对解释为何我国越偏远的山区，其农民的小农意识越强也具有一定的参考价值。事实上，无论对于何种经济主体，他们的经济活动均要受各种因素的制约或干扰，不可能是完全理性的。由于农村企业和农民个体受自身能力、资金和各种社会环境因素的制约，导致他们不可能按照一个完全市场经济意义上的理性模式去经营与发展，其经济行动过程难免带有随机性、不合理性甚至破坏性；西蒙还提出了效用原则，即“有限理性”的具体运用，由于农村企业或小农在作出经济决策时受自身条件与外界环境等多种因素制约，而且事态也是不断发展变化的，有些经济行为的后果也是他们无法预料的。因此，他们的经济决策面临多种选择，往往是介于理性与非理性之间的，他们一般会放弃“经济人”利润最大化的选择，而遵循“效用原则”，达到自己满意的结果。所以，当分析农民经济行为的道德含量时，应立足这一事实，坚持“有限理性和效用原则”，即西蒙所指出的：放弃利用简单的“利润最大化”模式，运用“效用”模式来分析农民的经济行为。[③] 这些观点既遵循了经济学原理，又体现了管理学原则，对分析农民经济行为的道德含量与伦理意蕴确有独到之处，对于分析当代中国农民经济行为选择无疑也具有一定的借鉴意义。

---

① ［法］孟德拉斯：《农民的终结》，李培林译，社会科学文献出版社 2005 年版，第 54 页。

② 同上书，第 133 页。

③ 郑风田：《制度创新与中国农家经济行为》，中国农业科技出版社 2000 年版，第 11—12 页。

（五）“农舍经济”伦理思想

甘地的“农舍经济”伦理思想从批判西方物质文明立场出发，把人道主义道德观的实现作为他农村经济发展的最终价值目标。正如他所说，“虽然当今机器时代的目标是把人变成机器，我的目标正是重新让变成机器的人还原”[1]，此句中甘地所强调的是“人还原”，是把变成了机器的人复归于赋有人性、有道德、有情感的人，是要把人被机器奴役、扼杀了的主体性重新解放、激发出来，成为机器的主人，而不是机器的奴隶。就经济与道德关系而言，甘地认为“美好的经济离不开人的高尚的道德”。[2]因此，他极力反对拜金主义，并对缺德而致富的行为进行过无情的批判与强烈的谴责。他不仅把道德作为衡量个人利益和社会利益的取舍标准及调节人们行为的精神手段，而且意识到了经济与道德之间的互动关系，注意到了道德在经济领域的增值职能，尤其是在劳动效益的三因素——劳动者的业务素质、知识和道德潜力，甘地最注重道德潜力的作用，因为他已认识到道德和心理因素在经济活动中能够充当“生产要素”，是一种无形的“资产”，并指出道德因素比智力和体力因素更重要。就劳动伦理而言，甘地的观点也是朴实而客观的，是以“群众的道德意识”姿态出现的，“人们为了生计而从事农业或其他职业的体力劳动，被甘地奉为经济正义的原则”，“生计劳动”成为甘地特有的经济道德观念和伦理原则[3]，这是建立在自然人性基础上的，也是符合道德与经济的辩证关系原理的。总体而言，甘地的“农舍经济”伦理思想是立足于印度原有的农村经济模式，对未来社会的理想化提出了种种道德设想，这是符合下层劳动人民的意愿与道德诉求，有其合理性，对农村经济与伦理道德辩证关系原理内容的深化也具有独到的启发意义，但不切实际，事实上很难行得通。他对西方的工业社会与物质文明的弊端进行了无情的道德批判，有其合理性与前瞻性，但对西方现代工业文明中的效率意识、竞争观念等经济伦理思想也全盘否定则违背了辩证唯物主义与历史唯物主义观点，犯了盲目排外的错误。

（六）世界农业经济伦理问题的相关提议

2000 年 9 月 26—28 日联合国粮农组织召开的粮食及农业伦理著名专

---

① 彭树智：《甘地的农村经济思想及其道德观》，《南亚研究》1989 年第 2 期。

② 同上。

③ 彭树智：《现代民族主义运动史》，西北大学出版社 1987 年版，第 27 页。

家小组第一次会议正式提出了农业伦理问题，并全面阐述了农业领域的基本伦理问题、粮食生产和农业中的伦理规范，农业发展中存在的伦理问题等，会议形成了一系列相关决议，而后联合国粮食及农业组织还在罗马出版了《粮食及农业中的伦理问题》、《转基因生物、消费者、粮食安全及环境》等系列农业伦理文件，对农业领域所涉及的农业基本伦理问题和伦理承诺、粮食及农业中的伦理规范、构建一个合乎伦理的、有效的和安全的世界粮食及农业框架和体系目标等问题进行了较为全面、系统的介绍和阐述。2004 年又出版了《可持续农业集约化的伦理问题》一书，提出了对农业集约化战略进行伦理分析的三种可能方法——功利模式、美德模式、权利的分析。世界粮农组织制定的相关规定及其发出的倡议，对规范与引领国际范围内发达国家与发展中国家之间的农业经济交往与合作问题，全球性的环境与资源保护问题，世界各国国内城乡经济交往与农业、农村和谐、健康发展问题等方面均具有一定的指导意义。但事实上，世界粮农组织制定与倡议的这些规定很多时候还是苍白无力的，世界各国间利益纠葛错综复杂，发达国家与发展中国家不对称的经济实力与政治地位长期存在，发达国家凭借其经济实力，操纵着世界主要经济组织，对发展中国家的经济剥削、不等价交换、资源掠夺、污染转移等行为从来就没有停止过。以世界各国农业经济交往为例，2006 年印度学者范达娜 · 席瓦在其专著《失窃的收成》中，对农业、渔业、环境保护等问题进行了深入剖析，指出了国际社会农业经济交往领域中存在诸种伦理问题，如少数发达国家任意操纵国际组织，某些大型跨国企业也掌控着某些国际组织规则的制定，直接或间接左右着国际经济秩序，利用转基因技术和法律来剥削发展中国家的贫穷农民，滥采、滥用或低价交换发展中国家的自然资源，破坏传统的人与自然的平衡，转移污染工业，以发展中国家的环境恶化、资源枯竭和日趋贫困为代价牟取暴利等。其中一些触目惊心的数据与事例充分表明，国际范围内发达国家与发展中国家间的农业经济伦理问题十分严重，而这些问题的解决大多数还得依靠伦理道德的力量。毕竟，即使是制定了公正合理的国际法，但这些法还得靠有德之人去执行，何况国际法的道德含量与伦理意蕴也是由人决定的。

（七）当代中国农村经济主体行为动机与农村经济制度道德考量理论

黄宗智教授立足实证研究，把效用理论运用于农民学，遵循“从经验出发到理论再返回经验”的研究进路，对当代中国农村经济、社会问题进行了深入细致的研究，集中体现在其三本专著——《华北的小农经济与社会变迁》（1986）、《长江三角洲小农家庭与乡村发展》（1992）和《中国的隐性农业革命》（2010）中，对当代中国农民的经济活动进行了一些伦理解读，认为“小农既是一个追求利润者，又是维持生计的生产者，当然更是受剥削的耕作者，三种不同的面貌，各自反映了这个统一体的一个侧面”[①]。并把企业行为理论与消费者行为理论结合起来，指出企业行为追求的是利润最大化，消费者行为是追求效用最大化，在不同的约束条件和环境下，小农会有不同的动机和行为目的。一般而言，较大而富裕的农场，其经济活动很大程度上受利润的支配，较穷的小农，其经济活动出于生存与安全的考虑多于和大于利润的追求；而且黄宗智还将集生产者与消费者于一身的农户的经济动机抽象为“效用”，即不用追求最高利润的观念（来自企业行为的理论），而用“效用”观念（来自微观经济学中关于理性消费者的抉择的理论）的好处是：它可以顾及与特殊情况有关的主观决策；认为当代中国农村经济社会变迁之中，农民生产仍然由两种生产所组成，农村经济结构仍然是“主业 + 副业”的基本模式，由主要劳动力从事主业，较廉价的辅助劳动力从事副业。不同的是“主业 + 副业”的地位发生了变化，由原来的“农业主业 + 手工业副业”转化为“工业主业 + 农业副业”的结构；认为进入 20 世纪，中国乡村经济商品化加速，使得乡村社会的生产关系“从一种在熟人间、面对面的长期性关系，改变为脱离人身、短期性市场关系”。[②] 从这些层面也可折射出我国乡村经济伦理也在发生相应的变迁，由“自给小农”的经济道德观念向“理性小农”的经济道德观念转化。书中还对当代中国农村的几项经济制度中存在的问题进行了伦理评判，但没有对农民进行道德指责。相反，书中的字里行间还时时流露出对当代中国农民的深切关怀。

国际著名人类学家、美籍华人阎云翔（2006）从人类学的视角出发，以黑龙江省下岬村为个案，描绘了从 1949—1999 年下岬村民本土伦理道德变迁及衰弱的种种迹象，他通过对乡村私人生活跟踪调查了 15 年之后

---

① 郭于华：《重读农民学经典论题——“道义经济”还是“理性经济”》，《读书》2002 年第 5 期。

② ［美］黄宗智：《华北的小农经济与社会变迁》，中华书局 2000 年版，第 212 页。

的研究发现，“新崛起的个人是一种无公德的个人”①，指出改革开放后村民的公德意识淡化，由于实施家庭联产承包制，农村集体化劳作形式结束了，国家对农村经济活动的直接管理与干预减少了，对农村社会公共事业的管理责任也基本推卸到了农村基层政府，农民的集体主义精神逐渐消失，社会主义道德也随之慢慢被淡忘，分田到户后农民更多的是关注自家的财产与利益，也被卷入了商品社会与市场经济的“逐利”大潮中，伴随而来的是西方社会个人主义道德观念不断影响与侵蚀着农村，农民原有的传统伦理道德观念也面临着不断被肢解、被遗忘的命运，于是，农村在“非集体化”（人民公社解散）之后便出现了道德与意识形态的真空，农民的公共生活与私人生活均面临着道德风险。于是，当代农村青年择偶标准功利化，定金、彩礼水涨船高；农村计划生育制度也“商品化”，罚款即可生育；家庭财产分割矛盾重重；子女不愿赡养老人；集体公益无人关心等伦理道德问题不断凸显。他认为农村在抛弃了传统道德后，农民并没有树立真正独立、自主的个性与自立、担当的品行；相反，却在走向自我中心主义、功利主义，只想张扬个人的权利，不愿承担责任。即“走出祖荫的个人似乎并没有获得真正独立、自立、自主的个性。恰恰相反，摆脱了传统伦理束缚的个人往往表现出一种极端功利化的自我中心取向，在一味伸张个人权利的同时拒绝履行自己的义务”②，并主张通过民间组织的发育来化解这些伦理困境。

美籍华人李怀印认为，当代中国在整个集体化时代，国家一直试图强调农村集体制的种种成功之处，诸如动员人力以改变自然环境、提高全国农业产量、从根本上改善农村人口生存条件等，以证明社会主义的优越性；与之相反，改革时代的政府官员则往往强调生产队的低效率和农民的普遍贫困，以贬低集体化时代，证明包产到户取代集体生产的必要性，为农业改革寻找理由。③ 他还指出：农村税费改革前征收农业税和工农产品的价格“剪刀差”，是国家的过度抽取，极大地损害了生产队的集体积累能力，阻碍了农业的现代化投资。而农村生产队在农业现代化方面仅能做

---

① ［美］阎云翔：《私人生活的变革：一个中国村庄里的爱情、家庭与亲密关系（1949—1999）》，龚晓夏译，上海书店出版社 2006 年版，第 6 页。

② 同上书，第 5 页。

③ ［美］李怀印：《乡村中国纪事——集体化和改革的微观历程》，法律出版社 2010 年版，第 204 页。

到最低程度的投资，以维持集体经济的“简单再生产”。中国农民对国家工业化的贡献实在是太大了。[①] 并认为1980年之后，中国农村改革的最大成就，并非改革设计者最初预期的农业产出大幅度成长，而是农村劳动力的意外解放以及随之而来的收入来源的多样化，它们为中国乡村经济社会的现代化铺就了道路。[②]

上述对当代农村经济伦理问题的相关研究，理论较为成熟，研究方法独特、实用，尤其是注重实证研究，研究对象多针对某个农村区域、个体的村落或某个具体的领域进行长时间的追踪调查，获取的材料真实，对某些农村或某个村落的农民经济伦理状况描述客观、准确，找出了问题的症结所在，提出的应对措施也切合实际，虽然个案只是某些地区或某个村落的具体伦理状况，不足以代表中国农村的整体伦理状况，但这些个案毕竟是当代中国农村真真切切的伦理问题，具有一定的代表性，对解决当代中国农村经济伦理问题无疑具有一定的参考价值。

三　马克思主义对农村经济伦理的经典论述

马克思、恩格斯以及列宁等马克思主义经典作家，还有当代中国的国家领导人毛泽东和邓小平等尽管没有明确提出“农村经济伦理”的概念和论题。但是，他们对农村、农业与农民问题的密切关注、高度重视与深刻剖析，特别是对农村经济社会发展、农业的基础地位与现实困境、农民的历史命运、现实权益与深度关怀等问题的经典论述，无不折射出农村经济伦理思想的耀眼光芒，他们的相关经典论述对加强与改进当代中国农村经济伦理建设无疑具有重大的理论指导与实践指南意义，值得分析和研究。

（一）马克思恩格斯的“小农经济”道德理论

马克思恩格斯“小农经济”道德理论主要论述了“小农经济”与伦理道德的关系，特别是从伦理层面分析了“小农经济”的弱点与特点，这些观点可为分析当代中国农村经济伦理问题提供可借鉴的理论依据。如马克思在分析当时法国“小农”的社会经济关系时就指出，“小农”具有“人数众多、生活条件相同、彼此间并没有发生多种多样的关系”等特点，这些特点促使“每一个农户差不多都是自给自足的，都是直接生产

---

① ［美］李怀印：《乡村中国纪事——集体化和改革的微观历程》，法律出版社2010年版，第221—222页。

② 同上书，第254页。

自己的大部分消费品，因而他们取得生活资料多半是靠与自然交换，而不是靠与社会交往”，这种自给自足的社会经济关系“不是促使他们互相交往，而是使他们互相隔离，这种隔离状态因为法国的交通不便和农民的贫困更为加强了”①。在此，马克思从社会历史根源分析了法国“小农”经济的成因及其后果，把“小农”贫困的责任归咎了社会制度，并指出了“小农”也是自给自足经济的受害者。恩格斯则指出：“小农——大农属于资产阶级——有不同的类型：有的是封建的农民，他们还必须为自己的主人服劳役……有的是佃农……地租已增加得如此之高，以致在得到中等收成时，农民也只能勉强维持本人和自己家庭的生活，而在收成不好时，他们就几乎要饿死，无力交纳地租，因而完全依附土地所有者……还有的农民是在自己的小块土地上进行经营。他们在大多数情况下都是靠抵押借款来维持，因而他们就像佃农依附土地所有者那样依附高利贷者。他们只有很少一点收入，而且这种收入由于收成的好坏不同而极不稳定。”② 从中可见，小农的生产活动是孤立、分散的，生产工具和农业技术传统落后，导致他们的农业生产效率低下，且受剥削严重，消费品也是自产自给，生活困苦。在这种生存环境下，小农的经济活动难免是带有保守、自私、狭隘、散漫等伦理气息。正如马克思指出：“小农分散而单调的生产方式和生活方式，是其思想意识和道德观念赖以存在的基础。”小农的劳动在彼此孤立的状态下进行，“在这种情况下，财富和再生产的发展，无论是再生产的物质条件还是精神条件的发展，都是不可能的”。③ 恩格斯也指出，“正是以个人占有为条件的个体经济，使农民走向灭亡。如果他们要坚持自己的个体经济，那么他们就必然要丧失房屋和家园”④，因为“大规模的资本主义经济将排挤掉他们陈旧的生产方式”。⑤ 恩格斯在《法德农民问题》中还明确指出合作化是小农的根本出路。他说：“我们要挽救和保全他们的房产和田产，只有把它们变成合作社的占有和合作社的生产才能做到。”⑥ 可见，马克思恩格斯对“小农经济”的分析是建立在唯

① 《马克思恩格斯选集》（第一卷），人民出版社 1995 年版，第 677 页。

② 《马克思恩格斯选集》（第二卷），人民出版社 1995 年版，第 629 页。

③ 马克思：《资本论》（第三卷），人民出版社 2004 年版，第 918 页。

④ 《马克思恩格斯选集》（第四卷），人民出版社 1995 年版，第 500 页。

⑤ 同上。

⑥ 同上书，第 499—500 页。

物史观的基础之上的。正如恩格斯所指出："小块的土地所有制的经济发展根本改变不了农民对其他社会阶级的关系。"[①] 恩格斯还批驳了当时法国与德国城乡对立带来的一些伦理问题。如"城市和乡村的分离，立即使农村人口陷于数千年的愚昧状况"，其后果是"破坏了农村居民的精神发展基础和城市居民的体力发展基础"。[②] 由此，恩格斯也有感而发，认为为了节省整个社会的改造资本，应慷慨地对待农民，给农民一些社会资金。正如他所说，"为了农民利益而必须牺牲一些社会资金……因为这种物质牺牲可能使花费在整个社会改造上的费用节省十分之九"[③]，并且提出了对待"小农"——不同地方租佃者的政策，因为他们也时常会因天灾人祸而导致贫困境地，因而他们与"无产者"有相似的地位与命运，"应当采取维护他们利益的行动"。[④] 可见，恩格斯强调加强农业的基础地位，主张消灭城乡差别，建立惠农制度，关心农民利益，字里行间也透露出对农民深刻的伦理关怀。这些论述已触及农业制度的伦理内蕴和农民权益问题，对今天我国实施消除城乡差距，实施城乡一体化战略，加大支农、惠农力度也可提供理论依据。

（二）列宁的农业与农村经济伦理思想

列宁不仅继承与发展了马克思恩格斯重视农业与农民利益的思想，而且还致力于发展农业生产、重振农村经济、改善农民地位、缩小城乡差距的具体实践活动，在当时苏联的社会主义经济建设实践中，他高度重视农业、关注农民利益，强调农业生产率的重要性及国民经济发展中城乡、工农分工与协作的重要性与必要性，并在农村经济活动中的生产、交换、分配、消费等过程也提出了一些意见或要求，这些观点无不折射出列宁对农业、农民与农村的伦理关怀，对当代中国农村经济伦理建设也具有一定的理论参考价值。

1. 重视农业、关注农民的利益

列宁从国计民生的角度论证了农业的重要性，指出"农业是俄国国民经济的基础"[⑤]，认为在小农占主体的国家建设社会主义的核心任务是

① 《马克思恩格斯文集》（第2卷），人民出版社2009年版，第569页。
② 《马克思恩格斯文集》（第9卷），人民出版社2009年版，第308页。
③ 《马克思恩格斯选集》（第四卷），人民出版社1995年版，第500—501页。
④ 《马克思恩格斯文集》（第10卷），人民出版社2009年版，第365页。
⑤ 《列宁全集》（第14卷），人民出版社1986年版，第177页。

发展农业生产，尤其是粮食生产，是一切问题的基础，大到社会主义政权稳定，小到国家工业化建设、农村劳动力转移，均离不开农业基础；列宁不仅重视农业生产，而且在当时社会背景下提出了农业发展的方向，指出了农业生产的三个“必须”，即必须坚持“走社会主义道路，通过农业合作制”；必须“在现代最新科技成就基础上恢复工业与农业”①；必须“提高农业生产效率”。而且，列宁非常关注农民疾苦，在“十月革命”前就主张建立贫苦农民委员会，开展团结贫农与中农，反对富农的革命斗争。在“十月革命”胜利后，针对农民对缴纳全部余粮有不满情绪时，列宁首先考虑的是大多数农民的切身利益，以“粮食税”取代余粮收集制，使农民负担一下子减轻了许多，农民辛勤劳动，交足了“粮食税”后，也可留下来自己支配，既维护了社会稳定，巩固了工农联盟，也使苏联共产党赢得了农民群众的拥护与支持，即“在严重的政治危机面前，列宁和布尔什维克党实行政策转变，改余粮收集制为粮食税，即把最必需的粮食作为税收征上来，其余的粮食我们将用工业品去交换”。② 建立苏维埃政权后，列宁也提议，农村苏维埃机构中“应保证劳动农民的代表在这些机构中占多数，并要保证贫苦农民能起决定作用”。③ 并提出要对为农村经济社会发展作出贡献的农民给予鼓励与表彰，以激发他们的劳动干劲。正如列宁在一份报告中所说：“对贫苦农民我们要给予各种奖励，他们有权得到这些奖励。”④ 这些论断均体现了列宁重视农业，关注农民利益的伦理情怀。

2. 重视农业生产及其生产效率的提高

列宁不仅重视农业，而且非常重视农业生产的劳动效率。因为他深刻洞悉到农村的生产方式落后、农民的思想观念陈旧保守，要满足全国民众的粮食需要和保障国民经济的稳步发展，就必须“提高农业生产效率”，并把“提高农业生产效率”提到了政治高度。正如他所说：“一切政治问题都集中到了一个方面，那就是如何提高农业生产率。农业生产率的提高不仅带来工业情况的改善，因而也会改善对农民经济的供应”⑤，并在此

① 《列宁专题文集》（论无产阶级政党卷），人民出版社 2009 年版，第 283 页。
② 《列宁选集》（第 4 卷），人民出版社 1995 年版，第 502 页。
③ 《列宁全集》（第 37 卷），人民出版社 1986 年版，第 329 页。
④ 《列宁全集》（第 34 卷），人民出版社 1985 年版，第 385 页。
⑤ 《列宁全集》（第 42 卷），人民出版社 1987 年版，第 284 页。

基础上提出了提高农业生产效率的几个基本条件，即提高农民的文化教育水平、工作技能、工作效率，强化劳动纪律、减轻劳动强度等。这些论述都涉及经济伦理的效率范畴。毕竟，效率不仅是经济活动的价值目标，也是经济伦理的应然要求与基本原则。

3. 强调国民经济发展中城乡、工农分工与协作的重要性与必要性

在工农差别、城乡差别问题上，列宁认为，“城乡分离、城乡对立、城市剥削乡村是‘商业财富’比‘土地财富’占优势的必然产物”[①]，并指出：只有“农业人口和非农业人口的生活条件接近才创造了消灭城乡对立的条件”[②]、“电气化将把城乡连接起来，在电气化这种现代最高技术的基础上组织工业生产，就能消除城乡间的悬殊现象，提高农村的文化水平，甚至消除穷乡僻壤那种落后、愚昧、粗野、贫困、疾病丛生的状态”[③]，而加强与改善工农关系、城乡关系的前提就是要确立二者间的平等与协作关系。正如列宁所说：“只要城市工人平等一点对待农民，就能得到农民最大的同志般的信任与支持”[④]，而加强工农、城乡联系的纽带就是城乡、工农产品之间的商品交换。因为在列宁看来，工农、城乡之间必须建立良性的分工与协作关系，农业、农民必须为工业、城市供应必备的粮食与农副产品，工业、城市也必须为农业、农民供应必要的农用工业品与日用商品，这样才能保持国家稳定、社会有序。因为，“在农业与工业之间，除了交换，除了商业，就不可能有别的经济联系”。[⑤] 在此，列宁意在强调城乡、工农经济交往的重要性，并在此基础上强调指出城乡、工农之间的商品交换是巩固工农经济联盟的基本方式，但商品交换易滋生利己主义言行。所以必须接受无产阶级的监督与调节，以保障包括农民在内的无产阶级的现实利益。同时，列宁也主张反对工会的利己主义与狭隘思想，强调应该通过农业工会与工业工会的有效联合去推进苏联工业与农业的协同发展。这些观点也可为当代中国农村经济伦理问题的消解提供一些理论依据与方法论借鉴。

4. 对农村经济活动中伦理问题的相关论述

在农村生产伦理方面，列宁认为农业生产的目的是满足工农群众的需

---

① 《列宁全集》（第2卷），人民出版社1984年版，第196页。

② 同上书，第197页。

③ 《列宁全集》（第38卷），人民出版社1985年版，第117页。

④ 《列宁全集》（第36卷），人民出版社1985年版，第54页。

⑤ 《列宁全集》（第42卷），人民出版社1987年版，第334页。

求，同时为国民经济的发展提供必要的原材料。在农村分配方面，列宁制定了允许资本、技术与管理等生产要素参与分配，允许农民按股分红的分配方式，并实施了奖励措施，鼓励农民多劳多得、优劳优得，以调动农民的生产积极性，同时提倡无私奉献、不计报酬的共产主义劳动态度，他本人也多次参加星期六义务劳动。在消费方面，列宁历来提倡节俭，反对铺张浪费，即使在“十月革命”胜利后，列宁也仍然保持着俭朴的生活作风，在克里姆林宫内住在一个有穿堂的36平方俄尺的小房间里，甚至寒冷的冬天为了省柴火宁愿挨冻。① 这些言论、主张可为当前我国重视“三农”问题，实施加大财政支农力度，改善农村民生与农村基层民主、实施城乡一体化等农村经济政策提供理论依据与方法论借鉴。

（三）毛泽东的农业、农村经济伦理思想

毛泽东出生在农村，发动革命是靠农民起家，青年时代就阅读过很多伦理学著作，在新中国成立前后也主政实施过一系列农业、农村经济政策，对农村、农民有深厚的感情。虽然他本人并没有直接提出农业、农村经济伦理思想，但从其农业、农村经济制度的制定与实施、参与指导农村经济活动的一些言论中，足以发现他在认同经济发展与伦理道德辩证统一的基础上，继承与发展了列宁的农业、农村经济伦理思想，重视农民利益与农业生产的伦理光芒，其农业、农村经济思想的伦理意蕴主要表现如下：

1. 重视农民利益与农业的基础地位的思想

无论是在革命战争年代还是在社会主义建设年代，毛泽东都清醒地认识到农民是中国革命和社会主义建设“一支最伟大的力量”②，并且非常重视充分调动农民革命或生产的积极性、主动性与创造性，加上毛泽东出生在农村，深刻了解旧社会农民的疾苦与处境，尤其是在长期的革命战争中深刻洞悉到农民力量的伟大。早在中国革命年代，毛泽东就指出了“农民是中国民主革命的主要力量”，并善于发动农民运动，调动农民参与革命的积极性与主动性。如在中共七大报告中，毛泽东就提出了“打倒土豪劣绅，一切权力归农民”、“建立农会”③ 等维护农民权益的主张。

---

① 黄铁苗、刘成伟：《外国政要的节俭品质》，《刊授党校》2008年第10期。

② 中共中央文献研究室：《建国以来毛泽东文稿》，中央文献出版社1992年版，第224页。

③ 毛泽东：《毛泽东在七大的报告与讲话集》，中央文献出版社1995年版，第106—107页。

新中国成立以后，在《论十大关系》中，毛泽东也提出应“适当地调整重工业和农业、轻工业三者的投资比例，相应调高发展农业、轻工业的投资比例”，并重点强调了农业的基础地位，指出“要宣传农业，农业是工业的基础，没有农业就没有基础，许多轻工业大部分甚至全部都要依靠农业”①。

这些言论均可体现他十分重视农民利益与农业生产的伦理情怀，特别是新中国成立后我国农村一直缺乏维护农民权益的“农会”组织，而革命战争年代农村曾经成立“农会”组织所起到的作用，对今天我们解决“三农”问题仍有一定借鉴意义，在当代中国农村重新组建“农会”，维护农民合法权益、商讨与决定村务大事要事也是部分专家学者解决“三农”问题的一个呼声。而且，毛泽东把重视农民利益与农业的基础地位提升到了政治高度。他指出“农民问题乃国民革命的中心问题，农民不起来参加并拥护国民革命，国民革命不会成功”②，并指出了农业生产，特别是粮食生产事关国计民生与政权稳定。所以，他告诫全党“一定要重视农业……不抓粮食很危险”③，特别是在1962年3月的二届人大三次会议的《政府工作报告》中，他强调指出：要调整1956年《论十大关系》中“重工业、轻工业与农业”依次发展顺序，把“农业放到国民经济的首位，按农业、轻工业、重工业的先后顺序来安排国民经济发展计划”，并提出要“巩固工农联盟，我们就得领导农民走社会主义道路，使农民群众共同富裕起来，穷的要富裕”，足以见其重视农民与农业生产的程度、力度与深度。这些农业、农村经济政策、制度中无不充满了对农民的尊重与关爱。

2. 制定“以农为本”的农业、农村经济政策的思想

早在革命战争年代，毛泽东就强调指出：“解决群众的穿衣问题，吃饭问题……一切群众的实际生活问题，都是我们应当注意的问题。”④ 在社会主义建设年代，他也批驳斯大林对苏联农民过度抽取、实行工农产品价格“剪刀差”政策，提出了诸多保护农民利益的措施。如毛泽东指出，“我们对农民的政策不是苏联那种政策，而是兼顾国家和农民的利益。我

① 《毛泽东文集》（第7卷），人民出版社1999年版，第24页。

② 《毛泽东文集》（第1卷），人民出版社1999年版，第37页。

③ 同上书，第199页。

④ 同上书，第133页。

们的农业税历来比较轻，工农业产品的交换，我们是采取缩小剪刀差，等价交换或者近乎等价交换的政策。我们统筹农产品是按照正常的价格，农民并不吃亏，而且收购的价格还逐步有所增长。我们在向农民供应工业品方面，采取薄利多销、稳定物价或适当降价的政策，在向缺粮区农民供应粮食方面，一般略有补贴”①；在保障困难农民的基本生活需要方面，他也多次强调：“一切合作社有责任帮助鳏寡孤独缺乏劳动力的社员与虽有劳动能力但是生活上十分困难的社员，解决他们的困难。”② 这些言行均体现出他要求当时的农业、农村经济制度内含公正德性，体现以农民为本。

尽管这些政策、制度的实施付出了沉重代价，后来也没有认真贯彻下去，但在当时社会历史背景下能提出这些主张确实具有时代意义。在处理城乡利益时，毛泽东也经常提醒领导干部：“城乡必须兼顾，必须使城市工作和乡村工作，使工人和农民，使工业和农业，紧密地联系起来。决不可以丢掉乡村，仅顾城市，如果这样想，那是完全错误的。”③ 他还提出了农民为国家提供积累也应保证农民生存的道德底线。如毛泽东强调：“今年如果丰收，积累要比去年多一点，但是不能太多，还是先让农民吃饱一点。丰收年多积累一点，灾荒年或半灾荒年就不积累或者少积累一点。”④ 这些言论无不体现着对农民阶级人文关怀与深情厚谊。毛泽东还提出要充分尊重价值规律，在农村开展多种经营，发展商品生产，增加农民收入，增长农民经济利益，并主张把个体农民联合起来，组成农村集体经济，实施农业机械化生产，以减轻农民的劳动强度与增加农民收入。当然，对于农民自身的一些自私、狭隘、保守等弱点，毛泽东也是深有体会而且表示理解，认为必须加以正确地引导与教育。正如他所指出：“严重的问题是教育农民。农民的经济是分散的，根据苏联的经验，需要很长时间和细心的工作，才能做到农业社会化。”⑤

3. 倡勤戒懒的劳动伦理思想

在具体的农业生产劳动中，毛泽东曾大力提倡热爱劳动、鼓励先进、

---

① 《毛泽东文集》（第7卷），人民出版社1999年版，第728页。
② 《毛泽东文集》（第6卷），人民出版社1999年版，第465页。
③ 《毛泽东选集》（第4卷），人民出版社1991年版，第1427页。
④ 《毛泽东文集》（第7卷），人民出版社1999年版，第200页。
⑤ 《毛泽东选集》（第4卷），人民出版社1991年版，第1477页。

批评懒惰思想的生产劳动伦理观。重视农业生产中的农技改造与推广，并结合当时农业生产的现实需求，提出了农业增产的“八字宪法”，即“土、肥、水、种、密、保、管、工”，用以指导农业管理与农民的生产活动。如1958年3月在成都会议上的讲话中提出要推广农技改造，特别是在农具改造、肥料使用、耕作方法、水利灌溉等方面，提出了一些独到的见解，这些观点对指导当今农村生产活动仍有现实意义；主张等价交换，反对无偿调拨农民、生产队财物的交换伦理观，强调按劳分配，主张公私兼顾、以集体为重、反对两极分化与绝对平均的分配伦理观。如毛泽东所说，“物质的分配也要按照各尽所能，按劳取酬的原则和工作的需要，绝无所谓绝对的平均”[①]；尤其是在处理国家、农村合作社、农民三者受益分配问题上，毛泽东特别强调，“国家拿多少，合作社拿多少，农民拿多少，以及怎么拿，都要规定得适当”，主张勤俭持家、勤俭办“社”、勤俭建国，反对铺张浪费与过度节俭的消费伦理观，如“提倡勤俭持家，节约粮食，以便有积累。国家有积累，合作社有积累，家庭有积累，有了这三种积累，我们就富裕起来了”。[②] 这些观点对于调整当时城乡关系、促进农村人际和谐与经济社会发展均具有一定的现实指导意义，对解决当代中国农村经济活动中的一些现实问题也起到了一定作用。

（四）邓小平的农业与农村经济伦理思想

邓小平是促成中国农村改革的关键人物，他目睹了改革开放前中国农村经济体制暴露出的种种弊端与农民缺食少衣的窘况。为尽快改变当时中国农村贫穷落后的局面，他高瞻远瞩、审时度势，坚持解放思想、实事求是原则，在继承与发展毛泽东农业、农村经济伦理思想中的合理成分的基础上，重新审视了束缚当时农村经济社会发展的体制，认为中国的改革必先从农村开始，并结合当时中国农村的实际情况作出了巨大的变革，果断地实施了农村家庭联产承包制，开创了中国农业、农村经济发展的新局面，也为农村经济制度注入了鲜活的效率、公平等德性因素。

1. 解放和发展农村生产力思想

作为改革开放的总设计师，邓小平目睹了农村在人民公社体制下生产效率低下、公平缺失、农民贫困等现实问题，经过深思熟虑，确定了改革

---

① 《毛泽东选集》（第1卷），人民出版社1991年版，第140—141页。

② 《毛泽东文集》（第7卷），人民出版社1999年版，第307页。

的序幕从农村开始，他提出了农村改革的新思路是实现“两个飞跃”。一是废除农村的人民公社，实施以家庭联产承包为主的责任制，这个目标早已实现，已取得了巨大的成就，也印证了邓小平改革的正确性；二是适应科学种田和生产社会化的需要，发展适度规模经营，发展集体经济①，并在立足现实、放眼世界的基础上，邓小平进一步指出了我国农村经济的终极发展目标是“实现集体化和集约化”②，这些振聋发聩的言行既解决了当时制约中国农村经济社会发展的制度瓶颈问题，解散了人民公社，废除了长期以来束缚农村经济社会发展的平均主义分配制度，实施了以家庭联产承包为主的责任制，很快就解决了当时中国农村缺食少衣问题；又为中国农村经济发展指明了前进方向，彰显了农村经济制度的合理性。近年来党的十八大及十八届三中全会均把发展适度规模经营，培育包括小型农场、农业合作社、家庭联合经营等新型农业经营主体摆到了解决“三农”问题的突出地位，某种程度上也是邓小平农村改革新思路“第二个飞跃”的延续与深化。

邓小平在坚持实事求是原则的基础上，敏锐地论证了“计划”与“市场”都是经济手段，并非是划分“姓社”与“姓资”的本质区别，果断地提出了社会主义也可以搞市场经济，摒弃了平均主义分配体制的弊端，解放了一系列束缚我国农村经济发展的机制体制，彰显了富有时代意义的“经济自由”思想，主要表现在以下几个方面：首先，邓小平在立足现实、尊重经济规律的基础上，充分尊重了农民的经济自由权。早在20世纪60年代，商讨“怎样恢复农业生产”时，邓小平就明确提出要尊重农民意愿，指出：“群众愿意采取哪种形式，就应该采取哪种形式。”③在我国农业现代化路径选择问题上，邓小平始终坚持实事求是原则，提出要解放思想，敢于打破权威与政治偏见，强调指出：“我国农业现代化，不能照抄西方国家或苏联一类国家的办法，要走出一条在社会主义制度下合乎中国情况的道路。”④ 并在此基础上，进一步指出：“生产关系究竟以什么形式为最好，恐怕要采取这样一种态度，就是哪种形式在哪个地方能够比较容易比较快地恢复和发展农业生产，就采取哪种形式；群众愿意采

① 《邓小平文选》（第3卷），人民出版社1993年版，第355页。

② 《邓小平年谱（1975—1997）》（下），中央文献出版社2004年版，第1349页。

③ 《邓小平文选》（第1卷），人民出版社1994年版，第323页。

④ 《邓小平文选》（第2卷），人民出版社1994年版，第362页。

取哪种形式，就应该采取哪种形式，不合法的使它合法起来。”[①] 所以，当安徽小岗村最早提出要实施家庭联产承包“单干”时，这种做法最初并未获得合法地位，而邓小平却在尊重经济规律、认清客观事实的基础上，明确指出“分户承包的家庭经营只不过是合作经济中的一个层次……凡是群众要求实行这种办法的地方，都应当积极支持。当然，群众不要求实行这种办法的，也不可勉强，应当允许多种责任制形式同时并存”[②]，进而果断地作出了决策，义无反顾地指出：“有些包产到户的，要使他们合法化”。[③] 在论及农业生产要“解放思想”时，邓小平也强调此时的“解放思想”必须从“当地具体条件与群众意愿出发”。[④] 在总结我国农村家庭联产承包责任制成效时，邓小平还强调：“我们的政策就是允许看，允许看，比强制好得多。一方面不搞强迫，另一方面适时引导。”[⑤] 当论及农村民主时，邓小平也深情地说：“把权力下放给基层和人民，在农村就是下放给农民，这就是最大的民主。”[⑥] 并总结出改革的首要经验，是“调动农民的积极性，把生产经营的自主权力下放给农民”。[⑦] 邓小平解放了一系列束缚我国农村经济发展的机制体制，彰显的“经济自由”思想既遵循了经济规律，又尊重了农民的意愿与主体地位，激发了我国农民的劳动干劲与创造潜力。正如邓小平的肺腑之言，“农村搞家庭联产承包，这个发明权是农民的”[⑧]，而“乡镇企业……异军突起”[⑨]，是“基层农业单位和农民自己创造的”。[⑩]

2. 共同富裕思想

邓小平的共同富裕思想内涵丰富，主要涉及社会主义制度的本质特征、社会主义的目的及物质层面与精神层面的共同富裕，这些论述对解决我国当前农村的主要经济问题具有重大的理论意义与现实价值，具体内容分析如下：

---

① 《邓小平文选》（第1卷），人民出版社1994年版，第323页。
② 《十二大以来重要文献选编》（上册），人民出版社1986年版，第256页。
③ 《邓小平文选》（第1卷），人民出版社1994年版，第324页。
④ 《邓小平文选》（第2卷），人民出版社1994年版，第316页。
⑤ 《邓小平文选》（第3卷），人民出版社1993年版，第374页。
⑥ 同上书，第252页。
⑦ 同上书，第180页。
⑧ 同上书，第382页。
⑨ 同上书，第238页。
⑩ 同上书，第252页。

首先，从制度层面，邓小平把共同富裕作为社会主义制度的本质特征，认为实施社会主义制度的根本目的，就是要实现共同富裕。正如邓小平所说："我们坚持走社会主义道路，根本目标是实现共同富裕。"① 并强调指出共同富裕是社会主义制度区别于以往剥削制度的本质特征，是社会主义制度优越性的集中表现。正如邓小平所指出："没有贫穷的社会主义。社会主义的特点不是穷，而是富，但这种富是人民共同富裕。"② 在与几位中央领导的谈话中，邓小平也谈到共同富裕与社会主义的内在关系，指出："社会主义不是少数人富起来、大多数人穷，不是那个样子。社会主义的最大优越性就是共同富裕，这是体现社会主义本质的一个东西。"③ "社会主义的优越性归根到底要体现在它的生产力比资本主义发展得更快一些、更高一些，并且在发展生产力的基础上不断改善人民的物质文化生活。"④ 这些思想对于保持与完善社会主义农村经济制度具有重要指导与实践意义。

其次，邓小平提出了共同富裕是社会主义目的的思想。邓小平指出，实施社会主义的目的，"就是要全国人民共同富裕，不搞两极分化"。⑤ 为了实现这一目的，必须实施改革开放，而且在改革开放中，要始终坚持共同富裕这一根本原则，防止贫富两极分化。正如邓小平所强调："在改革中，我们始终要坚持两条根本原则，一是以社会主义公有制经济为主体，一是共同富裕。"⑥ 在此，邓小平指出了共同富裕是社会主义改革必须坚持的根本原则，是社会主义的根本原则。在 1992 年的南方谈话中，邓小平又进一步强调指出："社会主义的本质，是解放生产力，发展生产力，消灭剥削，消除两极分化，最终达到共同富裕。"⑦ 这些思想对于防止城乡贫富悬殊，推进城乡一体化具有重大的现实意义。

最后，邓小平共同富裕思想是物质富裕与精神富裕的统一。邓小平立足马克思主义的物质与意识相互关系的基本原理，认为共同富裕思想不仅是物质层面的共同富裕，也是精神层面的共同富裕。物质富裕是基础，是

① 《邓小平文选》（第 3 卷），人民出版社 1993 年版，第 155 页。
② 同上书，第 265 页。
③ 同上书，第 364 页。
④ 同上书，第 63 页。
⑤ 同上书，第 110—111 页。
⑥ 同上书，第 142 页。
⑦ 同上书，第 373 页。

精神富裕的前提，毕竟“仓廪实则知礼节，衣食足而知荣辱”。[①] 但精神富裕也是物质富裕的价值导向，没有精神富裕作为引领与支撑，物质富裕也容易迷失方向、缺乏动力。据此，邓小平指出：“我们一定要根据现在的有利条件加速发展生产力，使人民的物质生活好一些，使人民的文化生活、精神面貌好一些。”[②] 而且邓小平强调经济文明建设与精神文明建设必须同步进行。正如他所说：“我们要建设的社会主义国家，不但要有高度的物质文明，而且要有高度的精神文明。”因此，要坚持“两手抓”，一手抓经济建设，进一步解放和发展生产力。因为“离开了经济建设这个中心，就有丧失物质基础的危险”。[③] 一手抓精神文明建设，因为“没有这种精神文明，没有共产主义思想，没有共产主义道德，怎么建设社会主义?”[④] 精神文明不仅能为物质文明提供精神动力与智力支持，而且能为物质文明指引正确方向。因为“不加强精神文明的建设，物质文明的建设也要受破坏，走弯路。光靠物质条件，我们的革命和建设都不可能胜利”。[⑤] 改革开放的初步成效也证明：“经济建设这一手我们搞得相当成功，形势喜人，这是我们国家的成功。但风气如果坏下去，经济搞成功又有什么意义?”[⑥] 如果“没有好的道德观念和社会风气，即使现代化建设起来了也不好，富起来了也不好”。[⑦] 由此可见，邓小平的共同富裕思想，是包括物质富裕与精神富裕的统一。因此，我们在加强农村经济建设的同时，也要加强农村精神文明建设，以实现社会主义新农村“生产发展”与“乡风文明”的双重目标。

3. 重视农业的基础地位与农民利益的思想

作为中国改革开放的总设计师与党的第二代核心领导人，邓小平始终把农业、农村与农民问题放在各项工作的首位，在这点上他始终有清醒认识与深刻体会，所以他改革设计的第一步也从农村开始。正如他指出，“农业是根本，不能忘掉”[⑧]，并且始终坚持马克思主义实事求是的基本观

---

① 《管子·牧民》。
② 《邓小平文选》（第3卷），人民出版社1993年版，第128页。
③ 同上书，第250页。
④ 同上书，第367页。
⑤ 《邓小平文选》（第3卷），人民出版社1993年版，第144页。
⑥ 同上书，第154页。
⑦ 《邓小平年谱（1975—1997）》（下），中央文献出版社2004年版，第705页。
⑧ 《邓小平文选》（第3卷），人民出版社1993年版，第23页。

点与严谨态度对待农村问题，认为“从中国的实际出发，我们首要解决农村问题。中国有百分之八十的人口住在农村，中国稳定不稳定首先要看这百分之八十稳定不稳定。城市搞得再漂亮，没有农村这一稳定的基础是不行的”。[①] 这就把农村问题提升到了政局稳定的高度，在充分认识中国国情的基础上，理顺了中国经济改革的方向，认为“中国经济能不能发展，首先看农村能不能发展”。[②] 毕竟，在当时，中国仍是个落后的农业大国，人多地少，农业生产落后，抗自然灾害能力差，粮食问题是关系国计民生与政局稳定的根本问题，“农业上如果有一个曲折，三五年转不过来”。[③] 并指出国家在农村实施了一些政策，目的“就是要让农民比较满意，一方面能够自己多吃一点，另一方面能够多给国家一点”。[④] 所以，在这个问题上，邓小平始终保持高度警惕与头等重视，从邓小平的这些言行中可见证其重视农业基础地位与农民利益的力度与深度。

① 《邓小平文选》（第3卷），人民出版社1993年版，第65页。

② 同上书，第77页。

③ 同上书，第159页。

④ 《邓小平文选》（第1卷），人民出版社1994年版，第324页。

第二章　当代中国农村主要经济伦理问题

自1949年新中国成立以来，我国农村的经济社会取得了长足发展，农民的物质生活与精神生活有了巨大提高，农业发展也获得了历史性跨越，但在发展的过程中，受当代中国具体国情与国际形势的影响，我国实施了“重城轻乡、重工轻农、重市民轻农民”的二元政策，国内有学者称之为“城市偏好”政策①，国外有学者称之为“城市偏向理论”（Urban bias）②，均指国家在经济发展战略上以城市为中心，集中各类资源优先发展城市与工业，并通过政策驱动，人为地形成了城乡二元的经济体制，对农村、农业与农民“过度的抽取”与严格约束，造成了今天的城乡发展差距悬殊与“三农”问题，也给当代中国造就了“城里人”与“乡下人”上下两个不同等级阶层。从人们的习俗观念中，可隐隐约约地发现，城市是“上”，农村是“下”。因此“上城，下乡”已成为人们的俗语，电影“陈奂生上城”就是一个缩影，“干部下乡”、“城里人下乡”已为人们广泛所接受。具体现实生活中，城乡居民在税收、教育、医疗、住房、社会保障等方面也存在巨大反差，使农民饱受了诸多不公正、不自由的待遇。改革开放后，伴随着中国传统经济伦理文化的坍塌与外来文化的双重冲击，我国农村经济活动中又出现了诸多不合理、不和谐的现象。在具体的农村生产、农村交换、农村分配、农村消费等经济活动中均有具体表现。如农村生产经营活动中的环境污染与资源浪费严重；农村交换活

---

① 由中国浦东干部学院科研部主任何立胜教授提出，指选择主体偏好显示的城乡制度供给以及为城乡发展提供差异性的制度安排，政府可以运用其行政、经济手段和政治策略使自己的偏好（意愿）转换为现实政策，具有其他政策选择主体所不具备的制度安排、资源配备（包括经济资源和行政资源）和能力，表现在城乡户籍、社会保障与土地制度安排的不一致。

② 由美国经济学家利普顿（Michel Lipton）在其专著《为什么穷人总是穷？——关于发展中的城市偏向问题研究》（*Why Poor People Stay Poor*：*Urban Bias in World Development*，Harvard University Press，1977）提出，指一国的经济发展战略以城市为中心，国家的各种资源优先投放于城市与工业。

动中的外来商品销售欺诈泛滥与自产商品假冒伪劣泛滥；农村分配活动中的城乡居民收入分配不公与农民工劳动力价格扭曲；农村消费活动中农民平时过分节俭与即时不当奢靡及农村消费能力不足与恶性消费膨胀等主要经济伦理问题。这些问题的客观存在，严重破坏了我国农村经济社会的正常秩序与良性发展，有的甚至危及农村经济社会的稳定与安宁，给社会带来了较大负面影响，甚至危及人们的生命安全。所以，必须引起我们对当代中国的农村经济制度与农村经济活动进行深刻的伦理反思与道德考量。下面，从描述经济伦理学的意义上，主要聚焦生产伦理、分配伦理、交换伦理和消费伦理中存在的主要问题并对其加以简述，以揭示当代中国农村经济伦理的主要问题所在。

第一节　农村生产伦理问题

农村生产活动是农村经济活动的四大环节之首，是农村创造社会财富的基本方式，也是农村得以生存与发展的基础，它有广义与狭义之分。广义的农村生产活动包括农村物质财富、精神财富与农村人口的生产；狭义的农村生产活动仅指农村创造物质财富的过程。就当代中国的农村生产活动而言，自新中国成立以来，我国农村生产活动经历了不平凡的发展历程，为农村经济社会的发展乃至整个国家的经济社会发展作出了积极贡献与重大作用。特别是改革开放后，我国农村生产力得到了空前的解放和发展，农村经济社会得到了飞速发展，它不仅解决了13.6亿中国人的吃饭问题，而且实现了农村的基本小康，对世界农业也做出了积极贡献。正如世界惊叹的“中国以占世界7%的耕地养活了占全球22%的人口”。但在这个过程中也有很多农村经济主体的生态理念淡薄，其生产经营行为忽视甚至无视自然规律与生态环境的承受能力，无意或任意地破坏农村的生态环境与自然资源。这就严重违背了生产活动的应然目标与道义原则，导致了农村的环境污染与资源破坏严重等诸多现实难题，危及农民的生产与生活。如2009年6月环保部生态司公布的统计数据表明：2009年我国大约有70万个村庄、3亿村民喝不上干净的水，全国农村年产生活垃圾大约1.2亿吨、生活污水80多亿吨，而且大部分得不到有效处理，全国猪、牛、鸡三大畜禽粪便总排放量高达27亿多吨，其COD排放量是工业与生活污水 COD 排放量的5倍以上。同时，散布在乡村的工业企业制造的点源污染[①]也不断扩大，使得农村的面源污染[②]和点源污染互相交织。[③]此外，农村生产过程中的秸秆燃烧造成资源浪费与环境污染也非常严重。这些行为均严重违背了农业生产的伦理原则——经济效益、生态效益、社会效率整体统一原则与眼前利益和长远利益相统一原则[④]，也与中国传统社会的“义以生利、生财有道”等生产伦理规范及现阶段我国的可持续发展战略与科学发展观的具体要求背道而驰，使我们不得不对当代中国农村的生产活动进行深刻的伦理反思与道德考量，从伦理学的视角重新审视当代中国农村生产经营活动中的环境污染与资源浪费严重问题。

一 环境污染

新中国成立以来，我国农村生产获得了飞速发展，为工业与城市的发展提供了充足的农产品供给与可靠的原料供应，农村也实现了从温饱到基本小康的历史性跨越。但一些农村经济主体的经济理性膨胀、生态理性式微甚至缺失，在生产经营活动中往往只顾眼前的、自己的、现实的利益，忽视甚至无视长远的、他人的、公共的利益，不顾环境的承载能力，对自然界恣意妄为、过度攫取，表现出严重的“人类中心主义”倾向，给农村造成了严重的环境污染问题。这些行为严重削弱了农业的发展基础、破坏了农民的生存空间，给农村带来了巨大的灾难，进而严重阻碍了我国资源节约型与环境友好型社会的发展进程。

（一）农用化学品污染

农用化学品污染主要源于农业生产中农药、化肥、地膜、除草剂等农用化学品滥用。众所周知，随着农业的发展，我国农村的生产方式出现了新的变化，大量的农药、化肥、地膜等农用化学品投入了农业生产领域。它们犹如一把“双刃剑”，一方面它们保障了农业的稳产、高产与增收，有效地促进了农村经济社会的发展；另一方面又背离农村经济社会发展的应然目的，给农村环境带来了极大的破坏。

---

① 点源污染是一种环境污染，它是指有固定排放点的污染源。如工业废水及城市生活污水的固定的排放口。

② 面源污染即引起水体污染的排放源分布在广大的面积上，与点源污染相比，它具有很大的随机性、不稳定性和复杂性，受外界气候、水文条件的影响很大。据面源污染发生区域和过程的特点，一般将其分为城市面源污染和农业面源污染两大类。

③ 冯永锋：《警惕工矿污染与城市污染向农村转移》，《光明日报》2009年6月10日。

④ 谢丽华：《农村伦理的理论与现实》，中国农业出版社2010年版，第26—27页。

首先，农药以其灭杀农作物害虫见效快、效果好，保障了农作物免遭害虫侵害与正常生长，保障农作物稳产、高产与增收而被广泛使用在农业领域，但农药使用过程中一定程度上也灭杀一些有益的昆虫或鸟类或消灭了它们的食物来源，从而破坏了生态平衡，同时造成了农村环境污染、资源浪费严重，而且还有一些农药的残余停留在农作物体内，为农产品的食用安全埋下了祸根。据相关资料显示，“我国每年大约使用农药 130 万吨（制剂），而且农药使用大部分是手工操作，以喷雾剂的形式喷洒至农作物表面，但能停留在农作物表面起到杀虫功效的只有 10%—20%”①，大部分散落在空气、水、土壤中。正因为农药利用率如此之低，所以要达到杀虫的效果就必然要加大用量，大量地使用农药不但会污染农村生态环境，而且会危害人体健康。每年均有很多农民喷洒农药操作失误或农药浓度过高等原因导致伤亡的事件。有资料显示，“我国每年因农药中毒的人数占世界同类事故中毒人数的 50%”。② 这个数字是非常惊人的，按相应比例来计算，中国人口大约只占了世界人口的六分之一，而每年农药中毒人数却占了二分之一，足以说明这个问题的严重性；国务院发展研究中心副主任陈锡文也指出：我国每年使用的农药超过 120 万吨。更为突出的是，其中 70% 以上是除草剂，而这 70% 的除草剂中，又有 70% 含有机磷。因此，导致土壤的有害物质残留非常严重。③

其次，化肥与传统农家肥相比，具有使用方便、见效快的特点。它能迅速催生农作物生长旺盛，促进农作物的增产与丰收，对土地生产率与劳动生产率的提高均有明显作用。据相关资料显示，“我国在 1965—1988 年化肥使用对农业总产出增长的贡献达 4.17%，对土地生产率提高的贡献达 41.43%，对劳动生产率增长的贡献达 53.89%”。④ 因而化肥受到广大农户青睐而被大量使用。据资料显示，“至 2003 年，我国农村每年使用的化肥总量已超过 4000 万吨，每亩土地化肥的平均用量超过世界平均用量的一倍多，但有效利用率仅为 30%—40%”⑤，其余部分全部滞留土壤中

① 朱兰保、盛蒂、周开胜：《当前农村环境问题及对策》，《特区经济》2007 年第 12 期。

② 同上。

③ 陈锡文：《环境问题与中国农村发展》，《管理世界》2002 年第 1 期。

④ 王海燕、杜一新、梁碧元：《我国化肥使用现状与减轻农业面源污染的对策》，《现代农业科技》2007 年第 20 期。

⑤ 朱兰保、盛蒂、周开胜：《当前农村环境问题及对策》，《特区经济》2007 年第 12 期。

或流入池塘、河湖、海洋，化解土壤中的有机质，直接导致土壤肥力下降，加剧了池塘、河湖、海洋的营养过剩，破坏水生生物的生态平衡；加上化肥使用不当，如氮素化肥施肥过浅、滞留地表或不深处常被阳光蒸发，遇到某种反应可生成气态氮逸入大气，造成大气污染，而且在农产品生长过程中，尤其是蔬菜、瓜果等农作物，如使用化学氮肥过量，氮肥中的硝酸盐将过量聚积在农作物体内，食用后可能引起人体血液缺氧等中毒反应，引发高铁血红蛋白血症，甚至引起窒息或死亡。①

最后，农用地膜的问世，突破了农作物生长的时空限制，改变了农作物生长的季节、温度或区域的束缚，使很多农产品可以反季节生产与提前上市，这类农产品上市不仅丰富了人们的食物需求、活跃了城乡农产品市场，也增加了农民的经济收入。农用地膜技术的问世，曾被誉为是“水稻之父”袁隆平发明杂交水稻之后我国农业生产领域的“白色革命”②，它极大地推进了我国农业发展。目前，我国的地膜技术已在全国所有省市的各地农村共40多种农作物中广泛使用。相关资料显示：目前，中国的地膜使用面积已超过1200万公顷，已成为世界最大地膜覆盖国。我国地膜主要是以聚乙烯烃类有机高分子化合物为原料的，其熔融指数（MI）特别高，常态下很难降解，防侵蚀性也强，既不能自行分解，又不能被自然界的微生物消化分解，只能自行降解。而且降解周期特别长，一般为200—400年。在降解过程中还会溶出有毒物质，破坏环境。因为地膜的厚度一般在0.006—0.008毫米，使用中受日照风化后易破碎而残留于土壤，由于残膜不能自行分解，只能聚积于土壤中，造成土地污染，大量残膜滞留于土壤后，对农作物根系生长发育造成不良后果，很容易引发农作物烂种、烂芽、烂苗，乃至植被死亡。③ 而且，由于近年来地膜栽培的农作物的数量与面积不断扩大，加上农民不重视残膜的回收及回收的劳动量大、效率低，导致地膜污染愈演愈烈，严重破坏了土壤的结构与农作物的生长条件，因此，被人们称为“白色污染”，甚至是“白色魔鬼”。

（二）水污染

水污染，又称水体污染，是指各种污染物进入水体，且污染物的数量

---

① 黄国勤：《化肥对农业生态环境的负面影响及对策》，《生态环境》2004年第4期。

② 因地膜是以白色塑料为原料制成的，故称“白色革命”。

③ 王吉奎等：《SMS-1500型秸秆粉碎与残膜回收机的设计》，《农业工程学报》2011年第7期。

超过水体自净能力的现象，水污染的主要来源有生产废水与生活废水。新中国成立以来特别是改革开放以来，随着我国经济社会的飞速发展，各类用水量特别是工业用水量也迅猛增长，引发的水污染问题也日益严重，造成的经济损失与人体伤害也是触目惊心的。据2014年6月5日国家环保部最新公布的数据显示：我国长江、黄河、珠江、海河等10大水系的国控断面中，9%的断面为劣V类水质；而在4778个地下水监测点位中，较差和极差水质的监测点比例为59.6%[①]，这些数据充分显示，至今为止我国的水污染形势仍然严峻。当然，农村水污染源是多方面的，主要有农村养殖业、乡村企业、农村小作坊式企业、农民生活垃圾等方面造成的水污染。

首先，农村养殖业造成的水污染。改革开放后，我国农村养殖业发展迅猛，在极大地推动农村经济的发展的同时，也造成了非常严重的水污染问题。据广西民盟玉林市委的相关调查数据显示：近年来，该市畜牧养殖业迅猛发展，全市猪常年存栏量440万头、家禽出栏量1.2亿羽左右。但该市农村养殖场大部分缺乏必要的污染防治措施，大部分废液直接排入附近水域。如广西博白县境内约70%的河流受养殖场的污水严重污染，变成了臭气熏天的污水河。该县生猪养殖较为集中的水鸣镇有养猪场100多家，全镇生猪年饲养量约32万头，出栏量约20万头，其粪便排放量约为200公斤/头。养殖场几乎都是把未经任何处理的禽畜粪便等直接排放，严重污染了当地的河流与水库，使水鸣河变成黑水河，河中鱼虾绝迹，村民饮水困难、身心健康也受到严重威胁。[②] 当然，这只是个案，类似这样的水污染情况在我国农村范围内还有很多。

其次，乡村企业、农村小作坊造成的水污染。近年来，随着城市环境管理力度的不断加强，一些对环境污染与资源浪费严重的企业被迫改弦易辙，从城市“转战”到农村，还有一些传统的农村小作坊式企业也日益增多，这类企业对促进农村经济发展、增加地方政府财政税收、解决农村剩余劳动力就业等具有积极作用，但它们一般设备落后、科技含量低、耗能高、污染大，对农村水质污染大。如广西民盟玉林市委的调查显示：广西北流市小造纸厂造成的水污染比较严重，如北流河流的源头——平政镇

① 刘世昕：《2013年中国环境状况公报发布》，《中国青年报》2014年6月5日。

② 本节水污染的相关数据来源于《广西玉林市农村水污染现状原因及对策》（2007年提案），详情见中国人民政治协商会议玉林市委员会网（http：//gxylzx：gov：cn/ShowTa：aspx？ID=15）。

建有小造纸厂98家，其中年产土纸200担以上的有25家，年产500担以上的13家。这些小纸厂的生产设备简陋，几乎没有任何废弃物处理设施，污水直接排放或渗漏进入附近河湖，往往是建一家小造纸厂就污染一条河或湖。再如北流市兴业县的卖酒乡以生产鞭炮扬名，乡镇街上几乎每家每户都造鞭炮纸，其中规模以上的纸厂达102家，这些造纸厂也几乎没有废弃物处理设施，生产的废弃物随意排放，使附近的清湾江几乎成了红水河，绵延6—8公里；而博白县的水鸣镇则以木薯淀粉加工著称，每年的冬春之季，这些淀粉厂同样是直接把污水及废渣排放至附近河湖，导致连绵几公里的河湖两岸臭气熏天。相关资料也显示，近年来江西德兴市下属乡镇涌现大小不一的水晶球加工作坊达150余家，这些小作坊生产设施简陋，废水、废渣、粉尘、噪声大多是超标排放，对周边环境及附近村民造成严重危害。2011年11月30日，有记者在德兴市的山区小镇——绕二镇虎毛巷就发现，当地的水晶球加工作坊工棚简陋，机器的打磨声十分刺耳，粉尘飞扬，生产的乳白色废水直接倒入附近沟渠，形成“牛奶池塘”。[①] 当然，这些也仅仅是个案，类似这种乡村企业、农村小作坊造成的水污染在我国农村范围内还有很多。

最后，农民生活垃圾造成的水污染。农村一般没有环卫机构，也没有专职环卫人员清理生活垃圾，农民生活垃圾基本是随处乱放，据广西民盟玉林市委的调查显示，玉林市100%的村庄没有任何生活污水处理设施；96%的村庄没有完整排水系统；89%的村庄将垃圾随意倾倒。[②] 有的农村虽有相对集中的垃圾堆放点，但无垃圾处理站，垃圾越堆越多，遇到下雨，雨水就会冲刷垃圾流入附近的河湖沟渠，渗入地下，严重污染当地的地表水与地下水，危害村民的生产与生活。相关资料显示：湖北省襄樊市襄阳区黄集镇的生活垃圾曾被转移堆放成山，吸引大量苍蝇、蚊子漫天飞舞，方圆几百米就能闻到垃圾的腐臭味，附近的胡岗村有400多人深受其害，每遇下雨，该村就污水横流，饮水井里压上来的水也有一股怪味。[③] 而这仅是个案，全国农村的这种现象还比较多。

① 徐黎明：《外地污染企业遭整治跑到德兴　水晶玻璃作坊遍地开弄脏乡村》，江西新闻网（http：//jiangxi：jxnews：com：cn/system/2011/12/01/011835559：shtml）。

② 相关数据来源于《广西玉林市农村水污染现状原因及对策》（2007年提案），详情见中国人民政治协商会议玉林市委员会网（http：//gxylzx：gov：cn/ShowTa：aspx？ID＝15）。

③ 顾兆农：《话说新农村：农村的垃圾应该放到哪儿》，《人民日报》2007年4月29日。

（三）空气污染

空气污染，又称大气污染，按国际标准化组织（ISO）的定义，空气污染通常是指因人类活动或自然过程引起某些物质进入大气中，呈现出足够的浓度，达到足够的时间，并因此危害了人体的舒适、健康和福利或环境的现象。换言之，只要是某一种物质其存在的量、性质及时间足够对人类或其他生物、财物产生了影响的，我们就可称其为空气污染物，而其存在造成之现象，就是空气污染。

农村的空气污染源是多方面的，有些是村民自己酿成的，也有一些是其他经济主体造成的。如农作物秸秆的焚烧、农村养殖场所的乱置与农村企业废气的排放等。限于篇幅，这里只就目前比较突出的大量农作物秸秆任意焚烧造成空气污染做一个简要的描绘。有些农作物如玉米等收割后，在秸秆还未完全干燥、不易燃烧的情况下，只能堆积起来集中焚烧处理。由于大量潮湿秸秆很难在短时间内充分燃烧，焚烧的时间越长，产生的烟雾就越多，这些烟雾弥散至空气中，导致空气中的 CO、CO_2、SO_2 等有害气体增多，造成大气污染，同时降低周边地区空气能见度，对附近的交通运输也带来一定隐患，有时还易引发火灾，危及人身与财产安全。而且，燃烧秸秆产生的废气，也是形成雾霾天气的“元凶”。此外，这些有毒气体对人体的眼、鼻、喉等器官也有很大的杀伤力，使人体产生目眩、流泪、呼吸困难、喉咙痛、呕吐等症状，抵抗力差的还可能引发呼吸道等疾病，直接损害人们的身心健康。此外，焚烧秸秆还会破坏当地土壤的结构，造成土地质量衰退，特别是土壤的肥力、保水性能与有益微生物等下降。

当然，田间地头秸秆燃烧只是农村大气污染的源头之一。长期以来，大部分村民使用秸秆或其他柴火、煤炭等作为燃料生火做饭与农村的大气污染也有一定的关联，但最主要的污染源还是各类企业的废气排放超标所致，这类废气排放具有量大、持续性长等特点，危害性也最大。包括各类大气污染源对农业造成的经济损失，有学者曾统计过：仅 1999 年，我国空气污染一项对农业的损失就达 58.7 亿美元，占到我国农业 GDP 的 3.5%，占到我国 GDP 的 0.6%。[①]

（四）固体废弃物污染

农村固体废弃物污染的表现多种多样，其中较为突出的是农村畜禽养

---

① 厉以宁等：《中国的环境与可持续发展》，经济科学出版社 2004 年版，第 125 页。

殖业的废弃物随意处置、乡镇企业的废弃物违规排放、城市污染向农村的转移等。

首先，农村畜禽养殖业的废弃物随意处置。改革开放前，国家对农村发展家庭副业实施了限制政策，农村禽畜喂养主要由村级集体的专门人员负责，其规模与数量较小，基本上不会对农村环境构成威胁。改革开放后，国家鼓励与扶持农户大力发展农村经济，包括农村畜禽养殖业及相关行业也得到了迅猛发展，一方面，它们增加了农户收入，活跃了城乡市场、改善了人们的生活水平，有效地推动了农村经济发展；另一方面，随着农村畜禽养殖业及相关行业的规模逐步扩大与类型的逐渐增多，加上农村的环保意识弱、环保技术与环保设施差等现实难题，使得农村大量的畜禽废弃物未能充分有效地处理或利用，而这些畜禽废弃物富含大量氮、磷和有机污染物质，随意排放后，必然导致区域内的地表水、地下水、大气等遭受严重污染，甚至传播病菌，引起人畜之间的病菌交叉传染与蔓延，骇人听闻的"禽流感"就是其中之一。据相关调查数据显示：养一头牛产生的废水超过22人日常生活产生的废水，养1头猪产生的污水相当于7人日常生活产生的废水。国家环保总局在全国23个省市的调查数据也显示：有90%的规模化养殖场没有经过环境影响评价，有60%的养殖场缺乏必要的污染防治措施。特别是一些牲畜屠宰点、禽蛋孵化坊，常常是将屠宰牲畜的残血、粪便、废弃内脏、废水、蛋壳等废弃物直接置放在附近空地或倾倒至附近水沟、池塘等水域，造成牲畜屠宰与禽蛋孵化附近场地蚊子、苍蝇滋生漫舞，过往行人无不捂鼻作呕；周围水沟、池塘、河道等水域水质发臭变黑，水中营养过剩，鱼类绝迹，地下水中的硝酸盐、氨氮严重超标，村民水井水质变差，严重影响村民的生活质量，损害了人们身心健康，恶化了农村环境卫生状况，破坏了周边环境。[①] 2010年2月9日，由环保部、国家统计局、农业部联合公布的《第一次全国污染源普查公报》的调查数据也显示：农业源污染中比较突出的问题是畜禽养殖业污染，畜禽养殖业的化学需氧量、总氮和总磷分别占农业污染的96%、38%和56%[②]，这些数据充分暴露了农村畜禽养殖业及相关行业生产的废弃物给农村环境造成污染问题的严重性与严峻性。

---

① 朱兰保、盛蒂、周开胜：《当前农村环境问题及对策》，《特区经济》2007年第12期。

② 周小苑：《全国污染源普查公报发布　历时两年摸清污染源家底》，《人民日报》（海外版）2010年2月10日。

其次，乡镇企业的废弃物违规排放。乡镇企业是指以农村集体经济组织或者农民投资为主，在乡镇（包括所辖村）举办的承担支援农业义务的各类企业的总称，包括乡办或镇办企业、村办企业、农民联营的合作企业、其他形式的合作企业和个体企业五级。乡镇企业源于新中国成立初期农村的社办企业（人民公社所办），乡村企业源于队办企业（生产队所办）。改革开放的最初几年，由于农村经济体制的转变与农村政策的驱动，乡镇企业获得了飞速发展，取得了意想不到的效果，为改革开放初期我国经济社会发展作出了巨大贡献，正如当代中国改革开放的总设计师邓小平同志所说："农村改革中，我们完全没有预料到的最大收获，就是乡镇企业发展起来了，突然冒出搞多种行业，搞商品经济，搞多种小型企业，异军突起。"① 在经历了30多年的发展后，我国乡镇企业的发展已极大地改变了农村经济结构、农业发展模式与农民生产生活方式，为当代中国的工业化、城镇化及农村剩余劳动力的转移均做出了重要贡献。相关资料显示：改革开放30多年以来，乡镇企业发展对我国经济社会作出了巨大贡献。目前乡镇企业增加值已经占全国GDP的1/3，工业增加值占全国的近1/2，转移了1/3的农村劳动力。② 然而，也有不少乡镇企业生态理念缺失，经济理性膨胀，只顾眼前利益、自身利益，不顾长远利益、社会利益，忽视甚至无视环境问题，违章审批，违规生产，滥采滥用资源，昧着良心排污，随意破坏农村生态环境，对当地村民的生产、生活带来严重危害，损害当地村民的身心健康甚至危及生命安全。

据1997年公布的《全国乡镇工业污染源调查公报》显示："八五"期间，我国乡镇工业的污染物排放量猛增，在全国工业污染物排放总量中的比重明显加大，已成为环境保护的突出问题和影响人体健康的重要因素。以1995年为例，全国乡镇企业"三废"排放量已达全国工业企业"三废"排放量的1/5—1/3，一些主要污染物排放量已接近或超过全国工业企业的50%以上，且污染物处理率低，废水与废气处理率占县及县以上工业的半数以下。③《中国环境报》也报道，江苏省"姜堰市北部的兴

① 《邓小平文选》(第3卷)，人民出版社1993年版，第238页。

② 杨晴初、夏珺：《30年乡镇企业对经济社会贡献巨大》，人民网（http：// finance：people：com：cn/GB/8523432：html）。

③ 环保局、农业部、财政部、国家统计局：《全国乡镇工业污染源调查公报》，《环境保护》1998年第3期。

泰镇不锈钢拉丝企业最高峰时发展到了近40家，由于企业规模小，技术装备相对滞后，污染防治措施不健全，所产生的酸洗废水和烟尘未经处理就直接超标排放，严重污染了当地生态环境”。[①] 2010年2月6日，环保部、国家统计局、农业部三部门联合公布的《第一次全国污染源普查公报》显示：我国的辽河、海河、淮河、巢湖、滇池五大重点流域中，在乡镇企业集中地区，其排放的有害“三废”污染农田近 7.0×10^{6} 公顷，每年减产粮食 1.0×10^{10} 公斤。[②] 以某个具体的自然村为例，更能说明事态的严重性。例如，湖北省崇阳县白义镇白路村原来是个山清水秀、鸟语花香的村庄，但自2003年以来，该村接连不断地出现了人体反常现象，部分村民腹泻不止，或内脏不适，或喉咙疼痛，该村妇女的妇科病也急剧上升，甚至偏瘫、智障、畸形胎儿也不断上升，村里每年的死亡人数越来越多，经医生诊断，死者多为肺癌、胃癌、食道癌、乳腺癌、子宫癌等，而十年前这些病在该村是非常少见的。究其根源，乃是白路村上游高堤河沿岸的游家村、畈上村、小沙坪村的造纸厂、煤矿、石子厂、养鸡场、石灰厂、竹制品厂等，随意将生产过程中的废渣、废液、粪便等废弃物直接排入高堤河污染了水源；高堤河下游不远处还有小水泥厂也在不停地排放废气污染了空气。正是在这样一种生产环境与生活环境中，白路村最终成为全国闻名的“哭泣的癌症村”。[③] 而据相关资料显示：截至2013年8月14日，我国境内类似这样的“癌症村”不少于247个，地域分布涵盖大陆27个省份[④]。此外，还有农村的噪声污染问题，不少乡镇企业坐落在村庄附近，生产过程中的各种噪声污染也比比皆是，有的厂房与村民住房建在一起，没有区分生产区与居民区，也不安装任何隔音设施，为了抢施工进度或提高机器利用效率，一些企业往往实施早、中、晚“三班倒”工作制，白天黑夜轮番施工或作业，产生的各种噪声严重干扰当地村民生活，久而久之必将损害人体的听觉器官和神经系统。

---

① 申亚桥等：《排污企业靠群众 乡村NGO化解污染难题》，人民网（http：//env：people：com：cn/GB/8928271：html）。

② 环境保护部、国家统计局、农业部：《关于发布第一次全国污染源普查公报的公告》，中华人民共和国环境保护部网（http：//www：zhb：gov：cn/gkml/hbb/bgg/201002/t20100210_185698：htm）。

③ 曾维政：《农村环境问题的伦理学思考》，硕士学位论文，云南财经大学，2009年。

④ 阳洋：《“癌症村”是“水”还是“谁”惹的祸》，中国经济新闻联播网（http：//www：ce02：net/main/wywy/d_42_162080：html）。

最后，城市污染向农村转移。城市污染向农村转移是近年来城市经济转型的产物，是指城市部分企业或个人故意或过失向农村输送不合环保标准的呈固态、液态、气态甚至放射性状态的废弃物；或将会造成环境污染的设备、工艺、技术、产品及其他污染物转移至农村。[①] 结合现有事例，城市污染向农村转移大致可以分为故意型、过失型和交易型三大类，但无论哪一种类型都会在不同程度上破坏农村生态环境，损害农村的可持续发展能力。从历史渊源来看，城市污染向农村转移可追溯到在全球化浪潮中，部分发达国家一方面在国内积极调整产业结构和产品结构，大力发展耗能低、污染小、科技含量与附加值高的新型产业；另一方面为了自身利益，无视国际准则，同时利用不平等的国际贸易规则和政治、经济、军事优势，通过国际经济合作、国际投资或跨国公司经营的途径，将部分耗能高、污染重、排放量大、科技含量与附加值低、劳动力需求量大的企业向发展中国家转移，不断掠夺发展中国家的资源、能源；剥削发展中国家廉价的劳动力；破坏发展中国家的生态环境与生存基础，使发展中国家蒙受巨大的损失，从而逐步实现环境污染转移。以致癌性较强的石棉为例，在欧美等发达国家已列入严格控制使用产品，但在全球范围内石棉的消费量并未降低。如欧洲最大的石棉制造公司和美国的 MONBIL 公司等企业为了规避本国的禁令与自身利益，纷纷把生产线转向印度，与印度合资办厂或在印度直接投资办厂，并将有害产品销售到东南亚一些无辜或无知的国家；还有如英国曾受大气污染而有“雾都”之称的伦敦、曾饱受羊毛加工工业污染而号称“全球羊毛制品中心”的曼彻斯特等城市的环境治理均是在一定程度上向发展中国家进行了污染产业转移，欧盟一些国家甚至采取政府补贴的办法鼓励本国的畜牧养殖、加工产业转移到发展中国家，特别是把牲畜养殖场与屠宰加工工厂迁移至发展中国家的农村，从而造成环境污染由发达国家向发展中国家转移。

历史无独有偶，当代中国的工业化道路是采取工业优先发展，同时牺牲农业、农民、农村利益促进工业发展的模式，造成的工农差距、城乡差距和发达国家与发展中国家之间的差距有惊人的相似之处，尤其是近年来伴随着城市经济的发展壮大，城市的产业结构在不断调整，城市的环境治

① 上官丕亮、殷勇：《遏制城市污染向农村转移的法律对策研究》，《中国软科学》2011 年第 12 期。

理也加大了力度，部分耗能高、排放量大、污染大，治理难度大的企业就像当年的“知青”一样“上山下乡”，不断地迁移到落后乡村，一些乡镇为了尽快改变经济窘况、增加当地财政收入、解决当地农村剩余劳动力就业等现实问题，甚至如获至宝地加以引入，但事实上在解决上述难题的同时，也给原本山清水秀、鸟语花香的乡村环境带来严重污染，甚至危及当地居民的生命健康。例如有些企业的生产设施简陋，设备老化，缺乏环保装备，或因资金不足无力承担环保费用，或利欲熏心，公德缺失不愿支付环保费用，使大量污水直接排入附近的河流、湖泊、沟渠等水域，造成了地表水、地下水等水体严重污染，严重影响到农作物的生长与水生动植物的生存，甚至殃及附近村民的生活饮用水安全。正如一首民谣所控诉："六十年代淘米洗菜，七十年代引水灌溉，八十年代水质变坏，九十年代鱼虾绝代，到了今天，癌症灾害。"① 这个状况近年来还在继续恶化，已经引起了相关部门的高度重视。如环境保护部、国家统计局、农业部三部门联合公布的2006年《中国环境状况公报》已明确指出“工业及城市污染向农村转移，土壤污染日趋严重，已成为中国农村经济社会可持续发展的制约因素”；2007年《中国环境状况公报》也指出：“工业及城市污染向农村转移，危及农村饮水安全和农产品安全，农村面临环境污染和生态破坏的双重威胁”；2008年《中国环境状况公报》再次指出：“呈现出污染从城市向农村转移的态势”；2009年《中国环境状况公报》继续指出：“城市污染向农村转移有加速趋势”，从2010年中国官方公布相关的数据材料也可得到佐证：城市污染向农村转移正在加速，在全国主要水污染物排放总量中，农村主要水污染的排放量所占的比例已超过半数以上。具体数据如表2－1所示②。

表2－1　　2009年我国农村主要水污染物排放量所占比例统计

主要水污染物	全国排放总量（万吨）	农村地区排放量（万吨）	所占比例（%）
化学需氧量	3028.96	1324.09	43.7
总氮	472.07	270.46	57.2
总磷	42.6	28.47	67.3

① 李绍飞：《乡村生态嬗变》，《西部大开发》2011年第6期。

② 环境保护部、国家统计局、农业部：《第一次全国污染源普查公报》2010年2月6日。

相关报道也证实：农村环境问题日益突出，突出表现在农村治理生活污染的基础十分薄弱、面源污染日益加重、工矿企业污染凸显，城市污染向农村转移明显加快，农村生态退化尚未有效遏制。①

特别是近年来随着城市化、工业化进程突飞猛进，城市人口与企业数量、规模也逐年增多，市民的生活垃圾与企业生产中的固体废料也逐年增多，而城市的容量与化解能力有限，此类废弃物向农村转移的数量也在逐年增加。据相关资料显示：约90%以上的城市垃圾和工业固体废弃料在郊区农村填埋或堆放②，它们不仅挤占了农村珍贵的土地资源，破坏了农民的生存根基，而且经过日晒雨淋，对周边空气、水源与土壤也造成严重污染；不仅威胁到当地农村的生态环境，而且严重影响到当地村民的生产、生活与身体健康。相关的统计数字显示：全国城镇污水处理厂的污泥只有10%左右通过堆肥制肥等技术处理后回用到土地，大约20%采用填埋、少量采用焚烧和建材利用等，其余大部分随意外运、简单填埋或堆放，再次造成二次污染，给当地生态环境带来了极不安全的隐患。③ 2005年全国主要城市环境统计的数据也显示：城市污水处理率为57.10%，其中城市生活污水处理率仅43.80%，工业固体废物综合利用率为59.60%④；城市垃圾处理率不到20%，其中工业危险废弃物的处理率不到30%。⑤ 更为可怕的是环保部2009年发布的统计结果显示：随着城市污染向农村转移趋势的加剧，目前我国农村已有近3亿人喝不上干净水，同时由于堆放城市固体废弃物而被占用与毁损的农田面积已经超过200万亩。⑥ 这些沉重的数据是城市污染向农村转移留给农村的恶果，正如有些学者指出："从某种意义来说，城市污染向农村转移与谋杀无异，只不过这种谋杀行为更为隐蔽且不易引起关注。污染转移的致命后果通常远超过百姓理解和想象的范围。"⑦

① 张凤云：《环保部：城市污染向农村转移有加速趋势》，《农民日报》2010年6月4日。

② 曾维政：《农村环境问题的伦理学思考》，硕士学位论文，云南财经大学，2009年。

③ 班健：《彻底治理不要污染转移》，《中国环境报》2012年2月9日。

④ 中华人民共和国环境保护部：《全国环境统计公报（2005年）》，中华人民共和国环境保护部网（http：//zls：mep：gov：cn/hjtj/qghjtjgb/200606/t20060612_ 77318：htm）。

⑤ 刘树铎：《环保总局：生存环境仍在恶化中》，《中国经济时报》2007年1月16日。

⑥ 李奎松：《仅把污染企业搬离市区还远远不够》，《决策探索》2009年第10期。

⑦ 文强、刘文荣、马小明：《城镇发展中的污染转移问题》，《四川环境》2005年第4期。

二　资源浪费

资源是一个国家或地区内拥有的财力、物力与人力等各种物质要素的总称。一般可分为自然资源与社会资源两大类，前者如土地、水、空气、森林、草原、矿藏等；后者如人力资源、信息资源等。其中，有些是可再生的，如水、空气、森林，但如果利用不当，也会枯竭；有些是不可再生的，如石油、煤炭、天然气等。资源是人类生存与经济社会发展的基础。然而，长期以来我国农民在生产与生活中资源浪费现象非常严重。

（一）土地资源浪费

英国古典政治经济学创始人威廉·配第曾说："土地是财富之母。"对于农民来说，土地的意义就更为重要，它是农业生产的必备要素，是农民的生存基础。然而，近年来，随着我国社会经济的飞速发展，农村的土地资源也出现了惊人的浪费，在农村住宅兴建，工矿企业的兴建，城镇化、城市化建设用地惊人，利用率低，浪费非常严重。具体表现如下：

首先，农村住宅建房占用大片耕地资源。近年来，随着党的富民政策深入展开，农村百姓的收入也逐年增加，富裕后的农民首要任务是建房，于是农村村庄周边一栋栋新的平房或二层楼房拔地而起，农村村庄范围越来越大，农村耕地被大量占用，而且没有合理规划，只是向村庄的东西南北四面扩张，村中心的旧房则空置在那里成为摆设。笔者曾多次深入农村调查，目睹了许多农村村庄周边新房林立，村中心旧房空置，"空心村"成为我国农村的普遍现象，大量空置旧房屋占据土地，使农村土地无法返田，造成大量土地资源浪费。相关资料也显示：湖北随州市曾都区万店镇老店村，农民从村里搬到村外，从村子到万店镇几公里的大路两旁，原来的良田全变成楼房。随州市万店塔尔湾居委会称，70%的村民有闲置的老宅基地①，这些情况在其他农村也非常普遍。

其次，农村工业化、城镇化建设土地资源浪费严重。近年来，随着各地招商引资及城市污染企业向农村转移的力度加大，农村许多土地被开发征用。原来的很多土地，包括良田、荒地、山地、林地等，大量被圈地建成工厂、工矿、养殖场等，还有很多地方政府为了招商引资需要，纷纷圈地"筑巢引凤"，吸引外商来投资，有时外资没引来，土地则闲置在那里，白白浪费土地。相关资料也显示：我国的工业化、城镇化建设中，土

---

① 申育林：《关于农村浪费问题的几点思考》，《农村经济与科技》2012年第6期。

地利用率较低，截至 2004 年年底，全国城镇范围内的存量土地有 395.61 万亩，其中闲置地、空闲地和批而未供土地超过一半。[①] 相关资料也显示：我国因矿山开采而破坏的土地面积累计已高达 2.88×10^8 公顷，且耕地正在以每年 0.5×10^6 公顷的速度递减[②]，这些数据足以说明事态的严重性。

（二）水资源浪费

水是生命之源，也是农业生产的必备条件。我国水资源缺乏，而且分布不均，据相关资料显示：我国人均占有水量为 2040 立方米，只相当于世界人均量的 1/4，被列为全世界人均水 31 个贫水国家之一。[③] 尽管我国的水资源缺乏，但农村水资源浪费却非常严重。

首先，农业生产用水浪费严重。目前，我国农村大部分地区仍沿用机井抽水、挖土为渠的传统灌溉方法，大部分农田实行大畦漫灌，无效、渗漏现象严重，沿途沟渠较多，路途远，地质条件差，农用水在流经沿途中“跑、冒、滴、漏、渗”现象十分普遍，造成大量水资源流失或蒸发掉，水的利用率很低；不少农田水利设施质量差，且常年失修，使农用水在沟渠运行过程中很大一部分被渗漏掉了，造成水资源浪费严重，同时也加大了水资源利用的成本。

其次，农民生活用水与农村养殖、种植、加工大户等农村经济主体绝大部分是各自打井，随意开采水资源。由于不用支付水费，用水无节制，浪费严重。一些农户虽然安装了自来水，但农村水费相对便宜，而且农村水表管理不规范，有些农村是按月计算水费，不管使用多少水，均是一个价收水费，于是一些村民抱着不用白不用的心态，任凭自来水白哗哗地流掉，导致农村自来水浪费严重。此外，农村浴池也逐年增多，这些浴池大都使用地下水，由于缺乏监管，一般是随意开采，过量使用，导致地下水也浪费严重，有时甚至导致地面下沉，引发坍塌事故。

最后，农村企业造成的水资源浪费严重。一方面，农村企业生产用水与职工生活用水量大，大多是“一次性”使用，浪费严重；另一方面，

---

① 王卓：《杜绝土地资源浪费　促进城乡统筹发展》，《西部大开发》2012 年第 1 期。

② 黄巧云、田雪：《生态文明建设背景下的农村环境问题及对策》，《华中农业大学学报》（社会科学版）2014 年第 2 期。

③ 杜荣江：《对水资源浪费的经济学思考——水资源浪费的成因及其对策》，《水资源保护》1999 年第 9 期。

一些农村企业不重视环保工作，生产的废弃物一般也是未经任何处置直接排放，造成地表与地下的水资源污染，从而导致更大的水资源浪费。

（三）生物质能浪费

首先，我国是个产粮大国，农作物秸秆资源极其丰富，具有产量大、种类多、分布广、利用低等特点，曾是农民生产与生活的重要资源。据相关的调查统计数据显示：我国2010年秸秆可收集量约为7亿吨，其中十三个粮食主产区约为5亿吨，约占全国总量的73%。[①] 但事实上因主观与客观原因，7亿吨秸秆中仅仅大约有25%能被有效利用。以2010年的数据折算为例，仅2010年就约有5.25亿吨秸秆被白白浪费；而按热值测算公式，2吨秸秆相当于1吨标准煤，浪费5.25亿吨秸秆折合浪费2.625亿吨标准煤。此外，据相关专业人员测定，每100公斤鲜秸秆中含0.48公斤氮、0.38公斤磷、1.67公斤钾，相当于2.4公斤氮肥、3.8公斤磷肥、3.4公斤钾肥[②]，以此可推算出近年来我国仅秸秆燃烧已浪费了多少生物资源、能源或肥料，特别是随着最近几年来农业生产条件逐步改善，农产品产量逐年攀升，农村大面积的土地经营相对集中，农业机械化程度逐年上升，农用收割机在收割水稻、小麦等农作物时留下的稻秆、麦茬在数量与面积上剧增，焚烧的规模也越大，浪费的资源也就越多。

其次，我国很多农户一直使用传统的生物质能如农作物秸秆、枯枝树叶等作为生火做饭的燃料，这些生物质能发热量低，利用率极低。炉灶中燃烧这些生物质能产生的烟尘直接升空，既浪费了能源，又污染了环境，其中农作物秸秆、枯枝树叶等不能返回土地还会降低土壤肥力、破坏生态平衡。相关资料显示：1995年我国农民生活能源利用效率仅为25%，农业部门终端能源利用效率为29.5%，仅相当于欧美国家20世纪70年代初水平；1996年我国农村仍有近70%的生活燃料依靠传统生物质能，其中燃烧秸秆折合1.2亿吨标准煤，燃烧薪材折合0.8亿吨标准煤，约占世界生物质燃料总消费量的30%，是世界上消费生物质能最多的国家。[③] 而这些能源的消耗，基本上都会成为农村污染源，造成了更大的资源浪费。

---

① 中华人民共和国家发展和改革委员会：《2010年秸秆可收集量约7亿吨》，中国日报网（http：//www：chinadaily：com：cn/hqcj/zxqxb/2012-01-04/content_ 4875126：html）。

② 刘忠强：《用好作物秸秆发展生态农业》，《科学种养》2009年第5期。

③ 韩丽君：《我国农村能源的发展战略分析》，《太原师范学院学报》2007年第2期。

（四）其他资源浪费

农村资源浪费严重还表现在其他方面，如近年来农村乱垦滥伐，毁林开荒而造成水土流失的数据更是惊人。如水利部原副部长鄂竟平所公布的数据显示：中国水土流失面积仍有 365 万平方公里，需要治理的水土流失面积有 200 多万平方公里。[①] 典型的资源浪费表现在以下几个方面：

首先，农村水草资源浪费。农村河湖密集，沟渠较多，水草资源丰富，水草营养丰富，是家禽家畜与水产养殖的理想食物，使用水草喂养，不仅能降低喂养成本，提高经济效益，而且能促进家禽家畜与水产养殖物的快速生长、提高营养价值。但村民很少利用这些天然的植物资源，任水草自生自灭，白白老烂于荒野河湖沟渠之中。而农民很多时候只是一味图方便省事，习惯购买饲料喂养，既增加了养殖成本，又降低了养殖物的营养价值。

其次，农用器材利用率低。实施家庭联产承包责任制后，农户购买的农业用具数量增多，种类齐全。有的农户田地不多，因为耕地需要，也得喂养耕牛，但一年就使用几天；有的农民抱着万事不求人的心态，出于农业生产需要，把小型脱粒机、抽水机、微型碾米机、喷水机（器）等农用机械购买齐全，占用了大量资金，但利用率极低，一年却只用十多天，闲置时间过长。而且这些农业机械存放与保养条件差，常日晒雨淋，易生锈损坏，造成自然损耗大，农业生产成本高。

最后，农村劳动力资源浪费惊人。长期以来，我国农村经济落后，农村吸纳劳动力的能力差，农村劳动力就地就业难度大，无法转化为现实生产力。而且人多地少，造成大量劳动力资源浪费。从农村劳动力资源浪费的绝对数字来看，据相关资料显示，我国农村目前约有劳动力 6 亿，按农业生产的现行条件与农村的土地面积，仅需 1.5 亿劳动力就能满足农业生产需要，大约有 4.5 亿劳动力剩余；[②] 从农村劳动力资源浪费的相对比例来看，我国农业剩余劳动力占农业劳动力比例自 1957 年以来也一直呈上升态势，至 1991 年达到最高值 47.45%，1995 年后虽稍有回落，但基本

---

① 孟昭丽、武勇：《水利部数据：中国水土流失面积有 356 万平方公里》，人民网（http：//finance：people：com：cn/GB/1037/4395839：html）。

② 官翠玲、徐方平：《关于农村弃耕问题的几点思考》，《湖北大学学报》（哲学社会科学版）2003 年第 3 期。

上还是处于42%—43%的高剩余状态。[①] 大量农村劳动力资源浪费或闲置造成的后果是总体上农业生产劳动的效率降低与农业部门产出成本的上升。而且，近年来受国际金融危机影响与国内经济放缓的战略需要，大批乡镇企业及部分沿海企业被迫关停并转，返乡农民工增多，也使农村劳动力剩余加剧。而农业生产的季节性特点，又使在村务农劳动力大多数时间闲置在家无所事事。

透视农村生产经营过程中的农用化学品污染、水污染、空气污染、固体废弃物污染严重与土地、水、空气、生物等资源浪费惊人的具体事实及其负面影响，我们不得不反思我们的农村生产经营活动。不容否定，当代中国农村的生产经营活动确实创造了很多社会财富，极大地满足了人们的物质需求。但经济理性膨胀，单纯为了获取眼前利益、短期利益、个人利益而忽视、轻视，甚至无视长远利益、他人利益、集体利益，无意、有意、任意，甚至故意破坏自然，过度攫取或不适当地利用大自然，都是违反生产本来目的的不当行为，人类生产活动的目的是为了更好地满足自身需求。把自己赖以生存的自然环境给破坏了，把有限的资源经意不经意间浪费了，明天拿什么去生产？我们的子孙后代靠什么去生存与发展？这些问题必须引起我们的深度反思。实际上，人是社会关系的产物，人的活动是有目的、有计划的活动，应该遵循社会规则与自然规律。正如马克思所指出："在社会历史领域进行活动的，是具有意识的，经过思虑或凭激情行动的、追求某种目的的人。"[②] 因此，社会生产活动是人类在意识指导下客观、物质的活动，它既受社会历史条件与客观规律的制约，又受人们预期的目的、计划与价值观念的影响。[③] 农村的生产经营活动是社会生产活动的形式之一，其行为主体的生产经营活动也是受意识指导的，它同样既受现实条件与经济规律制约，又受人们预期的目的、计划与价值观念的影响。因而，农村的生产经营活动必须是正当合理的，既要遵循经济规律，又要符合社会规则与满足人的正当需求。正如有的学者指出：现代社会生产不是单纯地追求降低生产成本或增长经济效益，它同时也是为了更有效、更合理地协调人与自然、人与人、人与社会、人与自身等方面的关

---

① 杨韵新：《最大的资源浪费——中国农业剩余劳动力状况及其经济损失分析》，《职业技术教育》2003年第9期。

② 《马克思恩格斯选集》（第4卷），人民出版社1995年版，第247页。

③ 何建华：《经济正义论》，上海人民出版社2004年版，第194页。

系，减少乃至消除生产活动中可能出现或已经出现的各种矛盾与冲突。从而更有效地维护社会生产活动的基本秩序，使之能够维持长久的稳定与效率。[①] 而且，随着全球人口剧增、社会产品需求量日益扩大，土地、水、新鲜空气、生物物种等资源已急剧减少，成为短缺资源。这些问题在作为世界人口最多与人均资源占有率低的中国尤为突出。鉴于此，“生产资料的组合者在生产或制造一种新产品时，有义务按照这种短缺性来安排自己的生产”。[②] 特别是对于环境与资源影响力大、利用率高的企业来说，更应该注重节约资源与保护环境，肩负起企业应有的社会责任。正如有的学者指出：“合理利用自然资源与保护环境既是企业义不容辞的社会责任，也是企业的伦理责任。”[③] 我国的农村经济主体也不例外，在具体的生产经营活动中也有义务按节能环保的具体要求来安排自己的生产经营行为，不应该把环境污染与资源浪费的后果推给第三者或公众去承担。因此，农村生产经营中的资源浪费与环境污染问题不仅是经济问题，也是伦理问题。

当然，农村生产过程中的伦理问题还有很多。如农业生产劳动的效率价值困厄问题，官员腐败破坏农业生产的正常秩序与侵占农民利益问题。限于文章篇幅，在此不再赘述。

第二节 农村交换伦理问题

农村交换是农村经济活动的第二个环节，是联结农村生产及由农村生产决定的消费的中介，没有农村交换就没有农村生产，没有农村交换就无法形成城乡市场和完整意义上的消费，从这个意义来说，农村交换活动是实现农村经济正常有序运转的必不可少的环节之一。有学者曾经指出，农村交换有农村社会交换与农村经济交换两种形式，并指出农民在两种交换过程中均要遵循一定伦理规范。[④] 农村交换与农村生产一样也有广义与狭义之分，广义的农村交换包括农村社会交换与农村经济活动中的交换行

① 汪荣有：《经济公正论》，人民出版社 2010 年版，第 206 页。
② 同上书，第 206 页。
③ 乔法容、朱金瑞：《经济伦理学》，人民出版社 2004 年版，第 303 页。
④ 谢丽华：《农村伦理的理论与现实》，中国农业出版社 2010 年版，第 52 页。

为；狭义的农村交换仅指农村经济活动中的交换行为。本书中的农村交换是指狭义的概念，是农村不同经济主体之间的交换活动。从经济伦理的视阈而言，交换的应然目的是互通有无、各取所需、互惠互利。正如德国著名伦理学家彼得·科斯洛夫斯基所言："一个货物的个体价格或者一种在时间或空间上有特殊性货物的实际价格，并非完全由市场价格决定，而是产生于在道德上非常重要的决定。"① 农村交换也不例外，它也是商品买卖双方的相互作用，以一定价格成交的过程，它要求参与交换的双方在平等、自愿、互惠、互利的基础上，按照交换伦理要求，在交换环节中应遵循价值规律、遵守诚信、公平、效用等伦理规范。然而，改革开放以来，随着我国城乡经济的飞速发展，三大产业突飞猛进，社会产品数量日益增多，种类日益丰富，城乡产品交易日益增多。但因农村市场监管不力与交易主体的道德素质较低，导致农村交换活动中的诚信缺失现象十分严重。一方面农民深受下乡的日常生活用品与农业生产用品（简称农资产品）交易欺诈的毒害；另一方面农村经济主体自己生产、出售的商品也是假冒伪劣猖獗，所以农村市场交易中的诚信缺失问题堪称"内忧外患"。集中表现在农村外来商品销售欺诈泛滥与农村自产商品假冒伪劣猖獗。具体表现在农村市场交易中的一些摊贩利欲熏心，销售商品时以假乱真、以次充优，或漫天要价、缺斤少两，行为十分恶劣；同时，部分农村经济主体的诚信缺失问题也十分严重，一些乡镇企业、个体农户生产经营或销售假冒伪劣产品，严重扰乱市场秩序，坑害消费者；还有一些农村经济主体为贪图省事省时或牟取暴利，无意有意地生产销售劣质、不符合质量、卫生标准的农产品或不当使用添加剂，制造假象冒充名优农产品，使农产品存在严重安全隐患。如近年来的毒大米、荧光粉面粉、红心鸭蛋、含铅蔬菜等事件频频被曝光，弄得人心惶惶，消费者对农产品质量忧心忡忡。民以食为天，农产品是人们的日常必需品，它们的质量安全不仅关系到消费者的身心健康，甚至生命，而且关系到经济秩序稳定与社会全面进步。从经济伦理的应然目的与基本要求来分析，农村交换活动中的这些欺诈行为一方面损害了消费者的利益，违背经济伦理互通有无、互惠互利的应然目的；另一方面也违背了经济伦理的诚信、公正、效用原则。同时也践踏了中华

① ［德］彼得·科斯洛夫斯基：《伦理经济学原理》，孙瑜译，中国社会科学出版社1997年版，第203页。

民族传统美德中的诚实守信、童叟无欺、正身司市等交换伦理规范，一味赚昧心钱、发黑心财，这些行为不仅严重扰乱了农村市场的正常秩序，而且极度败坏了社会风气。多年来，这些问题一直困扰着农村经济社会的发展，阻碍了城乡经济的良性互动与一体化进程，成为社会和谐与社会公正的绊脚石，也酿成了诸多悲剧。

一 外来商品销售欺诈泛滥

农业只生产粮食与农副产品，农民大部分的日常生活用品与农资产品只能依赖于外来的工业产品。近年来，随着农民生活水平的提高与农业生产的发展，需求的日常生活用品与农业生产用品的数量、品种与类型也越来越多，造成农村市场日益增多，商品交易越来越火爆。与此同时，农村所需的各类日常生活用品与农业生产用品等销售过程中的欺诈现象也越来越多，主要表现在农村生活用品销售欺诈泛滥与农资产品“坑农害农”事件频发这两个方面。

（一）农村生活用品销售欺诈泛滥

改革开放前，我国社会生产力非常落后，各类产品奇缺，计划经济体制下社会产品均实行计划供应，凭票购买，农村市场规模小，商品交易的数量、品种不多，在那个物资奇缺，人们生活贫困的年代，农村交易过程中的假冒伪劣与缺斤少两等欺诈行为并不常见。改革开放后，随着我国城乡经济迅猛发展，农产品、工业品的产量剧增，各类商品的数量与种类也越来越多，商品交换随之日益频繁，农村市场也空前活跃。但与此同时，由于各种错综复杂的原因，当前我国农村已成为各种假冒伪劣产品的“重灾区”，许多农村集贸市场、庙会、地摊已成为一些假冒伪劣产品的集散地和缺斤少两的衍生地与聚集区，农村市场交易中的各种欺诈行为泛滥，使不少消费者遭受了诸多假冒劣质产品的坑害。从日用品、食品、蔬菜、药品、建材到常用电器产品等交易项目中均有诚信缺失、欺诈泛滥的具体事例。从20世纪80年代的假烟、假酒、假鞋、假表到现在的“黑心棉”、“瘦肉精”、“地沟油”、“劣质奶粉”等事件被频频曝光，甚至假冒伪劣药品与医用器材也涌向农村。一些药商瞄准农民看病难、看病贵、农村小诊所看病无报销等问题突出的“商机”，与农村医生相互勾结，把便宜的假冒伪劣药品与医疗器材推销到了农村患者身上，坑害农村患者。基于河北石家庄、廊坊、保定三市农村市场假冒伪劣现象的实证调查资料就显示：70%以上的农民表示自己所在地假冒伪劣现象严重或比较严重，假冒伪劣产品涉及的范围广、品种多，表明农村市场已成假冒伪劣产品的聚集区。[①] 对部分农村市场交易诚信状况的调查结果也显示：相对于城市而言，农村市场假货、次货多些，有些商家不讲诚信，假货或假冒伪劣产品充斥农村市场。[②] 这些现象表明农村市场交易中的欺诈行为如同户外的野草，屡铲不断，颇有"野火烧不尽，春风吹又生"的感觉。暴露出一些农村市场交易主体早把传统社会的"诚实守信、市不豫贾"、"公平交换、童叟无欺"等交换伦理规范抛之脑后。于是，农村市场交易中假冒伪劣产品的种类与数量不断增多。如膨化食品、地方特色风味食品、各种饮料、白酒、红酒、葡萄酒、乳制品、腌制品、食用油、罐头、糕点等与人们日常生活密切相关的消费品，及消费者举报集中的垃圾食品与违规放置食品添加剂等。尤其是在农村集镇的年货市场，各类商品琳琅满目，各种年货十分丰富，品种繁多。但很多商品的包装袋或包装盒上根本没有生产厂家、生产日期、重量、保质期等必要的商品标识。还有一些摊贩是散装露天叫卖，卫生条件极差，许多商品在灰尘飞舞、唾沫四溅中交易，根本就不见商品有标识。同时商品交易过程中的缺斤少两、虚报价格、以次充优等现象也司空见惯。据《重庆经济报》记者 2005 年年关的追踪报道：在重庆市长寿县云台镇、葛兰镇，垫江县澄溪镇等农村集贸市场上，有不少卖化妆品的摊位。如"飘柔"、"亮庄"、"潘婷"、"何首乌"等品牌化妆品样式齐全，但记者发现这些化妆品的包装粗糙，瓶子上字迹模糊，标识晦涩，稍有见识者一看就是假货。还有那些地摊上摆设叫卖的年货、日用品、副食品中有很多也是假冒伪劣商品。[③] 不少假冒伪劣商品藏身农村集市、小店铺，坑骗农村消费者。像"娃恰恰"、"白事可乐"、"康帅傅"、"奥立奥"等冒牌商品，还有保质期已过的商品、"三无"产品等假冒伪劣商品，在一些农村集市、农村小店铺、路边地摊等处也随处可见。2014 年 1 月，湖南长沙黑麋峰有 11 辆环卫专用车运载的 60 吨假冒伪劣产品被集中销毁，而这些假货都是流向城乡接合部的农村集市、农村小商店

---

① 郭岩、赵邦宏：《农民视角剖析农村假冒伪劣产品猖獗的成因——基于河北省调查问卷的分析》，《广东农业科学》2010 年第 10 期。

② 符晓波等：《西北农村道德观察书》，人民出版社 2012 年版，第 73 页。

③ 袁鉴：《农村年货市场亟待整顿　假冒伪劣商品充斥市场》，重庆地产网（http：//www：cq：xinhuanet：com/jyfw/2005－01/24/content_ 3623179：htm）。

或零售店[①]，这些事例足以说明事态的严重性。还有些商品生产者、销售者有意隐瞒、刻意伪装，或以次充好、以旧充新、以假乱真，或在广告中、推销中夸大其词，甚至编造、捏造产品功效，坑骗农村消费者等现象时有发生。由于边远农村小集市与小店铺，待售商品的种类与数量有限，不像城市大型超市商品品种齐全、数量充足可供选择，于是“山寨”假冒名牌，保质期已过的商品照样卖出好价钱。相比城市里较为隐蔽、真假难辨的假冒伪劣产品销售问题，农村市场上销售假冒伪劣产品，有时几乎是明目张胆，毫无遮拦，公开叫卖。

另有相关资料显示：2013 年春节期间，有记者在甘肃、河北、河南、山西等地农村市场调查发现，最畅销的食品、饮料、烟茶酒等商品，大量假冒伪劣产品鱼目混珠，藏匿其中，让消费者真假难辨，而且这些假冒伪劣产品常常会以价格偏低诱骗顾客、坑骗消费者。[②] 农村市场假冒伪劣商品泛滥成灾，不仅严重损害了消费者的切身利益和身心健康，而且严重败坏了名优企业的商业利润和产品信誉。从行为性质而言，有些假冒伪劣行为的社会危害性相对较小，只是属于突破了道德底线的一般违法行为，而有些假冒伪劣行为的社会危害性大、性质恶劣、情节严重，则构成违法，甚至犯罪行为。

（二）农资产品“坑农害农”事件频发

农资产品主要是指农业生产的必需品，如农药、化肥、种子等。随着我国农业技术的发展，各种现代化的农业生产资料不断出现，需求量也不断上升，各种农用种子公司、化肥厂、地膜生产厂、农机公司等农用企业也日益增多。但由于相关部门管理不力与某些农资企业的法律与道德意识缺失，导致假冒伪劣化肥、农药、种子、地膜、农机配件等不时充斥农村市场，农村生产过程中的“坑农害农”事件频频发生、屡屡曝光，造成许多农业劳动白白浪费，农作物减产甚至颗粒无收，给农民带来的经济损失少则几千元，多则上万元，甚至上百万元。有些农民因此而倾家荡产，伴随而来的还有农民精神上的伤害与生活上的困顿。如广西宾阳县种子公司 1996 年经销 30069. 8 公斤绿肥种子中掺泥沙高达 49. 3%，高出国家标

① 王明峰、侯琳良、方敏：《治治农村市场假冒伪劣》，《人民日报》2014 年 1 月 19 日。

② 张娜、程小旭、张文晖：《农村市场商品调查：农民陷假冒伪劣消费怪圈》，新浪财经网（http：//finance：sina：com：cn/nongye/nyhgjj/20130308/083814762482：shtml）。

准 GB8080—87（绿肥种子净度不得低于 93%）规定的 43.7%；[1] 陕西户县秦四村所谓的“西安博农种业科技有限公司”长期销售假玉米种子，当地公安机关仅一次就查获假种子 60 吨，这些假玉米种子可播种近 24000 亩土地；[2] 2004 年湖北省枝江市种子公司第二连锁店昧心出售假稻种，导致当地农民该年水稻绝收，生活陷入困顿；[3] 2008 年青海省平安县的贩卖假化肥案，查获假化肥 45 吨；[4] 2010 年甚至出现了河南省确山县邓庄村农民不堪忍受假种子祸害，为维权而自杀的事件；[5] 2013 年 3 月江西吉水县丁江、水南、乌江三个乡镇的“假化肥毁苗”[6] 事件，让当地几百农户的农田颗粒无收，农民望着枯萎的禾苗与烂苗的农田极度伤感，有的农民甚至是哭天抢地；2013 年 5 月江西省安福县洲湖镇槎源村等多地也发生农户使用本县“金色时代农资有限公司”生产的假复合肥，导致全县 6000 多亩早稻禾苗枯萎或死亡事件。[7] 有学者曾做过此类问卷调查，调查发现有“72.31%的农户近年来买到过假冒伪劣种子、农药、化肥等农业生产资料，而得到合理赔偿的只有 13.79%”。[8] 农业部对此类坑农害农行为也做过系统调查与相应处罚，以 2012 年 1—9 月的统计数字与处罚事件为例，农业部公布了 2012 年 1—9 月“全国农业系统查处坑农害农农资案件 2.4 万余起，查获假劣农资 2.5 万吨，捣毁制售假窝点 67 个，查处货值 5 万元以上案件 109 件，移送司法机关 314 人，涉案金额 6695.43 万元，为农民挽回直接经济损失 10.6 亿元”。[9] 这类事件性质恶劣、后果

---

① 覃家源：《对伪劣商品案件执行难的思考》，《中国质量技术监督》2000 年第 11 期。

② 曹晓奇：《假种子能种两万亩　陕西省破获最大假种子案件》，西部网讯（http：//news：cnwest：com/content/2011 - 05/19/content_ 4610878：htm）。

③ 田悦、曲河、张明文：《湖北枝江近千农户受劣种坑害颗粒无收》，新浪网（http：//news：sina：com：cn/c/2004 - 10 - 25/07054026369s：shtml）。

④ 林萍、姜明、马红：《海东查获一起严重坑农害农的假冒伪劣化肥案》，《青海日报》2008 年 4 月 6 日。

⑤ 田国垒：《权益为何要用生命来换取》，中青在线—中国青年报（http：//zqb：cyol：com/content/2010 - 04/19/content_ 3189076：htm）。

⑥ 曾风：《近百吨假化肥“坑农”江西吉水千亩水稻被毁》，大江网吉安讯（http：//bbs：tianya：cn/post - 5058 - 4130 - 1：shtml）。

⑦ 蔡福津：《江西发生毒化肥坑农事件　导致 6000 亩早稻禾苗枯萎或者死亡》，人民网（http：//sn：people：com：cn/n/2013/0502/c340887 - 18577166：html）。

⑧ 梅志罡：《从减轻农民负担看农民权益保障》，中国农村研究网（http：//www：sannong：gov：cn/v1/njlt/gnwz/200503140632：htm）。

⑨ 龙新：《农业部公布 2012 年下半年查处假劣农资典型案件》，《农民日报》2013 年 1 月 7 日。

严重，它们不仅损害了农户的经济利益，有的殃及农民的生存底线，而且破坏了农业生产，危及国家粮食安全与农村稳定。

二 自产商品假冒伪劣猖獗

农村自产商品主要是指农民或农村个体户生产的农产品或农副产品在满足自己消费后拿到市场上进行交易的商品以及农村乡镇企业、小作坊生产的商品。当然，近年来还有部分由城市迁来农村的外来企业，但这类企业毕竟不是农村土生土长的经济主体，所以本书暂未把其纳入讨论范围。不容否认，近年来乡镇企业、农村小作坊与农民的生产经营活动发展得非常迅猛，产品的数量、种类越来越多，销售量也随之剧增。但在销售过程中出现的问题也越来越多。典型事例如媒体频频曝光的乡镇企业生产销售假冒伪劣产品与一些上市销售的农产品质量安全令人担忧等现实问题，集中暴露了一些乡镇企业与部分农民的市场交易行为诚信缺失现象十分严重。

（一）乡镇企业的假冒伪劣行为形势严峻

乡镇企业一般生产规模不大，员工不多。但类型杂，涉及面广，其生产的产品对于活跃城乡市场，满足不同层次的消费需求，特别是在“近水楼台”地满足农村消费需求方面确实起到了很好的作用。但不少乡镇企业或迫于生存需要，或利欲熏心，或技术设备难以达标，或法规与道德意识薄弱甚至缺失，往往进行违章生产、违纪作业、违法经营，在生产经营过程中一味追求降低成本，不择手段偷工减料、以劣料甚至假料生产，不顾产品质量，或有意隐瞒、包装产品缺陷，或以次充好、以旧充新、以假乱真，或在广告中夸大其词，甚至编造、捏造产品功效坑骗消费者等现象时有发生。据相关资料显示，市场上相当多的假冒伪劣产品来源于乡镇企业或者是与乡镇企业合伙、联营的个体户或私营小企业，乡镇企业的产品合格率只有60%—70%。[①] 而近期新闻媒体也频频报道乡镇企业生产销售假冒伪劣产品事件。如一些食品生产经营者只顾自身利益，完全不考虑消费者的经济损失、身体健康，甚至生命安全，为了获取虚假的表面特征，人为地添加或超标增加危害人体的色素、防腐剂、添加剂等成分至食品中随之销售；明知食品保质期已过会发生腐化变质，却肆意任其原价销售或降价销售；明知商品质量毫无保证，存在安全隐患，却无动于衷任其

① 何凤兰：《乡镇企业不正常行为浅析》，《经济问题》2003年第1期。

销售，这些行为明显违反了商品交换的诚信原则、公平公正原则，无异于间接、变相的投毒行为，基本上够得上间接地谋财害命，其实质是在以危险的方法危害公共安全。有些甚至造成负面影响大、行为性质恶劣、社会后果较严重的事件。如震惊全国的大量出售含有苏丹红“红心鸭蛋”① 事件；山东费县以碎石粉为主料制造牲畜饲料蒙骗饲养户②事件；陕西长安农村手工作坊常年卖昧心“黑豆腐”③ 事件；广西北海地下黑作坊违规加工剧毒农药泡制“鲜海味”④ 事件；江西南昌青云谱区前万村“三无”作坊违规生产“毒皮蛋”⑤ 事件；江苏如皋“面粉增白剂”⑥ 事件；山东部分白羽鸡养殖户为催促肉鸡快速生长，违规喂食金刚烷胺、利巴韦林等抗病毒药品，40 天长到 5 斤的“速生鸡”⑦ 事件等。这些事件严重扰乱了市场秩序，威胁着消费者生活乃至生命健康，给社会造成了恶劣影响。

（二）一些待售农产品质量安全令人担忧⑧

农产品是指农业的初级产品，农产品质量安全则是指农产品的可靠性、使用性和内在价值，包括在生产、储存、流通和使用过程中形成、合成留有和残存的营养、危害及外在特征因子，既有等级、规格、品质等特性要求，也有对人、环境的危害等级水平的具体要求。随着我国经济社会的快速发展，人们温饱问题早已基本解决，农产品质量要求在近期也越来越受重视。按照国际通行指标，我国早已进入了小康社会，人们的消费观念也由注重温饱转向注重质量，无公害食品、绿色食品、有机食品日益受到消费者青睐。“民以食为天，食以安为先”，农产品是人们的主食，其质量安全问题自然成为人们关注的热点。然而，有些农户利欲熏心，无视

---

① 姜雪丽：《质检总局检查显示两种京产咸蛋含有苏丹红》，新浪网（http：//news：sina：com：cn/c/h/2006 -11 -22/023011581774：shtml）。

② 高祥等：《碎石粉充当主料造出 20 吨假饲料》，《齐鲁晚报》2013 年 6 月 23 日。

③ 李永利、王晶何、玉琼：《 这样的豆腐干你敢吃吗》，《三秦都市报》2013 年 2 月 3 日。

④ 无名记者：《阳光下的黑洞何时能封闭——暗访广西北海市地下海产品加工场》，中国食品科技网（http：//www：tech -food：com/news/2004 -12 -16/n0027666：htm）。

⑤ 曾曦：《江西黑作坊用有毒化工原料泡制皮蛋》，新华网（http：//news：sina：com：cn/c/h/2007 -06 -18/075513252294：shtml）。

⑥ 陈刚、王骏勇：《江苏如皋调查“面粉增白剂”事件》，新华网（http：//news：xinhuanet：com/food/2010 -04/09/content_ 13323615：htm）。

⑦ 何青：《速生鸡潜规则：40 天长 5 斤添加违禁药物》，《法制晚报》2012 年 12 月 18 日。

⑧ 文中部分内容参见涂平荣《浅谈农产品质量安全问题的成因与对策》，《武汉交通职业学院学报》2014 年第 2 期。

农产品质量安全问题，为了自家种的农作物长得更快、更好，以便获得更多的利润，不惜过量或违规使用化肥、农药，使农产品体内的有害物质或农药残余超标，人们食用后引发各种疾病甚至生命危险。如湖南出产大米成分镉超标的“毒大米”事件；[①]《时代周报》记者曾深入现场，发现“山东平邑县金银花种植中存在普遍滥用农药的现象，且在金银花生产、收购、销售、加工、制成成品的整个环节中根本不存在农残检测”；[②] 海南生产的“毒豇豆”[③] 等事件。此外，还有一些地区因农作物生长的土壤、水、空气等受到了严重的水污染、大气污染及固体废弃物污染而导致农作物体内有害成分超标造成的质量安全问题也是触目惊心。如 2002 年初江苏省农科院植保所曾对南京市部分农贸市场的农产品进行农药残留量抽样检测，发现抽检农产品中青菜的不合格率为 60%、黄瓜为 20%、韭菜为 70%、大米为 80%，面粉为 50%。[④] 一些农户甚至认为，反正自己种的农产品是卖给别人吃的，又不是自己吃，污染不污染与自己无关。甚至有些农民生产自己食用的农产品与作为商品出售的农产品区别对待，生产自己食用的农产品时不使用或少使用农药化肥等，生产卖给别人的农产品时则任意使用农药化肥。上述事例是对他人生命健康极其不尊重的表现，其行为不仅违背了生命伦理的不伤害原则与交换伦理的公平原则，也与 Marion Nestle 关于食品伦理概念的假设——遵循饮食指导增进健康与幸福[⑤]的道义原则背道而驰。安全是食品的首要价值、健康是食品安全的目的[⑥]，而这些待售农产品的质量安全隐患不仅严重损害了消费者切身利益、扰乱了农产品市场秩序，同时也对农产品的自身销售产生负面影响，对社会造成诚信危机，使人们对食品消费产生了社会流传的“吃动物担心激素，吃植物担心毒素，喝饮料担心色素，于是吃什么都心中没数”的那种焦虑心理。试想，农产品交易这样的社会诚信度怎不令人担忧？

---

① 符信：《保人民群众吃上“放心粮”》，《南方日报》2013 年 2 月 28 日。

② 覃硕：《金银花之乡滥用农药调查：大型药企深涉其中》，《时代周报》2013 年 7 月 4 日。

③ 夏雨：《“海南毒豆角”暴露食品检测漏洞》，《潇湘晨报》2010 年 2 月 24 日。

④ ［美］道格拉斯·诺思：《经济史上的结构与变迁》，陈郁等译，生活·读书·新知三联书店 1994 年版，第 12 页。

⑤ 唐凯麟：《食品安全伦理引论：现状、范围、任务与意义》，《伦理学研究》2012 年第 2 期。

⑥ 喻文德：《论食品安全伦理的基本价值诉求》，《中南大学学报》（社会科学版）2012 年第 5 期。

第三节　农村分配伦理问题

农村分配是农村经济活动的四大主要组成部分之一，是联结农村生产与农村消费的重要环节，并在一定程度上影响和制约着农村的生产与消费。正如马克思所指出："消费资料的任何一种分配都不过是生产条件本身分配的后果。而生产条件的分配则表现生产方式本身的性质。"[①] 从农村经济学的视阈而言，农村分配是指把农业生产资料分给农村经济主体，或把消费资料分给消费者的活动。其内容包括对生产资料、农村劳动力、劳动成果三类物品的分配。合理有效的农村分配关系能充分调动农村生产经营者生产经营的积极性、主动性与创造性，从而提高劳动效率、产出更多更好的产品，更好地满足消费者需求。反之，不合理的分配关系则会挫伤农村经济主体生产经营的积极性、主动性与创造性，使劳动效率降低，劳动成果的数量与质量也就可想而知，进而制约着消费者需求；从伦理学的视阈来看，分配问题从来就是个伦理话题。古希腊先贤亚里士多德就认为当时的四"主德"之一"正义"就是一种分配方式的结果。正如他所说，"正义是某些事物的'平等'或均等观念"；[②] 西方近代学者达尔文、弗洛伊德、费罗姆等也曾把"爱人，无私利他"与"自爱、利己不损人"等奉为评价他人言行、处理人与人利益关系是否公正的道德准则。美国当代著名制度伦理学家约翰·罗尔斯从权利平等的视角出发，认为"所有的社会基本善——自由和机会、收入和财富及自尊的基础——都应被平等地分配，除非对一些或所有社会基本善的一种不平等分配有利于最不利者"。[③] 诺齐克则从权利不可剥夺的视角出发，认为"如果每一个人都有资格占有他在分配条件下所拥有的财产，那么这种分配就是正义的"。[④] 近年来，随着我国社会经济飞速发展，城乡发展失衡、贫富差距拉大也随

---

① 《马克思恩格斯选集》（第三卷），人民出版社 1995 年版，第 304 页。

② ［古希腊］亚里士多德：《政治学》，吴寿彭译，商务印书馆 1965 年版，第 148 页。

③ ［美］约翰·罗尔斯：《正义论》，何怀宏等译，中国社会科学出版社 1988 年版，第 292 页。

④ ［美］罗伯特·诺齐克：《无政府、国家与乌托邦》，姚大志译，中国社会科学出版社 2008 年版，第 181 页。

之而至，如何分好“蛋糕”已成社会关注的焦点，分配正义问题也成了国内学者的热门话题。有学者就明确提出当前我国“分配正义的关键在于解决目前存在的严重不平等——贫富差距过大”。[①] 也有学者指出当前我国落实分配正义应遵循“基本经济需求平等原则、按劳动贡献分配的‘应得’原则，有利于最少受惠者的‘差别原则’”。[②] 特别是针对“三农”领域的分配正义问题，有学者已着重指出了农村分配正义的主要对象是农村的土地、劳动力、资金与集体资产，这些问题均与农民的切身利益密切相关。因此，从某种程度上说，农村分配关系的合理性与正当性，不仅决定着农村经济主体生产的效率与农产品的质量，也直接制约着农村消费的水平与质量，它不仅是个经济问题，也是个伦理问题。农村分配的公正性和合理性对社会价值的引领乃至整个经济社会的良性运行均至关重要。农村产品生产出来以后，依据何种原则和规范、采取何种方式、依照何种比例在不同的社会阶层和社会成员之间进行合理分配，不仅受制于农村经济制度的伦理含量，而且体现着农村分配活动的伦理价值取向。然而，在当代中国，我国农村的分配制度在不同的历史阶段采取了不同的分配形式，在特定的历史时期，曾取得了一定的成效，但也出现了诸多问题，在伦理领域也有所表现，集中表现为分配正义严重缺失。具体表现为改革开放后城乡居民收入分配不公以及农民工劳动力价格扭曲。这些问题不仅严重违背了经济学的价值规律与等价有偿原则，也严重违背了农村中国传统社会的“藏富于民、均衡财富、取予有节”等分配伦理价值观念及现代经济伦理学的公正、效率、道义原则，制约着城乡经济社会的和谐、良性发展，它们不仅关系到农村民生建设的成败，也关系到进一步解放与发展农村生产力与实现社会的公平正义等现实问题。长期以来，这些问题一直困扰着我国农村经济社会的发展，拷问着我国城乡收入分配制度的伦理意蕴与道德含量。

一　城乡居民收入分配不公

新中国成立初至改革开放前，我国经济总体落后，在共同贫穷的总体形势下，城乡居民收入相对稳定，差距不大。改革开放初期的1978—1984年，由于家庭联产承包责任制的实施，农户的生产经营积极性空前

---

① 姚大志：《分配正义：从弱势群体的观点看》，《哲学研究》2011年第3期。

② 毛勒堂、张健：《分配正义：经济哲学的检审》，《吉首大学学报》（社会科学版）2011年第6期。

提高，农民收入增加，城乡居民收入差距曾呈现缩小态势，1984 年甚至降到了最低点 1. 8328∶1。[①] 但自 1985 年开始，城乡收入差距呈现扩大态势，如 1985—1994 年，城乡居民可支配收入均呈增长趋势，但城市居民的可支配收入明显快于农村居民可支配收入，城乡居民收入差距呈明显上升趋势；1995—1999 年上升趋势虽略缓平，但仍呈上升趋势；[②] 2000 年以后城乡居民的收入差距也一直呈扩大趋势，差距比一直在 2. 79—3. 08 之间。我国城乡居民收入分配差距悬殊的背后是分配不公的真实体现。这种差距越大，也表明城乡居民收入分配不公的程度越深。我们不仅可以间接通过纵向间城乡居民收入差距比的具体数据与横向间国际范围内城乡居民收入差距比的具体数据来显示分配不公的程度或深度，而且可以直接通过进城务工的农民工与市民工（户籍在城市的工人）的收入差距比较来显示。从这些收入分配差距的具体数据与客观事实中，我们可以发现城乡居民收入分配差距悬殊的背后是分配正义的严重缺失。

（一）纵向间城乡居民收入差距总体偏大，表明分配不公事态严峻

社会财富的公正分配是历代仁人志士梦寐以求的夙愿，也是人类社会发展的理想目标。与社会主义的根本目的——实现共同富裕也是完全吻合的。在社会主义现代化的建设进程中，我国的经济社会发展已取得了辉煌的成绩，但也付出了工农发展失衡、城乡贫富差距拉大的沉重代价。这种客观事实暴露的不仅是单纯的经济问题，而且是事态严重的伦理问题。城乡居民收入差距悬殊的背后就是分配正义的缺失。这种分配正义缺失的程度也可以通过城乡居民收入差距的数据大小来衡量。以我国城乡居民收入差距的具体数据为例，1978 年我国大部分农村开始实施了土地家庭联产承包责任制，这一令人欢欣鼓舞的政策为农户增产增收提供了制度保障与精神动力，与改革开放之前相比，农民收入确实有了很大提高。但与同期的市民收入相比，城乡居民之间的收入差距仍然较大。相关资料显示：1978 年我国农村居民可支配收入为 113. 6 元，城镇居民可支配收入为 323. 4 元，二者绝对差为 209. 8 元，差距比为 2. 57∶1（以农民收入为 1）；到 1994 年，农村居民可支配收入为 1221. 0 元，城镇居民可支配收入为 3496. 2 元，二者绝对差 2275. 2 元，差距比扩大到了 2. 86∶1；1995—1997

① 张克俊：《我国城乡居民收入差距的影响因素分析》，《人口与经济》2005 年第 6 期。

② 江丕寅、余鹏翼：《我国城乡居民收入差异的现状及对策》，《华东经济管理》2002 年第 2 期。

年我国城乡居民收入差距比略呈现下降趋势，数额稍微有所缩小，分别为2.71、2.51和2.47；但1998—2006年城乡居民收入相对差距再度扩大，一直呈上升趋势。我国城乡居民人均收入差距对比如表2－2[①]所示：

表2－2　1978—2013年部分年份我国城乡居民人均收入差距对比　单位：元

年份	农民人均纯收入	城镇居民人均可支配收入	绝对差	城镇/农村
1978	113.6	323.4	209.8	2.57
1992	784.0	2026.6	1242.6	2.58
1993	921.6	2577.4	1655.8	2.80
1994	1221.0	3496.2	2275.2	2.86
1995	1557.3	4262.6	2705.3	2.71
1996	1926.1	4838.9	2912.8	2.51
1997	2090.1	5160.3	3070.2	2.47
1998	2162.0	5425.1	3263.1	2.51
1999	2210.3	5854.0	3643.7	2.65
2000	2253.4	6335	4081.6	2.79
2001	2365.4	6858.6	4493.2	2.90
2002	2475.6	7702.8	5227.2	3.11
2003	2622.2	8472.2	5850.0	3.23
2004	2936.4	9421.6	6485.2	3.21
2005	3254.9	10493	7238.1	3.22
2006	3587	11759	8172	3.28
2007	4140	13786	9646	3.32
2008	4761	15781	11020	3.31
2009	5153	17175	12022	3.33
2010	5919	19109	13190	3.23
2011	6977	21810	14833	3.13
2012	7971	24565	16594	3.08
2013	8896	26955	18059	3.03

① 谭玉清：《我国城乡居民收入差距的现状及对策分析》，《管理科学文摘》2007年第7期。

从表2－2中还可以发现，2002年城乡居民人均收入比已达3.11，2006年为3.28。而据国家统计局公布的数据显示：2007年农村人均纯收入4140元，城镇居民人均可支配收入13786元，二者绝对差为9646元，比值为3.32；2008年农村人均纯收入4761元，城镇居民人均可支配收入15781元，二者绝对差为11020元，比值为3.31；2009年农村人均纯收入5153元，城镇居民人均可支配收入17175元，二者绝对差为12022元，比值为3.33；2010年农村人均纯收入5919元，城镇居民人均可支配收入19109元，二者绝对差为13190元，比值为3.23；2011年全国农村人均纯收入6977元，城镇居民人均可支配收入21810元，二者的差距扩大到了14833元，比例为3.13[①]；2012年农村居民人均纯收入7971元，城镇居民人均可支配收入24565元，二者绝对差为16594元，比值为3.08[②]；2013年农村居民人均纯收入8896元，城镇居民人均可支配收入26955元，二者绝对差为18059元，比值为3.03。[③] 当然，城乡居民收入差距还远不止这些。事实上，新中国成立以来城乡居民在教育、医疗卫生、住房、社会保障、单位福利等方面的各类津贴、补助等收入计算在内，城乡居民收入差距会更大。[④] 此外，在我国的东部、中部与西部的农户家庭之间的收入分配状况也不平衡。相关资料显示："我国东部、中部和西部地带农民家庭财富的差距系数从1984年的1.49∶1.17∶1扩大到1996年的1.92∶1.24∶1"。[⑤] 表2－3[⑥]是关于我国农村居民收入分配差距泰尔指数[⑦]分解结果表，其更能直观地反映1990—2005年我国不同地区间与地区内农村居民收入分配差距状况是总体上均呈扩大趋势。相关资料也证实：自

---

① 中华人民共和国国家统计局：《2011年城乡居民收入增长情况》，中华人民共和国国家统计局网站（http：//www：stats：gov：cn/tjfx/jdfx/t20120120_ 402780174：htm）。

② 孙春祥：《2012年基尼系数为0.474 城镇居民收入差距超4倍》，《北京晨报》2013年1月19日。

③ 王安宁：《国家统计局：2013年城镇居民收入为农村居民3.03倍》，中国新闻网（http：//www：chinanews：com/gn/2014/01－20/5755313：shtml）。

④ 李实：《中国个人收入分配研究回顾与展望》，《经济学季刊》2003年第2期。

⑤ 段庆林：《中国农村分配格局研究》，《中国软科学》1988年第11期。

⑥ 白素霞、蒋同明：《人力资本视角下城乡居民收入差距研究》，《中国统计》2013年第1期。

⑦ 泰尔指数又称泰尔熵标准（Theil' s entropy measure），是作为衡量个人之间或者地区间收入差距（或者称不平等度）的指标，这一指数经常被使用。泰尔熵标准是由泰尔（Theil，1967）利用信息理论中的熵概念来计算收入不平等而得名。

改革开放以来，我国农村内部收入差距变动的总趋势是不断扩大，这一判断也得到了国内外学者的基本认同。[①] 同时，分配决定消费，我国城乡居民收入分配差距拉大，势必影响城乡居民消费能力的差距。正如世界银行的估计值指出：目前，中国城乡消费水平的差距至少是4∶1。也就是说，农村居民的人均消费额只有城市居民的1/4，为全球罕见[②]。这种收入分配方式造成的社会后果是我国城乡、区域发展失衡，工业与农业发展失衡，城乡居民的贫富差距悬殊，并呈恶化态势，农村贫者愈贫现象严重。据相关实证数据显示：从1980—2011年，我国农村贫困人口的绝对收入增长速度缓慢，相对收入也并未随经济发展而得到改善，相反呈现恶化态势。[③] 反映出的社会现实是分配正义的严重缺失，暴露出的是当代中国分配制度的公正德性缺失。因为这种分配方式已背离了分配正义的实质——“社会通过正义的制度和政策来分配收入、机会和资源，以帮助那些迫切需要社会正义来帮助的人”。[④] 毕竟我国城乡发展差距拉大、工农贫富悬殊的结局主要是通过隐性的工农产品价格、城乡土地价格、农民工与市民工工资等价格“剪刀差”制度与显性的城乡二元税费制度——“劫贫济富”来实现的。如相关资料显示：新中国成立60多年来，我国农民仅这三种价格“剪刀差”就为国家贡献了17.3万亿元[⑤]；税费方面，据经济学家计算，2006年农村税费改革之前，中国每一“农业人口”，每年比“非农业人口”至少要额外多付出500元“法律”之外的各种税费。[⑥] 另外，还有通过城乡二元公共品供给制度与社会保障制度——“嫌贫爱富”等分配制度来实现的，这也扭曲了分配正义的应然目的——“提高弱势群体的福利水平，让他们过一种更好的生活”。[⑦] 事实上，长期以来，我

① 李实、赵人伟：《中国居民收入分配再研究》，《经济研究》1999年第4期。

② 江丕寅、余鹏翼：《我国城乡居民收入差异的现状及对策》，《华东经济管理》2002年第2期。

③ 陈宗胜、沈扬扬、周云波：《中国农村贫困状况的绝对与相对变动——兼论相对贫困线的设定》，《管理世界》2013年第1期。

④ 姚大志：《分配正义：从弱势群体的观点看》，《哲学研究》2011年第3期。

⑤ 孔祥智、何安华：《新中国成立60年来农民对国家建设的贡献分析》，《教学与研究》2009年第9期。

⑥ 巩胜利：《中国9亿农民没有“国民待遇”》，法律快车（http：//www：lawtime：cn/info/wto/guomindaiyutiaokuan/20100608994：html）。

⑦ ［德］德里克·帕菲特：《平等与优先主义》，载葛四友《运气均等主义》，江苏人民出版社2006年版，第206页。

国广大农民一直处于社会公共品严重缺乏与社会保障微弱的状态。如相关资料显示："城乡公共资源分配不公，长期向城市倾斜，国有资产带来的收益却几乎为城市阶层所垄断"，"占全国总人口70%的农民几乎完全被排除在国家的社会保障体系之外"。[①] 透过这些具体数据与真实现状，同样可以发现农村分配领域分配公正缺失问题十分严峻，农民长期处于公共福利分配链的最底端，饱受了诸多不公正、不平等的待遇。他们不能平等地参与分配"所有的社会基本善——自由和机会、收入和财富及自尊的基础"[②]，同时这种分配结果也违反了分配正义的"基本经济需求平等原则、按劳动贡献分配的'应得'原则与有利于最少受惠者的'差别原则'"[③] 三项基本原则。因而这些分配制度是不道德的，也是违反社会公平正义的。

表2-3　1990—2005年部分年份农民收入分配差距泰尔指数分解结果

项目年份	总体收入分配差距	地区间收入差距	地区内收入差距	其中		
				东部地区	中部地区	西部地区
1990	0.1554	0.0188	0.1365	0.0636	0.0423	0.0307
1995	0.2000	0.0419	0.1581	0.0709	0.0446	0.0425
2000	0.2212	0.0339	0.1873	0.0805	0.0556	0.0512
2004	0.2345	0.0328	0.2017	0.0894	0.0619	0.0502
2005	0.2348	0.0341	0.2006	0.0870	0.0622	0.0515

表2-4　1990—2005年部分年份农民收入分配差距对总体差距的贡献率

项目年份	总体收入分配差距	地区间收入差距	地区内收入差距	其中		
				东部地区	中部地区	西部地区
1990年	100.00	12.1	87.9	40.9	27.2	19.7
1995年	100.00	21.0	79.0	35.5	22.3	21.2
2000年	100.00	15.3	84.7	36.4	25.1	23.1
2004年	100.00	14.0	86.0	38.1	26.4	21.4
2005年	100.00	14.5	85.5	37.0	26.5	22.0

① 李伟、刘如君：《中国走向——中华民族伟大复兴的难题和抉择》，中华工商联合出版社2008年版，第220页。

② ［美］约翰·罗尔斯：《正义论》，何怀宏等译，中国社会科学出版社1988年版，第292页。

③ 毛勒堂、张健：《分配正义：经济哲学的检审》，《吉首大学学报》（社会科学版）2011年第6期。

（二）横向间我国城乡居民收入差距高于他国，也显示分配不公问题严重

就国际范围内城乡居民收入差距比较而言，我国城乡居民收入差距悬殊问题也是非常严峻的。据相关资料证实：早在 2005 年，国际劳工组织的调查数据就显示，世界上绝大多数国家的城乡人均收入比都小于 1.6，仅有三个国家超过了 2，其中就包括中国，而美、英等西方发达国家的城乡居民收入差距一般都在 1.5 左右。[①] 如果把我国城乡居民间隐性的公费医疗、住房补贴、交通补贴、误餐补贴、教育培训、社会保障、单位福利等方面的各类补助、津贴差距等都计算在内的话，我国城乡居民间的收入差距还会更大，世界银行（1998）在一份报告中明确指出我国城乡居民之间的这部分福利差距可以达到我国城市居民可支配收入的 3/4 左右。如按世界银行的这个估计值来计算，我国城镇居民的可支配收入与农村居民纯收入比值会接近 6。这种收入差距，按国际标准来衡量不仅是巨大的，而且是全球少见的。世界银行（1998）的研究还发现："36 个国家的数据表明，城乡居民之间收入比率超过 2 的极为罕见；在绝大多数国家，农村收入为城市收入的 2/3 或更多一些。"[②] 而我国城乡居民收入差距早已远超这一国际警戒线，足以说明问题的严重性。从经济学的视阈来分析，基尼系数（Gini coefficient）是经济学中测量收入分配差距的主要指标之一，也是国际上常用的衡量一个国家贫富差距的重要指标，联合国有关组织规定：基尼系数若低于 0.2 表示收入绝对平均；0.2—0.3 表示比较平均；0.3—0.4 表示相对合理；0.4—0.5 表示收入差距较大；0.6 以上表示收入差距悬殊。而据相关资料显示：我国的基尼系数在改革开放前为 0.16，改革开放后基本上是持续走高，2004 年已达 0.465，2005 年为 0.47，2008 年升至 0.491，2012 年有所回落，但仍高达 0.474。[③] 事实上，城乡居民收入分配之间、不同地区农村居民收入分配之间、农村居民内部收入分配之间的三种差距过大，表明分配不公事态严重，势必造成城乡之间、不同地区农村之间发展不平衡、贫富差距拉大，这不仅仅是个单纯的经济问题，而且是个复杂的伦理问题。从经济学视阈来看，城乡居民收入

---

① 何欣：《国家统计局数据显示我国城乡收入差距正在缩小》，人民网（http：//finance：people：com：cn/h/2011/1020/c227865－1012945500：html）。

② 李成贵：《国家、利益集团与"三农"困境》，《经济社会体制比较》2004 年第 5 期。

③ 韩俊：《中国"三农"100 题》，人民出版社 2004 年版，第 13 页。

分配差距拉大，势必造成社会有效需求不足，广大农民购买能力低下，社会产品消费能力消退，经济增长受到制约，进而阻碍国民经济的持续、有序、健康发展。如2008年全球性金融危机爆发后，世界经济严重受挫，中国经济也面临严峻挑战，出口受阻，国内消费需求不足，经济增长明显放缓。从伦理学的视阈来看，城乡居民收入分配差距拉大，势必造成社会财富分布失衡，贫富差距两极分化，仇富、怨富心理加剧，社会矛盾日趋尖锐，社会不稳定因素增多，对当前统筹城乡发展，建设社会主义新农村、消除两极分化、实现共同富裕、构建和谐社会、促进农村全面小康、实现中国梦等均不利，如果任凭这种差距发展下去，必然为我国政局稳定、社会发展留下严重隐患。

二 农民工劳动力价格扭曲

农民工是指工作、生活在城镇，而户口在农村的务工者。农民工是中国社会转型时期的产物，是农村剩余劳动力转移的主要形式，广义的农民工包括离乡不离土与离乡又离土两部分，狭义的农民工仅指离乡又离土的外出农民工，也是我们通常所说的农民工。本书所论述的农民工是指狭义的农民工。据相关资料显示，截至2012年，我国农民工数量已高达26261万，其中外出农民工16336万人①，这是个庞大的群体，社会的关注度极高。按户籍来划分，他们仍是农民，与农村有着千丝万缕的联系。但按生活地域与收入来源来划分，他们已是我国产业工人的一部分，中华全国总工会对此已作出了明确的定性。他们对中国经济社会的发展，特别是对城市发展做出了巨大贡献，但他们的劳动力价格却在收入分配中难以实现与市民工同等待遇。如相关资料显示："据统计，按同等岗位、同样劳动生产率，农民工工资平均比城市正式工低32%，仅此项，全国近亿农民工每年就使企业增加利润7046亿元。"② 农民工背井离乡来到城市工作，从事的基本上是脏活、累活、险活、苦活、重活，但得到的工资报酬总体上是收入低、工作稳定性与福利待遇差、社会保障与公共服务弱，甚至缺失。这与他们付出的劳动力价值极不相称，也违背了马克思的工资构成理论。因为马克思认为工资是劳动力价值或价格的表现形式，是由维持劳动者自身生存所必需的生活资料的价值、维持劳动者家属生存所必需的

---

① 聂丛笑：《统计局：2012年全国农民工总量达26261万人》，人民网（http：//finance：people：com：cn/n/2013/0527/c1004－21624982：html）。

② 张鉴君等：《当前农民工劳动力价格问题研究分析》，《金融与经济》2006年第1期。

生活资料的价值及劳动者受教育和训练的费用三部分构成，而目前我国农民工所得的低廉工资只是其劳动力价格的一小部分，其他两部分基本缺失。如农民工的雇主或单位几乎没有或很少支付他们接受教育与培训的费用。相关资料证实：维持农民工家属生存所必需的生活资料的价值不完全列入进城农民工工资。[①] 这就扭曲了农民工劳动力的价格，这种劳动力价格扭曲的程度同样可以通过一些具体的经济数据与翔实事例来显示。具体表现在农民工收入分配总体偏低，增长缓慢；收入增长幅度与 GDP 及城镇职工收入增长幅度相去甚远；工作环境差，社会保障与公共服务弱，甚至缺失等方面，这些问题凸显的伦理问题仍然是农民工与市民工之间同工不同酬的收入分配不公，对我国现阶段的分配制度也是一个严峻的伦理拷问。

（一）农民工收入总体偏低、增长缓慢

随着农村剩余劳动力的逐年增多，而当地乡镇企业的接纳能力又有限。因此，外出务工成为农村剩余劳动力转移的主要形式，农民工背井离乡来到城市后，他们吃苦耐劳，起早贪黑地工作，为城市发展作出了巨大的贡献，但他们的收入却非常低下，以 2001 年以前外出农民工收入为例，有学者的调查数据显示农民工月工资较低，主要集中在 500—800 元，其中月收入在 300 元以下的占 3.58%，300—500 元的占 29.26%，500—800 元的占 39.26%，800 元以上的占 27.9%，详情如表 2－5[②] 所示。

2005 年，广东省总工会的调查数据也显示：珠江三角洲 76.3% 的进城务工人员月工资水平处于 1000 元以下，1001—1500 元的占 17.5%，501—1000 元的占 63.2%，500 元以下的占 13.2%，而且 2004 年广东外来工月工资收入仅为全省在岗职工的月工资收入（1675 元）的 54.9%，即 919.57 元，而当时珠江三角洲进城务工人员的生活成本已达每月 500 元左右。据此不难发现，外来农民工中 13.2% 是入不敷出、63.2% 是纯收入不足 500 元。而且在如此低的收入中，52.4% 的外来农民工还是通过超过法定劳动时间 8 小时得来的。[③] 相关资料也显示：2001—2005 年间，农

---

① 杨思远：《中国农民工的政治经济学考察》，中国经济出版社 2005 年版，第 489 页。

② 韩长赋：《中国农民工的发展与终结》，中国人民大学出版社 2007 年版，第 54 页。

③ 孙朝方等：《珠三角农民工月工资 12 年只提 68 元　徘徊贫困边缘》，中国新闻网（http：//www：chinanews：com/news/2005/2005－01－21/26/531466：shtml）。

表 2－5　　2001 年以前部分农民工每月收入状况

每月收入	频数（人）	有效百分比（%）
300 元以下	29	3.58
300—500 元	237	29.26
500—800 元	318	39.26
800 元以上	226	27.90
未填或无效	0	0

民工的年平均工资从 5502 元增至 6577 元，仅增长了 19.5%，远低于城镇职工的 69.3%；年平均增长率仅为 6.3%，比城镇职工低了 13.2 个百分点。[①] 从农民工收入总体偏低、增长缓慢的具体数据及其与城镇职工的相应比较差距中，不难发现农民工劳动力价格扭曲的事态严重。

从改革开放以来全国农民工的收入变迁来看，相关资料显示：自 1978 年以来，农民工的收入无明显变化，而城市职工的年均收入从当初的 600 多元上升至 2011 年的 3.6 万多元；月均工资以 2011 年为例，该年农民工的月平均工资仅为 2049 元，且平均每天得工作 8.8 小时，而同期城镇在岗职工月平均工资却高达 3538 元，比农民工多了 1489 元。如果加上实际情况中农民工劳动的时间长、条件差、强度大、补贴低、危险系数高等现实因素，农民工的工资水平与城镇职工相比，收入差距会更悬殊。据此，有专家认为农民工收入仅为城镇职工的 30%。[②]

从这些数据中的分析与比较中不难发现，无论是区域内还是整个全国范围内，农民工的收入水平总体是偏低的，增长也是缓慢的。这种低收入的状况反映出农民工的劳动报酬没有得到应然的分配，劳动价值没有充分实现，劳动力的价格长期远远地偏离其价值，这就违背了价值规律，扭曲了农民工劳动力的价格。这种状况势必影响广大农民工的生存与发展，挫伤他们工作的积极性、主动性和创造性，对企业的长期发展也非常不利，同时也从侧面反映出农民工用工企业或雇主的社会责任感缺失与国家收入分配体制的公正缺失。

（二）农民工收入增长幅度与 GDP 及城镇职工收入增长幅度相去甚远

从 20 世纪 80 年代中国出现的“民工潮”到现在珠三角、长三角等

① 李蓉、杜琳：《论农民工的收入分配问题》，《宜春学院学报》2010 年第 3 期。

② 李小玉：《当前我国农民工收入现状及提升路径》，《企业经济》2012 年第 12 期。

多地出现的"用工荒"现象，在一定程度上可以反映农民工对工资收入的合理诉求。事实表明，当代中国的农民是理性的，20 世纪 80 年代的中国农民已开始摆脱土地的严重束缚，随着国家政策的放开，他们发现到外地务工的收入远远超过在家务农的收入时，多数农民克服了种种困难，毅然选择了外出务工，于是出现了"民工潮"现象。他们到了城市后，从事的基本上是重活、脏活、苦活、累活、险活，为城市发展做出了巨大的贡献，这是有目共睹的。但因身份不好，没有城市户籍无法享受市民的各种待遇，更无法与市民获得同工同酬的收入及城市的公共福利与服务。尤其是我国自改革开放后，经济社会已获得了长足的发展，人们的生活水平与物价均成几何级数增长了，而农民工的收入增长却非常缓慢，与其为城市经济社会发展所做出的贡献也不相吻合。所以，随着当本地经济也有发展和国家的惠农富农政策到位，而外出打工的收入增长缓慢，甚至与当地相差不大的情况下，他们就不愿再背井离乡到外地去打工，于是就出现了沿海地区"用工荒"现象。从某种程度而言，这也是农民工诉求收入分配相应增长的一种表达形式。从我国 GDP 的增长幅度与农民工收入增长幅度的比较来看，我国农民工收入的增长幅度远远滞后于 GDP 的增长幅度，据相关资料显示：我国的 GDP 从 1978 年的 3645 亿元上升到 2011 年的 472881 亿元，增长 129 倍，而农民工工资增幅仅为 48%。[①] 这不仅违背了发展伦理的道义原则，也与党中央提出的"让人们共享发展的成果"原则不相吻合。如把农民工收入的增长值与城镇职工收入增长值作一比较，就不难发现，农民工收入增长值与城镇职工收入增长值也是差距很大。相关资料可以佐证：2001—2005 年，我国城镇职工年均工资以 14% 左右的速度上升，而同期农民工平均工资年均增长率仅为 6% 左右；2006 年全国城镇职工平均工资为 21001 元，实际增长 12. 7%，而外出务工农民年平均收入为 11352 元，同比增长 9. 9%。[②]。虽然二者均有增长，但农民工收入增长的幅度始终低于城镇职工的增长幅度。再以中国经济强省广东为例，2004 年该省暂住人口数额占全国暂住人口的 1/3，据专家估算，外来工对广东 GDP 增长的贡献率为 25%，但当年广东外来工月工资收入

① 李小玉：《当前我国农民工收入现状及提升路径》，《企业经济》2012 年第 12 期。

② 中国国民党革命委员会中央委员会：《关于改革收入分配制度、提高农民工收入的建议》，中国国民党革命委员会中央委员会网（http：//www：minge：gov：cn/txt/2010 - 03/04/content_ 3403593：htm）。

仅为全省在岗职工的月工资收入（1675 元）的 54.9%。而按国际通行惯例，最低工资标准应为上年度社会平均工资的 40%—60%，我国劳动部门已出台的政策也是这样规定的，但当时珠江三角洲有的城市却按上年度社会平均工资的 20%—30% 为外来农民工支付工资。2005 年广东省总工会的相关调查数据也显示：珠三角地区农民工月工资 12 年来只提高了 68 元。[①] 这不仅是对国际惯例与我国劳动部门的相关规定的蔑视，也是对外来农民工劳动报酬的无情剥削，使得农民工收入难以保证正常生活需要与家庭开支，也会影响企业的生产效率，甚至是危及企业的正常运转，不少沿海企业出现“用工荒”事例就是一个明证。同时，外来农民工工资过低还会加剧社会的贫富两极分化，进一步扩大城乡差距，有些农民工因为收入低甚至难以维持生存被迫去违法犯罪的也不少，这不仅破坏了城市的社会治安，也给社会和谐稳定留下隐患。

（三）农民工工作环境差，收入稳定性与社会保障弱

由于大部分农民工的教育科技文化水平低，且接受过专门的技能技术培训的很少。因此，他们从事的工作一般技术含量低，教育文化水平要求不高，加上农村剩余劳动力、高校毕业生、城镇待业人员等就业群体的人数逐年增多及国内外经济不景气等多重因素影响，农民工的求职之路一般都很坎坷，即使是收入不高的工作竞争也激烈，他们的工作一般也很不稳定，随时可能被老板“炒鱿鱼”。即使是找到了工作，除了工资偏低外，其工作环境、福利待遇、生活质量一般都较差，市民享有的教育、医疗等社会公共品也基本缺失。据 2006 年 10 月国家统计局发布的城市农民工生活质量状况专项调查显示：进城就业的农民工工资收入比较低，生活质量比较差，居住、医疗条件得不到保障，休闲方式比较单调，子女教育问题比较突出。[②] 还有部分雇主职业道德缺失，随意延长劳动时间，变相剥削农民工现象时有发生。据国家统计局发布的《2009 年农民工监测调查报告》显示：以受雇形式从业的农民工平均每个月工作 26 天，每周工作 58.4 小时。其中，每周工作时间多于《劳动法》规定的 44 小时的占 89.8%。[③] 有学者的相关调查数据显示：农民工劳动时间在 8—9 小时的

---

① 孙朝方等：《珠三角农民工月工资 12 年只提 68 元　徘徊贫困边缘》，中国新闻网（http：//www：chinanews：com/news/2005/2005 - 01 - 21/26/531466：shtml）。

② 童大焕：《中国城乡差距的真实面目》，《东方早报》2008 年 9 月 1 日。

③ 李静睿：《劳动报酬占 GDP 比例连降 22 年》，《新京报》2010 年 5 月 12 日。

占 40. 25%，在 9—10 小时的占 23. 46%，在 10 小时以上的占 22. 47%，没有假期的农民工占 68. 27%。[①] 这种高负荷的劳动强度不仅严重损害农民工的身心健康，易引发工伤事故和职业病，对企业的安全生产也是极大隐患，而且由于农民工就业存在的不稳定性及与雇主的不对称性，使得他们常处于弱势地位。因此，农民工工资被克扣、拖欠的事例也是时有发生，有些农民工辛辛苦苦干了半年、一年甚至几年，到头来连微薄的工资拿不到的事例也不少。据相关数据显示：农民工工资有时延期发的占 35. 68%、经常延期发的占 15. 68%，无法领取的占 0. 37%；其中，被拖欠的工资中无法追回的占 30. 25%、能全部追回的占 16. 91%、能追回大部分的占 24. 84%、能追回小部分的占 25. 06%[②]；还有相关调查资料显示：有 54% 的农民反映"打工收入不能及时足额兑现，收入没保障"。[③] 这种工作环境也迫使部分农民工频频地换工作、找工作，辗转各地，劳苦奔波、劳民伤财，农民工无暇钻研业务或获得培训的机会，甚至无法维持简单再生产，对企业伦理文化建设也是一种伤害。截至 2012 年，国家统计局公布的数据也显示：外出农民工与雇主或单位签订劳动合同的仅占 43. 9%，雇主或单位为农民工缴纳了养老保险、工伤保险、医疗保险、失业保险与生育保险的比例分别为 14. 3%、24%、16. 9%、8. 4% 和 6. 1%，农民工社保参保水平也较低，四成外出农民工的雇主或单位既不为他们提供住宿，也不发住房补贴。[④] 这些数据均充分显示了农民工工作不稳定、社会保障与公共服务弱的现状。反映的社会现实仍是市民工与农民工之间收入不公。

当然，农村分配活动中的伦理问题还有农村集体资产的分配不公、农村金融投资分配不足等现实问题。由于农村的宗族势力观念浓厚与民主意识淡薄，农村集体资产分配过程中也存在人强为势，村干部无端霸占或多分多得集体资产的现象；而且由于城乡二元经济结构的长期存在，国家金融机构的信贷发放也是"城市偏好"倾向严重，城乡二元金融投资体系下，国家金融机构的信贷资金绝大部分流向了城市，为城市经济发展提供

---

① 韩长赋：《中国农民工的发展与终结》，中国人民大学出版社 2007 年版，第 56 页。

② 同上书，第 57 页。

③ 童石荣：《欠发达地区农村剩余劳动力转移问题系统性分析》，《商场现代化》2007 年第 36 期。

④ 聂丛笑：《统计局：2012 年全国农民工总量达 26261 万人》，人民网（http//finance：people：com：cn/n/2013/0527/c1004 - 21624982：html）。

源源不断的资金，而迫切需要资金扶助的农业生产与乡镇企业却常常得不到有效的信贷资金，促使很多农业生产或乡镇企业的生产因缺乏资金而无法启动或难以发展，进而制约着农业、农村经济的发展与农民致富。相关资料也显示："农业贷款仅占全国贷款余额的5%左右，乡镇企业贷款占全国贷款余额的6%左右，而这总共不足11%的贷款创造了超过40%的社会财富。即使是以农业命名的中国农业银行，其全部贷款也只有10%投向了农村"；[①] 还有相关数据显示："全国2.4亿个农民家庭中，只有15%左右的农民从正规的金融机构获得过贷款，85%左右的农民要获得资金只能自行解决"[②]；而且，就在农民得不到有效的信贷资金扶持、难以自拔的情况下，1998年国家还开始全面清理整治农村金融市场，国有四大商业银行更是收缩农村信贷业务，有的只催缴贷款不发放贷款。农村信用社（现改为农商银行）则通过缴纳存款准备金、购买国债、转存中央银行等途径以及部分富裕农民把钱存入其他银行供"非农信贷"，支持非农发展，把农村有限的资金也源源不断流向非农产业。有数据显示：每年从农村流出的资金规模高达6000亿元以上，平均每个县在3亿元左右。[③] 这对原本就捉襟见肘、资金严重缺乏的农业、农村发展来说无疑更是雪上加霜。使农业、农村发展失去有效的信贷资金，失去很多发展的机会。同时，在农村、农业经济发展难以获得正规金融机构的信贷资金的前提下，有的地方农村金融市场还出现"黑市"、"高利贷"、"地下钱庄"等民间信贷活动。由于相关法律法规不健全，也导致了一些坑蒙拐骗、投机钻营等不法行为滋生蔓延，不仅扰乱了农村正常的金融秩序，而且破坏了农村和谐与稳定。

第四节　农村消费伦理问题

农村消费是农村经济活动的四大环节之一，是农村生产的主要目的，并直接影响和制约着农村生产。毕竟消费使生产出来的产品最终完成自己

---

① 周欣宇：《农业贷款仅占全国余额5%　"高利贷"约1.4万亿》，新浪网（http：//finance：sina：com：cn/g/20031113/0800516591：shtml）。

② 杨劲：《我国农民收入分配不公的成因及对策》，《南方农村》2008年第3期。

③ 张俊才：《千亿农村资金悄然进城》，《国际金融报》2004年6月14日。

的使命，也使生产的目的最终得以实现。正如马克思所指出："没有生产，就没有消费；但是，没有消费，也就没有生产，因为如果这样，生产就没有目的。"① 从理论上来说，农村消费一般可分为生产型消费与生活型消费，但无论是生产型消费还是生活型消费，在我国农村都非常重要。由于我国现在还是个农业大国，农业生产是国民经济的基础，农村人口还占据了全国总人口的半数以上，虽然近年来我国工业化、城镇化发展迅猛，农民市民化发展较快。但据全国第六次人口普查结果显示，我国居住在农村的人口仍有 67415 万人，仍占了全国总人口的 50.32%。② 这仍是一个庞大的数据，是拉动我国经济发展潜在的巨大消费市场，在我国居民总体消费中具有重要地位。改革开放以来，在党的正确领导与指引下，我国农村经济社会快速发展，农村面貌确实发生了翻天覆地的变化，农民收入增长较快、生活水平与生活质量也有了显著提高。但由于种种原因，农民平时过度节俭与即时不当奢靡、农村消费能力不足与恶性消费膨胀等诸多现实问题依然存在。一方面，部分农民的消费观念滞后，平时节衣缩食，过度节俭，节庆日、红白喜事时却集中奢靡消费，大吃大喝、大宗消费几乎全集中在几个日期。多数农民是一辈子节俭，只为几个重要的日期（节庆日、红白喜事日）或几件大事（娶亲、建房、丧葬）集中消费，很少考虑为提高自身素质的教育、培训支出等发展型消费与旅游、健身等娱乐型消费，这些消费理念与行为均跟不上当前经济社会发展的时代步伐，也违反了消费的应然本质。殊不知"把消费限定在过于狭窄的范围，就使一个人得不到他的资产所允许的满足；相反，过多的豪爽消费，则会侵蚀到不应该滥用的财富"③，毕竟"俭则伤事，侈则伤货"。④ 而且这些消费行为也违反了消费伦理的发展优先原则与适度原则。另一方面，部分农民为了顾及面子或炫富目的，不惜讲排场、摆阔绰、追时尚而奢靡消费，或沉迷于封建迷信、赌博、吸毒等祸害型恶性消费中不能自拔，这不仅违反了适度、文明、低碳等消费伦理原则，而且有悖于中国传统社会的黜奢尚俭、合"礼"符"义"、适度永续等消费伦理规范，有些已突破了道德

① 《马克思恩格斯选集》（第三卷），人民出版社 1995 年版，第 94 页。

② 马建堂：《第六次全国人口普查主要数据发布》，中央政府门户网（http://www:gov:cn/gzdt/2011－04/28/content_ 1854048：htm）。

③ ［法］萨伊：《政治经济学概论》，陈福生、陈振骅译，商务印书馆 1963 年版，第 507 页。

④ 《管子·乘马》。

底线，触犯了社会主义法律规范。可见，农民平时过度节俭与即时不当奢靡、农村消费能力不足与恶性消费膨胀等这些消费行为均违反了消费的应然要求与本质，属于畸形的消费行为，因而是不道德的。而且这些畸形消费行为在农村呈愈演愈烈的发展态势，表明我国农村消费领域的畸形消费问题十分严峻。这些问题均在一定程度上影响与制约着当代中国农村经济社会的良性发展，某种程度上也束缚了农民自身的全面发展。

一　平时过度节俭与即时不当奢靡

中华民族素有勤俭节约的优良传统，勤俭持家、克奢尚俭、攒钱备用历来被奉为美德，在农村的影响更是根深蒂固，也成为农民习以为常的消费心理。因此，大多数农民都精打细算，花钱非常慎重，购置日常用品多以经久耐用、价格实惠为基准，习惯于积攒钱财防备大项开支，这些消费习俗虽然值得提倡。但有些农民刻意省吃俭用，习惯于积钱、存钱，有时甚至生病也忍着，不愿上医院花钱看病吃药，常常酿成小病不愿花钱治，酿成大病、重病花大钱也难以治愈的事实，既耽误了治病时间，又花掉了更多的钱，还拖垮了身体甚至断送生命。像这种平时过于节俭的消费观念则明显滞后，甚至与吝啬无异，既造成了农村消费需求不足，又妨碍了农村生产的良性循环；既苦了自己的正常生活，又违背了人性的正常生理需求。还有不少农民恪守着平时节衣省食，有新衣服要留着出门穿或逢年过节穿的生活模式，平日里哪位农民穿了新衣服，旁人难免猜测要出门或家中有喜事；有点好吃的要留着客人来或节庆日，平日里农民总习惯于萝卜、白菜，粗茶淡饭，一旦哪家杀鸡宰羊、打酒买肉的，旁人也总不免猜测有客人来或有喜事。而一到逢年过节，很多农民总是一改平时的节俭作风，把平日里积攒的钱物一下子派上用场，添置新衣物、杀鸡宰羊、狂买物品，尽情吃喝。特别是近年来随着农民收入不断提高，这种节庆日集中、过度消费，甚至是奢侈消费等现象愈演愈烈。笔者在部分农村访谈问及此事时，多数农民也大都如此回答："我们一年到头图个啥？还不就是逢年过节要吃好穿好，过个好年爽节，难得的几天欢庆！"加上近年来大多数农民外出打工，节庆日多是家人团聚的日子，大吃大喝也就顺理成章了，有的甚至节庆日需准备很长时间，大操大办，疯狂购物，讲阔气，摆排场，非常隆重。还有农村的除夕之夜，仍保留着要剩余大量的饭菜过夜的习俗，只为图个"年年有余"的吉利，这与传统的节俭美德与现阶段的"光盘行动"皆是格格不入的。如此看来，不难发现很多农民的消费行为是平时节俭过度，而逢年过节，红白喜事时则集中消费、奢靡过度。相关统计数据也显示：农民在春节、端午节、中秋节等传统节日的消费支出一般要占全年总收入的8%①，殊不知平时消费过于节俭甚至节欲，节庆日消费过于铺张甚至奢侈，既不利于身体对食物营养的持续需要与吸收，妨碍人体健康，又不利于家庭收入积累，造成辛苦钱甚至是血汗钱白白浪费。加上长期以来农村经济发展滞后、农业收入低下且不稳定，也造成了农民封闭保守的消费心理。结合农村的实际情况，农村消费领域存在平时过度节俭与即时不当奢靡伦理问题在村民的重大消费、愚昧型消费与“人情”消费等方面均有所表现。

（一）重大消费上基本是平时节俭过度与即时不当奢靡

在重大消费上，多数农民仍然延续着“娶妻、生娃、建房”的传统消费模式。因此，农民的消费行为非常谨慎，“理性小农”气息非常明显，零钱积攒成整数，日积月累，有钱也不愿消费，甚至不敢消费，以备办“大事”整用，于是集中有限钱财办“大事”也是农民的普遍消费心理。一些村民旧衣服舍不得扔，新衣服舍不得穿；剩饭剩菜隔餐、隔天加热照样吃，偶尔买点水果、零食存放很长时间也舍不得吃，直到变质、腐烂还舍不得扔掉；甚至是电灯舍不得开，洗衣机舍不得用，电视舍不得看，这些都是过分节俭惹的“祸”。毕竟多数农户的收入不高，建房、“红白”喜事、子女上学、防病等大笔开支是一般农户难以短期凑齐的，他们也不像工薪阶层到月有工资领。所以他们只能靠平时省吃俭用，积少成多，以备大宗事件即时集中消费。如很多农村的男性村民一生的娶妻子、生养孩子、建房子三件大事，都是他们人生的头等消费开支，需要花费多数村民一生的积蓄，甚至不少村民一辈子省吃俭用、劳劳碌碌就为这三大开支而活。在这种消费理念与现实状况支配下，寅吃卯粮的信用卡消费在农村也就自然没有市场，这些陈规陋习的消费观念与求稳怕险的消费心理仍然制约着很多农民的消费行为，使农村的消费项目不多，消费层次不高，消费需求不旺，难以适应现代经济有效运行的需要，对农村经济社会发展乃至整体的经济社会发展也非常不利。但是，对于娶亲、建房、生养孩子等这些村民视为人生的头等消费开支，绝大多数农民是非常“慷慨”的，因为在他们看来，婚葬嫁娶等大事就应该奢侈点，大事大办属

① 谢丽华：《农村伦理的理论与现实》，中国农业出版社2010年版，第167页。

于正常消费，否则就会被人看不起。[①] 并且随着农民生活水平的日益提高，农村这类消费开支也越涨越高。20 世纪初农村结婚彩礼兴办自行车、缝纫机、收音机、手表四大件，80 年代兴办电视、冰箱、洗衣机与电风扇四大件，90 年代兴办冰箱、彩电、空调、电脑四大件，21 世纪初开始兴房子、车子、票子、保险四大件。随着岁月翻滚，农村彩礼的数额、酒席的规模与档次也越来越高。有学者做过专题计算，指出：农村家庭的一次结婚费用大致相当于这个家庭年收入的 10 倍。[②] 2006 年 2 月《江西日报》也报道了多起农村家庭“一人娶妻全家还债”[③] 的实况。笔者在农村也亲眼见证，农村“红白”喜事的规模越来越大，酒席的档次、酒菜的质量也越来越高。农村的新房子也越来越多、越建越高。还有不少农民为了多生孩子，不惜东躲西藏，宁愿省吃俭用积攒或借债几万元缴纳“计划生育罚款”，也要把男孩生下来才肯罢休，许多村民就为了短暂的风光、面子或求多子多福，不惜东挪西借奢靡消费或缴纳“计划生育罚款”，以至于以后全家长时间的节衣俭食，举债度日，这样的消费也就违背了消费的本质，消费不是用来享受生活与促进生产，而是“异化”成了长期折磨自己的沉重经济枷锁。

（二）一些愚昧型消费上也属于平时节俭过度与即时不当奢靡

不少村民特别是农村的老太婆普遍具有封建迷信思想，平时省吃俭用，恨不得把每分钱掰开来使用，但对封建迷信活动则毫不吝啬，出手阔绰。每月初一、十五和逢年过节都要烧香、点纸、放鞭炮祭祀祖宗与菩萨；有的农民还热衷于四处烧香拜佛，捐钱于寺庙求菩萨保佑，甚至有病不上医院却花钱去请“巫婆”、“神汉”、“法师”驱魔免灾；花钱算命看相、婚姻对生辰八字、看风水；集资修造庙宇形势严峻。如在西北某些贫困农村，最好的房子既非工厂，也非学校，而是庙堂。西北某村有约 1000 家农户，村民平时均省吃俭用，但捐资建庙堂却毫不吝啬，几天内能捐集资金 15 万元，共修建了 8 间庙宇，平均每个农户分摊了 150 元；[④]

---

① 符晓波等：《西北农村道德观察书》，人民出版社 2012 年版，第 79 页。

② 秦海霞：《中国人结婚花销调查：80% 费用用于购房》，深圳新闻网（http：//www：sznews：com/news/content/2007－05/14/content_ 1121116：htm）。

③ 陈景略、丁洪海：《婚庆铺张折射农村畸形消费》，《江西日报》2006 年 2 月 22 日。

④ 雷鑫、潘益云：《走出误区　奔向小康——当前农村不良消费问题浅谈》，《消费经济》1994 年第 4 期。

还有农村的一些封建迷信活动也是即时集中大量消费（燃烧冥币）。如常规的清明节、冬至日与人死后的安葬期间均是即时燃烧大量冥币，而且冥币的类型也“与时俱进”了，花样也越来越多，现在又增加了大量燃烧锡箔冥币，很多现实生活中的诸多高档用品，也大量被模拟仿制成纸质版、塑料版供阴间鬼神使用。如祭祀用品也由燃烧一般的火纸发展到烧锡箔的纸冰箱、纸金元宝、纸金项链、纸金手镯、纸别墅、纸彩电、纸电脑、纸汽车、纸飞机、纸轮船等。据中国消费者协会统计，我国每年在清明节期间用于祭祀焚烧的纸张达千吨以上。2011 年清明节当天，全国“白色消费”高达 100 多亿元[①]，而此类消费的地点基本上在农村。这些愚昧型消费不但浪费了大量的钱财与时间，而且起不到丝毫效果，既不低碳，又不环保；既浪费了资源，又破坏了生态平衡，还麻痹了人们的思想，有的甚至会给他人与社会带来严重的伤害或损失。每年因燃烧香纸引起的火灾与人员伤亡事故也不少。正如法国经济学家萨伊所言：这类消费是“违反道德规律的消费”，因为它“往往造成公众或个人的灾难”。[②]其次是炫耀、攀比型消费。很多农民都看重“面子”，认为“人活一张脸，树活一张皮”，喜好炫耀自己的身份、地位或财力。比如把自家房子建得更高、娶媳妇拿出更多彩礼、嫁女儿置更多的嫁妆、宴席标准比别人高，甚至花巨资去修建坟墓，把坟墓装修得如宫殿一般，比坟墓的气派，炫耀其后代人丁兴旺、财力粗大；而有些农民也不甘示弱，喜好攀比，在原有基础上再攀升，助长攀比之风，有的虽然财力有限，明知自己与他人的收入相差悬殊，但为了“面子”也会自觉地“打肿脸来充胖子”，即使是借债也会盲目跟从，不愿掉队，为图一时的“面子”不惜以后举债度日。相关资料显示：“打肿脸充胖子”的攀比消费往往是农民自觉的消费选择。[③] 这类消费不仅透支了自己的消费能力与可持续发展的成本，也违反了消费伦理的适度原则，助长了不良消费习气，使部分农民成为消费的“奴隶”。因为他们为了这短暂的“炫耀、攀比”消费得付出很长时间，

---

① 田璐、张桂豪：《清明节全国烧纸烧香消耗百亿　青岛人祭祀一般花费百元左右》，《青岛晚报》2011 年 3 月 29 日。

② ［法］萨伊：《政治经济学概论》，陈福生、陈振骅译，商务印书馆 1963 年版，第 452—453 页。

③ 朱梅、汤庆熹、裴爱红：《农村居民不良消费行为的文化动因及对策研究》，《湖南农业大学学报》（社会科学版）2007 年第 12 期。

甚至很苦的劳动。消费本是为了享受生活，而此类消费则是在折磨生活。正如有的学者所说："这种炫耀型的消费方式，必使人们成为眼花缭乱消费品的奴隶，把人们引向畸形发展的陷阱。"①

（三）一些人情消费也显示出平时节俭过度与即时不当奢靡迹象

农村的"人情"消费也存在平时过度节俭与即时不当奢靡的迹象。不少村民平时十分注重节俭，买东西一般会讨价还价、锱铢必较，与亲朋好友、邻居间的经济往来也是斤斤计较、分文必争，"亲兄弟、明算账"的小家子气十足，有时为了一点蝇头小利会争得面红耳赤，甚至大打出手。但一旦遇上红白喜事，则会一反常态，送礼时出手阔绰，甚至囊中羞涩时也会顾及面子、不甘示弱，去借债送礼。当然，这类消费主要是围绕亲缘、血缘、人缘、地缘等关系发生在农民"礼尚往来"之间的礼节性消费。但是，把"人情"消费完全纳入不当奢靡消费也有失公允。毕竟中国是个礼仪之邦，礼尚往来乃人之常情，它对凝聚亲情、友情，促进人际和谐、消解亲情、友情间的矛盾还是有一定的积极作用。一些平时积累的矛盾在礼尚往来后消解的事例也很多。但随着近年来农民生活水平的逐年提高，农村宴席祝贺的项目也越来越多。像小孩出生后满月办酒席、满"十岁"办酒席、婚嫁办酒席、小孩升学办酒席、参军办酒席、建新房"上梁"办酒席，老人满六十岁、七十岁、八十岁等生日办酒席，老人死亡安葬办酒席等"红白"喜事的名目繁多，有些酒席是农民自己不想操办，但看到别人都办了，自己不办，就会觉得低人一等，遭人笑话，于是硬着头皮也得跟着别人的标准办。但凡出入这些场合均得送礼，近年来呈现水涨船高与相互攀比的趋势，普遍存在礼金越重，表示亲情越近、友情越浓、关系越好或是身份、地位越高。这些人情消费在农村一直存在，且近年来呈逐年升温态势，农户在这方面的消费比重也较大，数额较多，把其说成不当奢靡消费也不过分。因为它超出了农户的现有消费水平与消费能力，甚至不少村民因人情消费而负债累累、困苦不堪。正如有的乡镇政府工作人员感叹：农民为"人情"所累，"人情"消费成为农民发展生产、致富奔小康的沉重负担，仅此项往来人均消费超过年人均收入的10%②；来自辽宁省部分农村的调研数据也显示：约70%的农村居民认为

① 汪荣有：《当代中国经济伦理论》，人民出版社2004年版，第463页。

② 李廷学：《农民非生产性消费快速增长影响新农村建设》，南阳网（http：//tongbai：01ny：cn/news/zhxw/5500：shtml）。

人情礼金过重，平均每年每户消费在 2500 元左右[①]；而且，随着农村经济社会的发展，"人情消费"愈演愈烈，农民的此类开支也越来越大。相关资料显示：2009 年农村家庭户均人情支出 2701.31 元，2011 年增加到 3092.51 元，年平均增长率为 7%。从各地区家庭人情支出水平来看，2011 年中部地区家庭人情支出最高。[②] 这些数据也充分说明，我国农村"人情消费"事态的严重性。从消费的应然目的来看，这类消费显然不是用来供自身享受生活或有效促进生产发展，也与社会主义新农村建设的"乡风文明"的发展目标格格不入，这就扭曲了消费的应然目的。同时，这类消费与多数农民的经济承载能力相比，也是一笔不菲的开支，很多农户是在负债消费，为此也需要付出很长时间的艰苦劳动，甚至是全家为这类消费而折磨得困苦不堪。如媒体报道的河北临漳县张村集乡农村"儿子结婚、父母负债、女方彩礼越要越高"[③]，江苏省兴化市西毛村的"儿子结婚全家债"[④] 等事件。因此，把其称为即时不当奢靡也不为过。

二　消费能力不足与恶性消费膨胀

长期以来，我国城乡收入差距悬殊，农村消费不足，需求不旺、消费环境差、农民消费能力低下，特别是发展型、精神型、娱乐型消费严重滞后，这是不争的事实。相关的实证研究材料也表明：城乡居民间的消费层次差距较大，农民消费能力整体较弱。截至 2008 年，消费支出仍以生存型消费为主，而城镇居民的享受型、发展型消费却增长较快。[⑤] 尽管我国农民消费能力不足的事态还比较严峻，但在农村，各种恶性消费仍在不断膨胀。尤其是实施家庭联产承包责任制后，随着农业生产条件的改善、农民剩余时间的增多与农民的物质生活水平的不断提高，村干部公款吃喝、农民因封建迷信支出的愚昧型消费、赌博与吸毒等恶性消费也在日益膨胀，并有愈演愈烈之势。这些状况不仅严重违背了社会主义新农村建设中

① 周会、应丽艳、刘钟钦：《辽宁省农户消费行为影响因素分析》，《农业经济》2007 年第 10 期。

② 吴采平：《中国农民经济状况报告，显示消费走向发展型》，中国消费网（http：//www：ccn：com：cn/news/xiaofeidiaocha/xinwen/2012/0903/436245：shtml）。

③ 杨伟广：《儿子结婚父母背债　冀南农村娶妻难　女方彩礼越要越高》，新华网（http：//www：he：xinhuanet：com/news/2014－03/26/c_ 119948231：htm）。

④ 胡飞：《举债后的幸福家庭》，《民生周刊》2014 年第 2 期。

⑤ 张红伟、吴瑾：《我国城乡居民消费结构的实证研究》，《大连理工大学学报》（社会科学版）2011 年第 1 期。

“乡风文明”的发展要求，也与我国构建社会主义和谐社会、实现中国梦的发展目标格格不入。

（一）消费能力不足

我国农民消费能力不足是个历史遗留问题，也是个不争的事实，结合当前农村的现实情况，笔者认为其主要表现在农民消费水平低下与消费结构异化这两个方面。

1. 消费水平低下

改革开放前，农村集体化大生产的低效与落后，造成农产品等社会物质严重匮乏，加上计划经济体制下生产能力有限与分配体制的“城市偏好”，“洋油（点煤油灯的燃油）、洋布、洋火（火柴）、洋碱（肥皂）、洋钉、洋锹”等生活必需品虽已是国产，但由于这些物资当时稀缺，广大农村仍然沿袭旧社会的称呼，侧面反映的仍是社会物质奇缺，广大农村普遍贫困，大多数农民的正常生活难以保障，肚子难以填饱、缺衣少穿非常普遍。在“共同贫穷”的前提下，农村居民间的消费差距也很小，同时在物质产品严重匮乏的社会环境下，农民衣食住行的日常生活必需品还须“凭票”购买，粮票、布票、油票、肉票等是当时购买相应商品的凭证。在这种社会条件下，广大农村居民的消费水平十分低下。万俊人教授曾指出造成这种状况的根源是非经济理性或经济非理性主义，其直接后果不仅仅是计划经济的生产效率低下，也表现为消费的贫乏及生产与消费间的严重脱节。[①] 在这种情况下，农村消费无法成为农村生产的目的与动力，也失去了其作为经济行为的伦理价值。但由于国家“重城轻乡、重工轻农、重市民轻农民”的政策导向与工农产品价格“剪刀差”的影响，城乡居民收入差距仍然较大，造成城乡居民的消费水平差距也较大。相关资料显示：新中国成立后至改革开放初，在全国“共同贫穷”的社会背景下，农村居民与城市居民之间的消费差距虽然很小，但城乡居民之间的消费水平差距仍然维持在2.5倍左右。[②] 改革开放后，家庭联产承包责任制的普遍实施，农民获得了相应的土地经营自主权，农业生产获得前所未有的动力，农民收入也有了显著提高，农民的消费能力也有了相应的提高。但受长期以来二元经济结构影响，城市居民的消费水平增长更快，与

① 万俊人：《道德之维——现代经济伦理导论》，广东人民出版社2000年版，第280页。

② 朱诗娥、杨汝岱：《城乡居民消费差距与地区经济发展水平》，《经济评论》2012年第1期。

农村居民的消费水平相比，虽然二者在改革开放后均有了相应程度的提高，但二者的消费水平仍有较大差距，且有逐年扩大的趋势。相关资料显示：1978 年城镇居民人均消费支出为 311. 16 元，农村居民人均消费支出仅为 116. 06 元，前者约为后者的 2. 68 倍；2001 年城镇居民人均消费支出已达 5309 元，农村居民人均消费支出为 1741 元，前者约为后者的 3. 05 倍；2007 年城镇居民人均消费支出为 9997 元，农民人均消费支出为 3224 元，前者约为后者的 3. 10 倍。[①] 有学者经过系统、严密的实证研究，也得出大体一致的结论：改革开放以来，中国城乡居民消费差距大体上经历了先下降、再上升、后维持高位振荡的变化过程，但差距始终在 2. 5 倍以上[②]；另有学者通过定量分析的研究方法，从统计与分析我国 1978—2007 年之间城乡居民消费差距的泰尔指数中也得出了相似的结论：总体而言，改革开放 30 多年来，随着我国城乡经济的逐年增长，城乡居民的消费差距在波动中呈逐渐扩大趋势[③]，并通过农村人口比例与全国人口比例及农村人口消费额与全国消费总额的对比数据，指出农村居民消费额在全国消费总额中的比重也明显偏小。以 2008 年的数据为例，占全国人口总数 54. 32% 的农民消费总额只占全国消费总额的 24. 93%；[④] 著名"三农"问题专家陆学艺也指出：2006 年，农民占全国总人口的 72. 2%，购买的社会消费品仅占全国消费品零售总额的 32. 55%，份额逐年下降，现在三个农民的购买力还比不上一个市民，农村的消费水平比市民要落后 10—15 年。[⑤] 各种数据显示，城乡居民消费水平差距如此之大，如果任凭这种事态发展下去，必将对我国国内消费市场的开发造成障碍，影响整个中国经济的持续快速健康发展，对统筹城乡发展、缩小城乡差距、促进农村实现全面小康也是一种严峻的挑战。而透过农民消费水平低且与市民的差距大的事实背后，蕴藏的是城乡居民之间消费公平性的缺失与城乡居民之间收入分配的不公。因此，农民消费能力不足不仅是个经济问题，也是个伦理

---

① 资料来源：依据相应年份的《中国统计年鉴》的数据经整理计算而来。

② 朱诗娥、杨汝岱：《城乡居民消费差距与地区经济发展水平》，《经济评论》2012 年第 1 期。

③ 张东辉、孙华臣：《中国物价波动与经济增长关系研究——基于城乡居民消费差距视角的分析》，《经济评论》2010 年第 2 期。

④ 同上。

⑤ 陆学艺：《中国农民有增无减，呼唤农村二次改革》，《改革参考》（决策版）2008 年第 4 期。

问题。

2. 消费结构异化

消费结构是指在一定社会经济条件下，人们在消费过程中所消费的各种不同类型的消费资料（包括劳务）的比例关系。一般有实物和价值两种表现形式。从经济学的视阈而言，一个家庭消费结构是否合理，可以通过恩格尔系数（食品消费支出占总消费支出的比重）[①] 的大小来反映。如一个家庭收入越少，用于购买生存型的食物支出在家庭收入中所占的比重就越大，反映这个家庭就越穷，其消费结构也就越不合理。依据联合国粮农组织提出的划分贫困与富裕的标准，即恩格尔系数高于59%为贫困，50%—59%为温饱，40%—50%为小康，30%—40%为富裕，低于30%为最富裕[②]（见表2－6）。

表2－6　　1978—2011年我国城乡居民家庭恩格尔系数　　单位:%

年份	农村居民家庭	城镇居民家庭
1978年	67.7	57.5
1980年	61.8	56.9
1985年	57.8	53.3
1990年	58.8	54.2
1991年	57.6	53.8
1992年	57.6	53.0
1992年	58.1	50.3
1994年	58.9	50.0
1995年	58.6	50.1
1996年	56.3	48.8
1997年	55.1	46.6
1998年	53.4	44.7
1999年	52.6	42.1

① 恩格尔系数是根据恩格尔定律得出的比例数，是表示生活水平高低的一个指标。其计算公式如下：除食物支出外，衣着、住房、日用必需品等的支出，也同样在不断增长的家庭收入或总支出中，所占比重上升一段时期后，呈递减趋势。

② 金淑彬、赵利敏：《中国城乡居民消费差距分析》，《亚太经济》2010年第1期。

续表

年份	农村居民家庭	城镇居民家庭
2000 年	49.1	39.4
2001 年	47.7	38.2
2002 年	46.2	37.7
2003 年	45.6	37.1
2004 年	47.2	37.7
2005 年	45.5	36.7
2006 年	43.0	35.8
2007 年	43.1	36.3
2008 年	43.7	37.9
2009 年	41.0	36.5
2010 年	41.1	35.7
2011 年	40.4	36.3

资料来源：《中国统计年鉴（2012）》，国家统计局网（http：//www：stats. gov. cn/tjsj/ndsj/2012/indexch：htm）。

表 2－6 反映出自 1978—2011 年我国农村家庭的恩格尔系数总体呈现下降趋势，农民生活也由两年的贫困期步入了 11 年的温饱期，再进入了小康阶段，但与同期的城镇居民家庭的恩格尔系数。① 相比，不难发现我国农村家庭的恩格尔系数仍然偏高，30 多年来长期处于 40% 以上。这种现状必然影响到我国消费结构的优化升级，制约着我国经济的持续健康发展；与国际上一些发达国家相比，更是相形见绌。在 2010 年居民消费支出构成中食品（非酒精饮料）所占的比重中，澳大利亚为 10.22%、奥地利为 10.2%、加拿大为 9.65%、日本为 13.69%，2011 年英国为 9.06%、美国为 6.68%、德国为 11.48%②，而同期的中国农村家庭居民的恩格尔系数分别为 35.7%、36.3%，通过数据的比较，可发现我国农民居民家

① 《中国统计年鉴（2012）》，国家统计局网（http：//www：stats. gov. cn/tjsj/ndsj/2012/indexch：htm）。

② 《国际统计年鉴（2012）》，国家统计局网（http：//www：stats：gov：cn/tjsj/qtsj/gjsj/2012/t20130628_ 402907407：htm）。

庭消费结构的不合理程度有多大，距世界发达国家的消费水平还有多长的路要走。同时，在农村家庭消费的具体开支中，受传统文化与农村现实环境的双重影响，农民消费开支的第一要务是吃饭，满足生存需要，这也符合马斯洛消费需求的层次规律。其次是建房，大多数农村青年成家后都会把建房作为立业的标志，也是他们后半生的支柱型消费，他们一般都会拼命赚钱，甚至为此会不惜到处借债，因为没建房他们就觉得没留下家产给后代，愧对子女、愧对祖先。再次是为子女婚姻大事的消费开支。这是多数农户消费开支的巨头，很多农村的父母日夜操劳、省吃俭用甚至到处举债也要帮子女成家。否则，他们就会感到愧疚，有的甚至死不瞑目。千百年来这一习俗已经成了农村父母的道德义务，这笔开支基本上属于伦理型消费。复次是享受型消费，这笔开支一般比重很小，改革开放前农村基本没有。改革开放后，随着农民收入增加、生活水平提高，由最初的购买收音机、电视机到后来的彩电、冰箱、电话、手机、洗衣机、电脑、空调等消费品逐年增加。但观光旅游、娱乐休闲、家用汽车等层次的消费仍然缺失。最后是接受文化、教育、技术培训等发展型消费，农民自身的这类消费很少，甚至没有。农民一般很少买书、看报，也很少会上网，基本没有上夜大、函授、自学考试等提高自身文化、学历、技能等方面的消费。在农民看来，这类提高自身素质的发展型消费对他们来说无关紧要，他们看重的是把这笔开支用在子女身上。表2－7[①]更能直观说明我国农村居民的该段时期消费结构不合理、层次较低、发展型消费比重偏低的现状。相关资料也显示了相似的结论：“我国农村居民消费结构单调，层次不高”。[②]上述事实的客观存在及表2－7中的数据，充分表现了农村居民的消费结构中用于满足劳动力简单再生产需要的食品、住房等生存型消费、物质型消费比重过高，还停留在较低层次，而用于满足劳动力扩大再生产需要的文化、教育、技能培训、健身、娱乐、旅游等层面的发展型、精神型消费的比重偏低，暴露出其消费结构的不合理性，这种状况也违反了农村生产的应然目的与消费伦理的适度原则，侧面反映出农民求稳怕险、安身立命，不敢或不愿扩大投资进行扩大再生产的小农意识，也直接影响与制约着农民、农村与农业的发展。从以上我国农村消费领域存在的消费构

① 中华人民共和国国家统计局：《中国统计年鉴（2009）》，中国统计出版社2009年版，第342—343页。

② 乔法容、朱金瑞：《经济伦理学》，人民出版社2004年版，第221页。

成不合理、消费层次低、自给型消费比重偏高、发展型与精神型消费比重偏低等具体数据与实例来分析，足以说明我国农村确实存在消费结构异化问题。

表 2－7　　1990—2008 年间我国农民家庭人均生活消费支出构成　　单位:%

指标＼年份	1990	1995	2000	2005	2007	2008
1. 生活消费总支出	100	100	100	100	100	100
食品	58. 8	58. 62	49. 13	45. 48	43. 08	43. 67
衣着	7. 77	6. 85	5. 75	5. 81	6. 00	5. 79
居住	17. 34	13. 91	15. 47	14. 49	17. 80	18. 54
家庭用品及服务	5. 29	5. 23	4. 52	4. 36	4. 63	4. 75
交通通信	1. 44	2. 58	5. 58	9. 59	10. 19	9. 84
文娱用品及服务	5. 37	7. 81	11. 18	11. 56	9. 48	8. 56
医疗保健	3. 25	3. 24	5. 24	6. 58	6. 52	6. 72
其他商品及服务	0. 74	1. 76	3. 14	2. 13	2. 30	2. 09
2. 生活消费现金支出	100	100	100	100	100	100
食品	41. 59	41. 40	36. 14	36. 11	34. 97	35. 93
衣着	11. 75	10. 32	7. 41	6. 93	6. 98	6. 96
居住	21. 66	17. 20	17. 98	16. 04	19. 52	20. 33
家庭用品及服务	8. 20	7. 92	5. 79	5. 20	5. 37	5. 49
交通通信	2. 24	3. 92	7. 25	11. 48	11. 87	11. 40
文娱用品及服务	8. 36	11. 91	14. 53	13. 84	11. 05	9. 96
医疗保健	5. 06	4. 94	6. 82	7. 87	7. 60	7. 79
其他商品及服务	1. 13	2. 68	4. 08	2. 54	2. 67	2. 43

（二）恶性消费膨胀

首先，尽管农村收入不高，但部分村干部公款吃喝消费的现象仍然存在，在一些村委会，乡镇及以上机关人员下乡检查、村干部开会吃喝都是公款消费。甚至有的村干部家中的日常开支、亲友接待也是村里的公款消费，造成了村集体资产的损失与农民负担的加重。2001年2月21日，辽宁省开原市纪委对群众举报的2000年村招待费进行审理，发现36个行政村的年度招待费严重超标，超标金额达11.3万元；[①] 2013年党中央提出狠刹吃喝风的“八项规定”后，部分腐败官员的吃喝场所也转移到了“天高皇帝远”且纪检人员难以查处的偏僻农村，这不仅严重败坏了官员形象，也一定程度上带坏了农村的消费环境。

其次，一些流动商贩的假冒伪劣产品时常走村串户，欺骗农村消费者，包括前文农村生产中的伦理问题也提到的假冒伪劣的种子、农药、化肥、除草剂、地膜等农业生产必需的生产型消费品也经常“坑农”、“害农”，弄得很多农民当年颗粒无收，这些行为不仅破坏了农业生产、损害农民利益，也败坏了农村消费环境。

再次，部分村民在农村肆意猎杀、捕杀、食用野生动物，滥伐乱挖野生珍稀植物食用或变卖供他人消费，有的农民甚至以此为业，靠这种方式来养家糊口或发财致富，导致某些物种灭绝、生态平衡破坏的现象也屡屡被曝光。还有些农民为了获取短期利益，滥垦乱伐植被与森林、过度放牧，对大自然“过度消费”现象也时有发生，从各类媒体报道的动植物品种、森林、植被等数量锐减的事实来看，这类毁灭型消费形势也非常严峻。

最后，农村赌博、吸毒等恶性消费也是形势严峻。当前，扑克、麻将、“六合彩”等赌博活动已成为不少村民打发闲暇时间与精神寄托的主要工具。相关资料曾显示：村民参与赌博的占村民总数的9.79%，户均达到27.27%。[②] 有些村民甚至是通宵达旦沉溺于扑克、麻将之中不能自拔，不少农民辛辛苦苦的劳动收入白白地花在赌博上，因赌致贫、破产、离婚甚至犯罪等现象也不少。还有的农民不慎染上了毒品，永无止境的吸毒消费导致家破人亡的事例也不少。据相关资料显示：改革开放后，我国农村吸毒死灰复燃，西部某县的统计数据显示该县农村吸毒人数一直呈几何级数递增，1995年该县吸毒者不足百人，1997年增至206人。毒品价格也一路走高，1993年该县海洛因交易价70元每克，1997年涨至1500

---

① 鲁云：《开原73名村干部公款吃喝被查处》，人民网（http：//unn：people：com：cn/GB/channel286/287/696/200102/23/39941：html）。

② 雷鑫、潘益云：《走出误区　奔向小康——当前农村不良消费问题浅谈》，《消费经济》1994年第4期。

元每克，假如吸毒者每天吸 1 克，每月按 30 天计算，每个吸毒者每月吸毒需花费 3.5 万元。所以，当地农村群众将吸毒称为“吃图”。[①] 截至 2012 年 4 月，广西平乐县阳安乡陶村仍是个吸毒重灾区，该村共 2700 多人，但已发现 70 多人正感染或吸食毒品，吸毒者基本上是家破人亡。[②] 这类恶性消费不仅耗尽了农民辛苦的血汗钱，祸害了其家庭，而且对社会的危害性也最大，许多赌徒输光家产后还无法还赌债，吸毒者吸光家产后没钱吸毒走上违法犯罪道路的事例也很多。特别是近年来农村温饱有余后，村民收入与剩余时间增多，农村赌博成风，吸毒人数也在增加，各类媒体的相关报道也非常多。如 2009 年 11 月 30 日的《南方农村报》就报道了“广东部分农村六成治安案件与毒品有关”的实例，表明这类恶性消费在农村形势还是非常严峻的。

---

① 黄志春：《试论农村吸毒的现状与戒毒对策》，《广西社会科学》1998 年第 6 期。

② 王文胜：《平乐县部分村镇吸毒情况调查：毒品让一些家庭家破人亡》，桂林生活网讯（http：//news：guilinlife：com/news/2012/04 - 18/242197：html）。

第三章　当代中国农村主要经济伦理问题的成因

当代中国农村经济活动中的伦理问题复杂多样，在生产、交换、分配、消费四个环节中均有突出表现。如农村生产经营活动中的环境污染严重与资源浪费惊人；农村交换活动中的外来商品销售欺诈泛滥与自产商品假冒伪劣猖獗；农村分配活动中的城乡居民收入分配不公与农民工劳动力价格扭曲；农村消费活动中的农民平时过分节俭与即时不当奢靡、农村消费能力不足与恶性消费膨胀等。这些伦理问题的牵涉面广，成因错综复杂，得具体问题具体分析。如农村生产经营活动中环境污染严重与资源浪费惊人伦理问题的成因：既有农村环保机制、体制缺陷，环保法规滞后，管理乏力等因素；又有乡镇企业及城市污染向农村转移企业的自身缺陷，农村污染治理难度大与成本高等因素；还有农村经济主体自身的素质因素。农村交换活动中的外来商品销售欺诈泛滥、自产商品假冒伪劣猖獗伦理问题的成因：既有客观方面的社会历史原因与农村市场交易的法规滞后、监管不力等原因；又有主观方面农村经济主体道德素质低及消费者的自身弱点或消费理念偏差等成分。农村分配活动中的城乡居民收入分配差距悬殊与农民工劳动力价格扭曲伦理问题的成因则因具体问题而有所差异，受主观与客观、历史与现实等多重因素影响。如造成城乡居民收入分配不公的制度原因是城乡二元经济体制，直接原因是城乡经济主体拥有的生产要素差异悬殊，客观原因是农业、农村与农民的弱势属性与弱势地位；造成农民工劳动力价格扭曲的成因有：农民工受城乡二元就业制度歧视、农民工自身素质不高、农民工在劳动力市场处弱势地位、农民工与市民获取工资收入的社会成本差异悬殊等。农村消费活动中的农民平时过分节俭与即时不当奢靡、农村消费能力不足与恶性消费膨胀伦理问题的成因更是复杂多样，受城乡二元体制、工农收入差距、不良社会风气与消费环境差等多种因素制约。如农村消费观念保守受传统节俭观与农村现实条件影响；农民收入长期偏低，城乡居民收入差距悬殊；城乡居民享受的社会公共福利与承担的税费差异明显；农民的“生存与安全”缺乏保障，自给型消费比重偏高；“礼尚往来”伦理根源与不良社会风气“习染”；农民科学文化素质偏低与农村精神型、发展型消费滞后；部分村干部公款消费，带坏了农村的消费环境；农村消费环境差、地形复杂、交通不便、人口分布散等因素客观上也导致农村消费能力不足、消费结构异化；农村消费市场监管不力，导致了农村消费秩序混乱。

第一节　农村生产伦理问题的成因

造成当代中国农村生产活动中的环境污染与资源浪费严重伦理问题的成因错综复杂。总体而言，既有宏观层面的国家环保机制、体制与法制方面的原因；又有中观层面农村经济组织——乡镇企业与城市污染向农村转移企业自身原因；还有微观层面农村经济个体——农民自身原因，以及农村污染治理难度大、成本高等现实因素。具体而言，在宏观层面，当代中国的国家粮食安全机制是引发农药、化肥、地膜、除草剂等农用化学品的广泛使用而造成污染的制度渊源，长期以来我国城乡二元结构形成的城乡二元环保体制是造成农村环境污染问题客观存在的体制因素，我国农村环保层面的法制建设严重滞后也是造成农村环境污染问题严重的重要因素，GDP 至上的考核评价体制一定程度上也纵容了农村的不当排污与高耗能生产；在中观层面，客观上农村经济组织——乡镇企业与城市污染向农村转移企业自身弱点，主观上农村企业的社会责任观淡薄；在微观层面，农村经济个体——农民自身的原因。如农民的环保意识、法制观念淡薄；农村生产方式落后，农民生存压力大，农民自身的社会公德意识差；另外，农村污染治理与节能生产的难度大、成本高也是造成农村环境污染严重与资源浪费惊人的客观因素。

一　宏观层面：环保体制法规因素

社会体制、法律法规是规范经济行为主体言行的准则，其运行与执行效果如何，对社会经济发展至关重要，因为它们很大程度上影响与制约着行为主体的言行。从宏观层面而言，当代中国农村生产活动中的环境污染与资源浪费严重问题的产生，与长期以来我国农村环保体制缺陷与法规滞后是密切相关的，主要表现在当代中国的国家粮食安全机制是引发农药、化肥、地膜、除草剂等农用化学品广泛使用而造成环境污染的制度渊源，城乡二元环保体制是造成我国农村环境资源问题客观存在的体制性因素，农村环保节能法制建设滞后与我国农村环境资源问题严重也直接相关，GDP至上的考核评价机制在一定程度上纵容了农村违规排污与高耗能生产。

（一）当代中国的国家粮食安全体制是引发农用化学品污染的制度渊源

“无粮不稳”、“民以食为天”、“手中有粮，心里不慌”等治国策略与惯性思维在中国人的心里积淀已久，加上我国人多地少与传统农业生产力落后的社会现实，决定了当代中国历代领导人均重视农业生产，特别是重视粮食生产。新中国成立以来，我国农业生产的中心任务一直是围绕粮食的稳产高产，以满足人们的粮食需求与经济社会发展的需要，保障国家的长治久安。如早在1958年，国家就实施了“以粮为纲，全面发展”[①]的农业发展战略，就连“大跃进”运动期间农业生产追求的目标也是“亩产万斤粮”。事实上，新中国成立以来特别是改革开放以来，我国农业生产确实获得了巨大发展，除了相关农业经济制度的激励之外，农药、化肥、地膜、除草剂等农用化学品的大量、广泛使用也功不可没，这些农用化学品以其见效快、效果好的优势迅速被广大农民所青睐，并不断增量投入使用，使传统的人畜粪便、植物秸秆等农家肥（有机肥）逐渐被化肥（无机肥）所替代；农作物害虫的抗药性与变异性也使农药与除草剂的用量、剂量不断增多、变大；地膜技术的普及与推广也使其用量不断增大。其污染环境、浪费资源的负面效应也在不断扩散、放大与加深，而现有的科技水平还难以根除农药、化肥、地膜、除草剂等农用化学品使用过程中造成的负面效应，也没有发明出更好的替代品去取而代之。于是，随之而来的环境污染、资源浪费也就自然越来越严重。事实上这种污染的源头还得从20世纪60—70年代开始说起，当时我国政府为了增加化肥产量，曾以补贴等形式鼓励国内化肥生产企业发展，同时为鼓励粮食生产，政府也对农民使用化肥给予相应的补贴。[②] 1988年国务院还下发了《国务院关于化肥、农药、农膜实行专营的决定》（国发［1988］68号），规范

① 薄一波：《若干重大决策与事件的回顾》（下册），人民出版社1993年版，第723页。

② 杜江、罗珺：《我国农业环境污染的现状和成因及治理对策》，《农业现代化研究》2013年第1期。

了化肥、农药、农膜等农用化学品的生产、营销等主要环节，也为这类企业的生产经营活动提供了政策支持与制度保障，促进了农用化学品的产销两旺。20 世纪 90 年代以来，国家又提出了以粮食“增产”为目标的“高产、高质、高效”农业发展战略，加深了对农业的开发力度，也加大了对化肥、农药、农膜的使用，实现了农作物产量的增长，由此也带动了畜牧、家畜养殖、禽蛋加工等相关行业的迅猛发展，同时也为农业面源污染①带来隐患。因此，从某种程度上说，新中国成立以来，为实现国家粮食安全，促进农业生产稳产高产的发展策略，国家实施的一系列刺激与保护农药、化肥、地膜、除草剂等农用化学品生产与使用的相关制度、政策，促成了农药、化肥、地膜、除草剂等农用化学品的大量生产与消费，导致随之而来的环境污染与资源浪费严重。2001 年中国加入世界贸易组织，国外廉价质优的化肥、农药、农膜等农用化学品也源源不断地涌入我国的农用化学品消费市场，这又加剧了我国的农用化学品污染环境的压力。相关资料也显示：政府对化肥行业的价格管制及对化肥用户实施财政补贴的政策导致了我国化肥要素市场扭曲的广泛存在，而这种广泛存在的化肥要素市场扭曲对化肥农业面源污染物排放有显著的激发作用。②

（二）城乡二元环保体制是造成农村环境污染与资源浪费问题的体制因素

从公共管理层面而言，环保事业属于公共产品，政府应承担主要责任。但新中国成立以来，受城乡二元体制影响，国家的环保投入也是“重城轻乡，重工轻农，重市民轻农民，重点源污染防治轻面源污染防治”，政府对城乡环保、节能的财政投入、公共基础设施建设、监管机制等方面也是“城市偏好”倾向严重。以我国财政支农的数据为例，据相关资料显示：新中国成立 50 多年来，我国财政支农投入总量约为 5000 亿

① 农业面源污染与点源污染相对应，又称非点源污染，最早源于美国《清洁水法》（*The Clean Water Act*，CWA）修正案（Lee：S：L，1979）将其定义为“污染物以广域的、分散的、微量的形式进入地表及地下水体”，后来诸多学者将其引申为农村地区在农业生产和居民生活过程中产生的、未经合理处置的污染物对水体、土壤和空气及农产品造成的污染。如李秀芬（2010）认为农业面源污染是指在农业生产活动中，氮素和磷素等营养物质、农药及其他有机或无机污染物质，通过农田的地表径流和农田渗漏形成的环境污染，主要包括化肥污染、农药污染、畜禽粪便污染等。王珍（2006）认为农村面源污染是指农村地区在农业生产和居民生活过程中产生的、未经合理处理的污染物对水体、土壤和空气及农产品造成的污染。

② 葛继红、周曙东：《要素市场扭曲是否激发了农业面源污染——以化肥为例》，《农业经济问题》2012 年第 3 期。

元，仅占国家财政总支出的6.5%左右，而世界其他发展中国家财政支农投入一般保持在10%左右。像印度、泰国、巴基斯坦等国，财政支农占到财政总支出15%以上；[①] 且我国有限的财政支农投入也主要用于行政开支与农村急需的其他公共事业，农村环保、农技公共服务等投入基本缺失，农村环保节能治理与管理的基金也就自然难有着落。相关资料显示："长期以来，中国污染防治投资几乎全部投到工业和城市。城市污染向农村扩散，而农村从财政渠道却几乎得不到污染治理和环境管理能力建设资金，也难以申请到用于专项治理的排污费"[②]，这就导致农村的环保基金、环保机构、环卫工人、垃圾中转站与处理站等至今基本缺失。部分基层环保机构与农技服务机构也因长期得不到经费资助，导致环境监测、治理的各种设备不足或老化，装备滞后、环保执法力不从心。加上乡镇财政困难，使基层乡镇的农技服务与推广机构基本涣散，技术人员缺失或流失，农民使用农业化学品时缺乏技术指导或监管，滥用、误用、乱用农业化学品也时有发生；又由于近年来农村加快了现代化、城镇化建设，对自然环境的利用也越来越多，农村各种禽蛋加工、家禽、牲畜屠宰等行为剧增，产生的各种废弃物也不断增多。还有部分城市污染向农村转移，使得农村原有的环境自净、自理能力遭到破坏，而相应的农村环境保护体系远未建立，环保资金缺乏，环保机构缺失、环保政策难以落实，特别是农村环保技术与相关的环保设施落后、环保装备承载量有限，甚至缺失，使农村大量的人畜禽粪、生活垃圾、秸秆等废弃物的利用率低，难以处置，甚至是无法处理，只能任其排放。导致农村水体、大气或陆地的环境问题恶化，并且这些污染涉及面广而分散，排污者多而杂，给有限的治理也带来更大难度。而城市则有相对稳定的环保资金投入、相对完善的环保机制、环保设施与专业的环保队伍。以治污奖励制度为例，国家对城市与工业企业治污，制定了诸如筹建城市废弃物处理企业时可无偿或低价征地、企业排污费返还使用、规模以上的企业污染治理设施建设可申请单项财政资助补贴贷款利息、运行中免税免排污费等优惠政策，而农村环境污染治理却无法享受同等的优惠政策，农村环保资金原本就十分匮乏，加上金融市场也是

---

① 刘斌、张兆刚、霍功：《中国"三农"问题报告》，中国发展出版社2004年版，第17页。

② 苏杨：《中国农村环境污染调查》，人民网（http://theory: people: com: cn/GB/49154/49369/4027248: html）。

城乡二元结构，农村环保贷款的可行性也很小，多重因素促使农村环保工作难以推进。部分学者也有相似的研究结论。如“二元社会结构的作用是农村面源污染日趋严重的深层社会原因”①、“中国特定城乡分割二元结构的存在，可能是农村非点源污染问题日益严重的深层原因”。②

（三）农村环保节能法制滞后与我国农村环境资源破坏严重问题也直接相关

长期以来，我国法制建设滞后，环保方面的法制建设更为滞后。以立法为例，直到 1989 年，我国才通过了《中华人民共和国环境保护法》，建立了以该法为主体的环境保护法律法规体系，然而该法对农业环境保护的条款过于宏观，内容简单，没有细化，未能将农村、农业环境与农业资源的保护统一起来；相关的《农业法》、《农业技术推广法》、《基本农田保护条例》等也均是在各自调整的范围内涉及了农业环境保护，虽然对农村的环保事业发展有一定的促进作用，但均未直接涉及农村环保的具体内容，表面上相关法律多，农村环保事务的管理与执法的主体貌似有环保部门、农业部门与地方政府三家，但实质上三个部门很多时候都是相互推诿，没有真正担负起农村环保管理与执法的职能，涉及具体违法案例处理时又难以确定适用哪部法规，这些也给农村环保的管理与执法带来了诸多障碍，而同级的环保、农业部门受同级的党委、政府领导，财政上的依赖与级别上的隶属关系，也使农村环保执法工作者需依赖同级党委政府，当污染企业关系到当地财政税收与主要官员政绩时，农村环保执法行为很多时候还是难以实施。可见，农村环保建设中无法可依、有法难依、执法不严、违法难究等困境还存在，这在一定程度上也助长了农村的环境污染问题。

（四）GDP 至上的考核评价体制一定程度纵容了农村违规排污与高耗能生产

近年来，各级地方政府均在围绕加快工业化、城镇化建设的中心任务上制定了很多筑巢引凤、招商引资的优惠政策，特别是有些地区生产力落后，经济欠发达，人们生活贫困，地方政府财政困难，迫切希望有外来资

---

① 饶静等：《我国农业面源污染现状、发生机制和对策研究》，《农业经济问题》2011 年第 8 期。

② 洪大用、马芳馨：《二元社会结构的再生产——中国农村面源污染的社会学分析》，《社会学研究》2004 年第 4 期。

金投入与工业企业落户以增加当地的财政税收。而且在一些地方，招商引资不仅是当地党委政府的第一要务，也是衡量当地官员的首要政绩，因此不乏会饥不择食或不分青红皂白地把那些在因环保、节能不达标在城市难以生存的企业落户当地，这类企业一旦脱离了城市环保部门的严密监管视线，有的就像脱缰的野马，往往会疯狂生产，任意排放或偷偷排放污染物，或高耗能地生产，造成农村的环境污染与资源严重浪费。据相关资料显示："当前被企业'三废'污染的农田已超过约6000万亩，每年造成的直接粮食损失高达50亿公斤以上。"[①] 而有些地方政府官员的目光短浅，重GDP增长，轻环境保护与资源节约，只顾眼前的现实利益，不考虑长远利益，为了稳住与增长当地的财源，保证年年攀升的财政税收与上级政府布置的招商引资任务，对这类企业的违规排污与高耗能生产经营行为也是"睁一只眼闭一只眼"。特别是一些地方官员为了多捞政治资本，快速攫取政绩，往往会对一些乡镇企业或城市转移来的企业采取姑息养奸的政策，纵容其排放污染物，甚至干涉、制止一些执法部门对其采取制裁，公然实施地方保护主义。而近年来国家对环境问题也越来越重视，先后提出了可持续发展战略、资源节约型与环境友好型社会建设、生态文明建设，城市是环保的重点保护对象，对企业的环保、节能问题的重视程度节节攀升，对企业的环保、节能的"门槛"步步抬高，对环境污染问题的惩治力度也逐渐加大，使那些污染大、耗能高、技术含量低的企业在城市很难立足，于是不得不调转方向，转向环保监管较松、要求较低的农村，而农村廉价而丰富的劳动力资源及多数地方政府的优惠政策也对这类企业具有巨大诱惑力，这些因素均为城市污染与高耗能企业向农村转移提供了机会与条件。

二　中观层面：农村企业自身因素

农村企业是造成农村环境污染严重与资源浪费惊人的主要行为主体，它们的经济行为直接破坏了农村环境、浪费了有限的农村资源。当然，农村企业作出如此举动，皆事出有因，其中既有客观原因，又有主观原因；既有现实的成分，又有历史的因素。客观上农村企业有其自身弱点、主观上部分农村企业的社会责任感淡薄。

① 何东云：《论新时期农村经济改革中的生态伦理建设》，《商场现代化》2009年第6期。

（一）客观上农村企业有其自身弱点

从客观因素而言，农村企业造成的环境污染与资源浪费问题有其自身弱点。以农村企业中的乡镇企业为例，其身份特殊，与国营企业或改制后的国有企业这些纳入国家计划投资的“正规军”相比，只能算“杂牌军”。由于投资少、规模小、组建易、产出快、自主性强、产销便利，因而效率高、见效快，也取得了较快发展与较高效益，为农村经济乃至整个国民经济做出了巨大贡献。邓小平同志曾高度称赞乡镇企业的发展是“异军突起”。但因缺乏政府强大的资金扶持与人才支撑，很多乡镇企业在兴建之初，大多是使用了城市因耗能高、效率低、污染大等原因淘汰后低价拍卖的陈旧生产装置或设备。一般基础差、规模较小，大部分属就地取材的资源开发型企业、劳动密集型产业、农副产品简易加工型等产业，多数存在资金不足、专业人员缺乏、设备简陋、技术含量低、工艺落后，重复建设严重、竞争力弱等困境。这些困境不仅制约了企业人、财、物的优化组合，而且也造成了土地、资金与其他资源浪费严重；乡镇企业布局分散，不仅造成了其供水、供电、修路与治理废水、废气、废渣等废弃物的成本上升，而且容易导致污染扩散。从污染的分类来看，基本上属于面源污染的范围；而乡镇企业基础差，人、财、物相对弱势的现实，使乡镇企业的节能、减排、除污、治污的能力相对低下，导致企业生产耗能高、资源利用率低、生产效率低、污染大，生产设施维修、更新或升级换代的难度大，规模小的现状又使高效、低排放、资源变废为宝的现代化环保技术与装置难以运用。相关研究也证实：20 世纪 80 年代以来我国乡镇企业的发展，是以低技术含量的粗放经营为特征，是以牺牲环境为代价的反积聚效应的工业化，村村点火、户户冒烟，不仅直接导致环境污染，而且造成污染治理困难。目前，我国乡镇企业废水 COD 和固体废物等主要污染物排放量已占工业污染物排放总量的 50% 以上，而且乡镇企业布局不合理，污染物处理率也显著低于工业污染物平均处理率。① 而城市迁移到农村的企业与乡镇企业一样，也面临一些相似的困境。一般具有耗能高、污染大的共性，资金、技术也不够雄厚，产品升级换代能力不强，企业生产过程中的节能、环保环节均达不到城市企业要求的标准与规定，与当前国

---

① 苏杨、马宙宙：《我国农村现代化进程中的环境污染问题及对策研究》，《中国人口·资源与环境》2006 年第 2 期。

家提倡的资源节约型与环境友好型社会建设要求也不相吻合，因而在生产过程中给农村造成严重的环境污染与资源浪费问题。

（二）主观上部分农村企业的社会责任感淡薄

不容否定，从客观因素而言，部分乡镇企业与城市转移到农村的企业是因为管理不当、经营不善、效益不好而导致无能力承担环保责任、环保费用或节能生产费用，被迫实施违规排污或高耗能生产。但从主观因素而言，这些因素并非是企业推脱环保节能社会责任的理由。特别是有些农村企业的效益虽好，但深受利己主义思想影响，社会责任感淡薄，只顾企业自身利润与眼前利益，认为在商业社会，市场经济就是利用、把握好一切机会与条件赚钱，他人的利益、公众的利益、社会的发展和进步与自己无关，实现企业经营的利润最大化才是企业的最高目标。于是单纯、片面地追求企业利润，不愿投资废弃物处理或购买节能生产设备，甚至任意排污、偷偷排污，这就缺失了企业应有的社会责任与环保道德义务。毕竟"合理利用自然资源与保护环境既是企业义不容辞的社会责任，也是企业的伦理责任"。[①] 而这类企业即使有能力、有条件也不愿意承担环保与节能的社会职责。因为一旦支付了这笔费用，企业生产的成本就会上升，企业利润也会相应降低。正如长期致力于环保研究工作的知名学者马军所指出："比如污水处理，如果少处理或者不处理，就能节省一大笔费用，这些费用最后成了企业的利润。"[②] 当然，农村经济组织环保与节能的社会责任与伦理责任缺失主要是由其管理者、决策者的道德素质低下决定的，与其员工的环境伦理意识薄弱也有重要关系，其违规排污行为是造成农村污染严重的直接原因。

三　微观层面：农村经济个体因素

农村经济个体主要是农民，其也是造成农村环境污染严重与资源浪费惊人的直接当事人。他们在日常的生产与生活中之所以有意或无意作出破坏环境与浪费资源的行为，既有客观的原因，又有主观的成分。主要体现在农民环保意识与法制观念淡薄、生存压力大及环保节能意识差三个方面。

---

① 乔法容、朱金瑞：《经济伦理学》，人民出版社 2004 年版，第 303 页。

② 蒋琪：《意识薄弱资金短缺　城市污染转移农村的环保困境》，人民网（http：//env：people：com：cn/GB/16889254：html）。

（一）农民环保意识与法制观念淡薄

长期以来，我国农民特别是中西部地区的农民生活在相对封闭的农村，自给自足小农经济与农耕生活仍未有很大的改观，上山砍柴生火做饭，下水捕捞鱼虾，偶尔捕捉青蛙、打猎捉鸟等改善生活，甚至把它们拿到市场上去换点零花钱，在他们看来仍是天经地义的；加上农村生产方式落后，刀耕火种，粗放经营，毁林开荒、广种薄收、过度放牧等行为仍然时有发生；而有限的环保、节能、法制层面的教育宣传活动也因农民科学文化素质总体偏低制约着其消化、吸收与接受，或因宣传教育的方式方法不当，或因宣传教育的覆盖面窄等因素导致其效果不佳，至今农民普遍缺乏对环境保护、资源节约、环保法规的正确认识。相关的实证调查资料也显示："目前农民的环保意识总体不高，表现为：环保知识缺乏、环保意识淡薄、环境行为不雅三个方面。"① 以农民在农作物收割后焚烧秸秆为例，笔者认为其成因除了是农民图省事方便外，还有更深层的原因。如传统以来刀耕火种的耕作方式、粗放经营的生产方式是其文化渊源；农村的环保、节能宣传教育工作未到位，缺乏对可持续发展战略、生态文明建设、科学发展观的正确认识；农民环保、节能意识淡薄，法制观念缺失，农民在环保、节能方面的基本常识缺乏；农村环保的基础设施、监督机制、奖惩机制滞后也是造成农民实施环境污染与资源浪费行为的现实因素。

（二）农民的生存压力大

改革开放前，农村生产方式非常落后，农民在集体生产队从事低效的集体劳动，为发展农业生产、增加粮食产量，也实施了很多毁林开荒的活动，甚至还有砍伐大批树木，造土窑大炼钢铁的闹剧，虽取得了一些短期的效益，但违背了自然规律，破坏了生态平衡，浪费了自然资源，也给农村带来了一些环境问题。但当时落后的生产方式始终没改变农民生活水平低下的社会现实，农民多数时候是生活在温饱线以下。改革开放后，实施了土地家庭联产承包制，农民的生产积极性得到了极大的提高，粮食产量提高了，农民温饱问题逐渐解决，但把土地按人口平均分配给农民耕种某种程度仍属传统的小农生产方式，这种生产方式使农村劳动力资源浪费严

① 孙杭生：《积极提高农民环保意识刍议——江苏省农民环保意识调查》，《现代经济探讨》2009 年第 7 期。

重，生产力水平低。因为农户分散经营小块土地，难以形成规模经营，农民劳动的效率也不高，导致农业生产效益低，农产品的获利不高，加上长期以来的工农产品价格“剪刀差”与农业税费沉重的日积月累，致使农民生活与生存压力较大，发展的成本较高，迫于生活与生存压力和求富心理，多数农民形成了以自我为中心的固有理念，经济理性膨胀，生态理性式微甚至缺失，迫切希望从农业生产中获取更高收益，从有限的土地中产出更多农产品，于是就自然会选择持续增加使用农药、化肥、地膜、除草剂等农用化学品，促进农业稳产高产，但同时也给农村环境带来了严重污染与资源浪费。

（三）农民的环保节能意识差

传统以来，我国农民素有重私德、轻公德的伦理思维，加上所接受的教育有限及农村的思想道德教育宣传工作的效果不佳等社会现实，决定了其大局意识、整体观念不强。环境伦理属于社会公德领域，农民对其关注与重视的程度就自然不高；加上农户的责任田经常因人口变化要重新分配与土地产权的不确定性，使得农民也不愿看重责任田的可持续性与永久的产出量，对他们来讲，眼前的利益是最现实的，也是看得见的，优先保障当年土地的粮食产出与效益最大化才是最要紧的，于是会不留余地地投入大量的化肥、农药、地膜、除草剂等，这在一定程度上也会加剧环境恶化。农村的个体经营户与村民的生活垃圾处理也不例外，他们一般都会选择以最低的成本、最方便的方式方法去处理各种各类废弃物，很少会顾及公共利益与社会公德，这些急功近利的生产经营与生活方式，也是导致农村环境问题严重的直接原因之一。毕竟农村环境是公共资源，是大家可以共享、共同拥有的准公共物品，农村环保机制与监督、奖惩机制的缺失又为任何人随意使用提供了便利，这也导致每个人都会产生快速消耗这种资源的动机，从而带来公众对资源的过度索取，于是产生“公地悲剧”。①而且一些完全能够避免的资源浪费现象，一些农民也是漠然视之。如农作物的秸秆燃烧、生活用水任意使用，有时是看到水白白地流掉、漏掉也无动于衷。还有一些农村水井、沟渠、水库常年失修，农民自己不愿尽力去维修，也不愿意尽义务向相关部门报告，建议相关部门来维修，导致大量

① 饶静、许翔宇、纪晓婷：《我国农业面源污染现状、发生机制和对策研究》，《农业经济问题》2011年第8期。

水资源浪费。正如近期亚洲开发银行副行长拉克什米·万卡塔查兰指出：中国农村有很多自用水井与水库，使用与运输过程中存在很多滴水、漏水现象，设施管理低效，导致严重的水资源浪费。①

此外，农村污染治理与节能生产难度大、成本高，客观上也加剧了农村的环境污染与资源浪费问题。农村的污染与城市不同，具有分散性与隐蔽性特点，农村居民住处分散，使生活垃圾排放分散；小块土地分散耕种，使农用化学品污染分散；农村规模相对较大的经济组织——乡镇企业与城市迁移来农村的企业一般也是布局分散，且数量较多，使其排污的地点多，污染源分散，还有些排污者为躲避法律的制裁或道德的谴责，采取隐蔽的方式进行，使排污地点不固定、排放时间间歇，这些排污方式如以排污的范围为依据来划分，基本上属于面源污染，不仅使农村的污染范围更加分散，而且加大了污染治理的成本。尤其是农村排水、排污系统远不如城市完善与集中，农村的地形、地貌、地质与城市也差别很大，加之农作物种类、土壤的结构、刮风与下雨等自然现象变化无常，这些错综复杂的因素又使农村的面源污染具有随机性、不确定性与广泛性特点；有些污染的周期较长，需要具备一定的条件或一段较长的时间才能形成。如一些污染物进入大气、水与土地后需要一定量的积累，发生化学反应的时间较长，又使得农村污染具有隐蔽性特点，这些因素都给农村污染的监测、管理、治理增加了难度，也提高了其治理成本。正如有的学者指出："农业面源污染的监测和管理成本高昂也是农业面源污染产生的重要原因。"②

当然，农村环境污染严重的成因错综复杂，除了上述因素外，与我国农村能源的消费结构与利用率也有重要关系。长期以来，我国很多农户一直使用传统的生物质能。如农作物秸秆、枯枝树叶、煤炭等作为生火做饭的燃料，一些农村的小企业也基本上是用生物质能作为动力燃料，炉灶中燃烧这些生物质能产生的烟尘直接升空，既浪费了能源，又污染了环境，其中农作物秸秆、枯枝树叶等不能返回土地还会降低土壤肥力、破坏生态平衡。

① 刘佳、刘玉飞：《农村自用井致中国水资源浪费严重》，凤凰网财经网（http：//finance：ifeng：com/a/20140528/12427122_ 0：shtml）。

② 饶静、许翔宇、纪晓婷：《我国农业面源污染现状、发生机制和对策研究》，《农业经济问题》2011 年第 8 期。

第二节　农村交换伦理问题的成因

针对前文中列举的当代中国农村交换活动中存在的农村外来商品销售欺诈泛滥与农村自产商品假冒伪劣猖獗等交换伦理问题，从学理上来分析，其实质仍是农村市场交易的诚信缺失问题。具体而言，表现为农村市场上的农民生活日用品与农业生产中的化肥、农药、除草剂、种子等农资产品等交易欺诈泛滥及农村企业、农民等经济主体自产商品假冒伪劣猖獗等现实问题，这些行为不仅违背了交换伦理的等价交换与公正原则，损害了消费者利益，而且严重扰乱了市场秩序，破坏了社会主义经济建设环境与社会和谐发展的进程。痛定思痛，细究这些问题的产生根源，有着多重因素，既有农村交换领域的制度缺陷、法制滞后因素，又有相关管理人员的管理不力、执法不严等成因；既有客观方面的社会历史原因，又有主观方面的农村经济主体道德蜕化因素。总体而言，可以概括为农村市场交易的法规滞后、监管不力，农村市场主体道德素质低、责任缺失、不良社会风气影响与消费者自身因素等原因。涉及农村交换领域的具体伦理问题，由于涉及的主体不同，问题产生的原因也有差别，还得具体问题具体分析。

一　农村市场交易的法规滞后、监管不力

完善的市场法规与严密有效的监管制度不仅是保障农村交易市场良性运转的有效手段，而且是保障农村经济活动有序运行的基本条件。而事实上，现阶段我国农村市场法制建设滞后、监管不力是客观存在的，在农产品与农资产品交换过程中这种现状尤其严峻，从而导致农村外来商品销售欺诈泛滥与自产商品假冒伪劣猖獗等经济伦理问题十分突出。

（一）农村市场法制建设滞后

农村交易市场良性运转需要完善而有力的市场法规提供刚性保障。而现阶段，我国农村市场交易的法制建设严重滞后，还存在诸多法律盲区，已有的相关法规对假冒伪劣产品的处罚力度也不大，使得假冒伪劣行为的风险与违法成本较低，这在一定程度上也为农村市场上的假冒伪劣行为提供了现实条件。由于假冒伪劣行为获利远远高于其违法所受的经济处罚，导致许多市场交易主体明知违法也会故意违犯，甚至为了牟取暴利会不惜

铤而走险。毕竟“如果有10%的利润，资本就保证到处被使用；有20%的利润，资本就活跃起来；有50%的利润，资本就铤而走险”。[①] 而且在农村交易市场，交易规则不被重视，甚至是忽视、漠视，有些市场交易主体根本就不知道有《产品质量法》、《消费者权益保护法》等相关法律法规，而工商、质检、食品与药品监督等部门的人员有限，执法力度不够，也很少深入农村市场督察市场交易状况，造成农村市场监管不力，市场秩序相对混乱，也为参与市场交易的经济主体以次充好、以假乱真、偷工减料等违规违法生产销售假冒伪劣行为提供一些可乘之机；另外，目前我国生产销售假冒伪劣产品的违法成本也较低。如我国的《商标法》第45条、第48条规定：使用注册商标，其商品粗制滥造，以次充好，欺骗消费者的，处非法经营额20%以下或者非法获利二倍以下的罚款。其中的罚款额度就明显偏低，且罚款弹性空间很大，不足以对制假售假者造成足够的威慑。相比之下，美国的法律对假冒伪劣行为的处罚则严厉得多。如美国法律就明确规定：生产、批发、销售假冒商品均属有罪。不论是假冒商品的生产者，还是消费者，均可被处以25万—100万美元的罚款，并处以5年以下的监禁，如果有假冒前科，罚款数额可高达500万美元。[②] 这样就足以对制假售假者构成强大的威慑。加上我国的执法人员对假冒伪劣行为的处罚一般侧重经济处罚，常常以罚款代替刑罚，考虑更多的是为执法单位提成创收；还有一些地方政府为保证地方的财政税收与就业问题，对一些生产销售假冒伪劣产品的行为也是听之任之，甚至给予支持与保护。这些在一定程度上也纵容了一些市场主体违法违规生产销售假冒伪劣产品。

（二）农村市场监管不力

严密有效的监管制度也是保证农村交易市场良性运转的有效手段。然而长期以来，市场管理也受城乡二元结构严重影响，使我国的市场管理也呈现城乡二元结构，城市市场管理机构较全、工作人员配备充足，执法设备与条件较好，市民的商品辨别能力与消费维权能力也较强，因而市场管理相对规范、有序。而农村市场管理则机构残缺，工作人员配备不足，执法设备与条件较差，管理混乱，而且已有的相关职能部门也存在执法不

① 马克思：《资本论》（第一卷），人民出版社1975年版，第829页。

② 曹世功等：《国外规范法律法规打击制假售假》，中国经济网（http：//intl：ce：cn/right/jcbzh/200606/28/t20060628_ 7543000_ 4：shtml）。

严、监管不力等问题。具体表现为：农村市场无证经营、越权经营、租牌经营、假牌经营等现象比较严重；某些交易主体为牟取暴利不择手段施展贿赂、拿提成、吃回扣等形式推销假冒伪劣产品；很多农村市场交易主体进货验收制度不严或根本就没有；甚至有些已被查处的假冒伪劣商品因监管不力又被回流到市场低价销售；工商部门的商标管理不善，盗用商标侵权销售假冒伪劣商品、转让商标后不追踪对方的产品质量等现象也时常发生；宣传部门、新闻媒体对商品广告的入口审查不严，有些甚至是为了丰厚的广告费而甘愿为虎作伥，做虚假广告误导、诱骗广大消费者，这在一定程度上也助长了假冒伪劣商品的泛滥。这些因素的相互交织与综合影响，导致假冒伪劣产品也如城市污染企业向农村转移一样，大多转移到农村市场，特别是城乡接合处的农村市场假冒伪劣商品特别猖獗，这在一定程度上又加剧了农村市场交易的监管难度。加上部分执法人员职业道德素质低下或利益纠葛缠绕，在处理一些生产、销售假冒伪劣产品行为时，有法不依、执法不严、违法不究等现象时有发生。这在客观上滋长了农村市场的欺诈泛滥、假冒伪劣猖獗行为，一定程度上也是导致一些假冒伪劣产品充斥农村、以假乱真、以次充好等事件频频发生的根源。如湖南某农村店主就直言不讳地说："我进货最看重的是价格，货物的生产时间、商标等不太在意，哪样货物销路好就进哪样，有时假货赚到的差价比真货还高些。"① 毕竟农村市场不像城市市场那样常有工商、税务、质检等诸多部门监管，还存在诸多漏洞，相关管理、执法、监督部门也都驻扎在城市，农村是盲区，且有鞭长莫及的现实困难，只有接到农村消费者侵权举报后才下乡督察。正如有的学者指出：在城乡二元的市场监管体制下，政府对市场的监管无论是力度与措施，还是方向与重点，都是明显倾向于城市，治理农村消费市场的假冒伪劣行为还很不够。② 而农民的维权意识与市民相比也差距较大，举报者很少，加上农村路途遥远，执法难度与成本较大，导致很多在城市禁销、滞销甚至是腐坏变质的商品往往直接倾销到农村，一些农民由于教育科学文化素质偏低，鉴别判断能力差，于是不分青红皂白地将其买下，当然有时也是贪便宜，结果用后才知上当，甚至有使用后引发人身伤亡的事件；还有些不法经销商利欲熏心，甚至不择手段官

① 王明峰、侯琳良、方敏：《治治农村市场假冒伪劣》，《人民日报》2014 年 1 月 19 日。

② 同上。

商勾结，批量推销或压销假冒伪劣商品到农民手中，有时还美其名曰是批发价、优惠价，严重干扰农村市场的正常交易秩序与农民的生活，损害了农村消费者的利益，也直接破坏了农村的消费环境。

（三）农资产品交易法制滞后、监管不力

目前，我国对污染环境、危害人体健康和生命安全的工业品、消费品等都已实施了生产、销售许可证制度。但鉴于农产品生产的特点、条件与水平等现实状况，决定了对农产品生产不可能像工业品生产一样实施严格的登记许可等管理制度，特别是对农产品“上市”流通环节，暂时还不具备执行严格的准入制度和强制认证制度的条件。而且，目前我国的农产品质量安全问题还涉及多个部门、多个环节的监管。如工商部门主要是负责农产品的市场准入事宜，农业、环保部门主要是负责农产品的生产环境监管，质检部门负责农产品加工企业原料、产品质量把关，各部门之间缺乏相互配合的协调机制，监管的力度不够，职责不够明确。从农资产品交易相关的法制建设、管理层面看，现阶段假冒伪劣农资产品“坑农害农”事件频繁与我国相关的法制建设滞后、管理不力也是密不可分的。一般而言，企业的社会责任可分为强制性社会责任和自愿性社会责任，而假冒伪劣农资产品“坑农害农”是突破了道德底线的违法犯罪行为，是对强制性社会责任公然推卸，也充分暴露了我国农资产品的相关法制建设滞后、管理不力的窘况。

其一，我国还没有专门针对农资产品的法律法规，没有规范农资产品的生产、经营、销售行为的具体条款。相关的《企业法》、《产品质量法》、《反不正当竞争法》、《消费者权益保护法》等法规中虽然有一些宽泛的相关条款，但对假冒伪劣农资产品的生产销售行为的针对性不强、适用性差、操作难度大，使农资产品的生产、经营、销售行为缺乏必要的专项法律约束；加上部分执法人员职业道德素质低下或利益纠葛缠绕，在处理一些生产、销售假冒伪劣农资产品行为案件时，有法不依、执法不严、违法不究等现象也时有发生，这在客观上也滋长了假冒伪劣农资产品“坑农害农”事件的发生。

其二，现阶段我国农资企业的准入门槛较低，有的企业只要有一台机器就可取得生产许可证，立马可投入运营，有的甚至连生产设备都不需要，换个包装与名字直接到别的厂家进行加工即可，这样的生产条件肯定难以保证农资产品的质量；还有些农资企业规模小、设备简陋、流程简单，常进行流动生产、隐蔽性偷工减料、以假乱真、流动销售，给相关管理、执法、监督等也带来了一定难度。于是，假农药、假化肥、假种子、假兽药等假冒伪劣农资产品就不知不觉地流到了农民手中，导致“坑农害农”事件频频发生。

（四）农产品产销等环节的监管不力，责任不明

严密有效的监管制度是保证农产品质量安全的有效手段。目前，我国对污染环境、危害人体健康和生命安全的工业品、消费品等都已实施了生产、销售许可证制度。但鉴于农产品生产的特点、条件与水平等现实状况，决定了对农产品生产不可能像工业品生产一样实施严格的登记许可等管理制度，特别是对农产品“上市”流通环节，暂时也还不具备执行严格的准入制度和强制认证制度的条件。而且，目前我国的农产品质量安全问题还涉及多个部门、多个环节的监管。如工商部门主要是负责农产品的市场准入事宜，农业、环保部门主要是负责农产品的生产环境监管，质检部门负责农产品加工企业原料、产品质量把关，各部门之间缺乏相互配合的协调机制，监管的力度不够，职责不够明确，有时为逃避责任还会互相推诿，这在一定程度上也为农产品的假冒伪劣行为提供了可乘之机。

二　农村市场主体道德素质低

农村市场交易中的欺诈泛滥与假冒伪劣猖獗行为客观上与制度缺陷、法律滞后、管理乏力等外界的客观因素有关，主观上与农村市场交易主体道德素质低也是密切相关的，毕竟人的经济活动是受思想意识支配与俗成的行为习惯制约的。农村市场交易中的这些“失德”“违规”“违法”行为的产生也不例外，其中的经济诱因、利润动机才是驱使农村市场交易主体突破道德防线与道德底线进行造假售假的根本原因。

（一）部分农资企业的社会责任感缺失

目前，我国正处在经济转轨、社会转型期，人们的价值观念正面临市场经济与外来文化的冲击，“一切向钱看”的价值导向影响深远，企业作为“理性经济人”的趋利动机也日益膨胀，社会责任意识逐渐模糊。正如诺贝尔经济奖获得者保罗·萨缪尔森指出：“只要能在竞争的市场蒙混过关，（产品的生产者与销售者）便会把沙子掺进食糖里去。”[①] 这样的事例在农村市场交易中非常之多，如我国农村医疗卫生保障事业严重滞后，

---

① ［美］保罗·萨缪尔森：《经济学》（下册），商务印书馆1982年版，第246页。

农村小诊所看病至今无法报销，农民看病难、看病贵问题长期困扰，农民收入长期偏低，用便宜药品与医疗器材是多数农民的消费心理，部分药材生产商与经销商往往有缝则钻，不失时机地瞄准这一“商机”，昧着良心生产销售假冒伪劣药品，甚至把一些城市禁用的药品或器材倾销到农村小诊所；农资企业也不例外，在实现计划经济体制向市场经济体制转轨的过程中，“以经济建设为中心”是党和国家的核心任务，改制后的企业被推向了市场，其发展目标也由计划经济时代的完成国家的计划指标转向了为国家上缴更多的税收，突出的是企业的经济责任，促使企业在拥有经营自主权后尽最大努力去实现利润最大化，相应地淡化了企业作为经济主体而应承担的社会责任。政府与社会重视与关注的是企业为国家上缴了多少税收，而不是承担了多少社会责任。农资企业也是在这么一种社会环境下生存与发展，其作为服务农业生产的社会责任问题也在追求利润最大化的经济目标中被忽视、被淡忘、被遗弃。同时，社会各界对农资企业的社会责任问题也缺乏应有的关注与宣传教育，包括对农资企业应勇于承担社会责任的宣传教育、舆论导向、制度约束与全面监督等。于是，在这样一种经济利益至上的社会环境中，农资企业不仅失去了承担社会责任的动力，而且失去了承担社会责任的压力，其经济理性日益膨胀，社会责任缺失也就自然而然了。部分农资企业的老板社会责任意识淡薄，法制观念不强，利润动机强烈，常会唆使一些无知的员工去生产销售假冒伪劣农资产品，谋取不法利益；而有些农资企业的员工明明知道自己的行为会对消费者造成损害或损失，但迫于生计也不得不去那样做，当然还有一些利益捆绑的因素。因为企业非法获利越多，企业员工的工资、奖金、福利等一般也会相应增多，这些综合因素，也是导致假冒伪劣农资产品“坑农害农”事件频频发生的原因之一。

（二）农产品生产经营者与销售者的道德素质不高

由于农产品的生产经营规模较小，市场信息获取与辨别的能力低，导致农产品产销之间脱节，难以形成固定、稳定的供求合作关系。同时，消费对象的不确定性与农产品质量问责问题的模糊性，也使得农产品的生产经营者不愿看重农产品质量。加上农产品多属大宗不易运输物品，在运输、加工、销售环节中对农产品的违规违章运输、加工、销售等事件也习以为常，特别是我国目前的农产品的市场体系还不健全，农产品生产、加工、销售的网点多而小，也给农产品的市场监管带来难度。而且市场经济条件下，人们的趋利意识日益膨胀，功利倾向日益严重，效益优先深入人心，“一切向钱看”成为很多人价值指向标，导致社会诚信发生危机，一些农产品的生产者、运输者、加工者、销售者违约违规甚至违法生产、运输、加工、销售的行为时有发生，因利欲熏心而无视农产品质量与消费者的身体健康，不择手段地实施假冒伪劣、坑蒙拐骗等行为。正如美国著名经济学家诺斯指出：“对成本与收益的个人主义的计较肯定将使欺诈、逃避义务、偷窃、袭击和暗杀到处泛滥”。[①]“毒大米”“毒豇豆”“蔬菜农药残留严重超标”等事件的频频曝光，足以说明其经营主体漠视农产品的质量安全与消费者的健康责任，根源还在于其道德素质不高。

（三）部分乡镇企业的诚信意识差

乡镇企业一般起点低，基础差、资金缺乏、技术落后，设备陈旧，员工素质不高，管理人员的管理水平与法律意识也相对薄弱，在同行企业中，乡镇企业一般处于弱势，其生存与发展的压力较大，而且乡镇企业一般布局分散，类型多而杂、规模较小、资金匮乏，这些不利因素均严重制约其产品质量与市场竞争力，而要生存就需要生产质量过硬的产品，才能立足市场，才能赢利。但部分乡镇企业自身的条件有限，没有较强的经济实力参与市场竞争，面对强劲的竞争对手与复杂多变的社会环境，乡镇企业缺乏政府的财政支持，其生存与发展的空间有限，加上管理体制与管理能力的制约，处在此境况下的乡镇企业的主要目标是生存，其经济活动的动因是通过最低的成本实现利润最大化，唯有如此，才能尽快收回投资，获取更大的发展空间。若要乡镇企业去承担过多的社会责任，必将影响其生存与发展。于是，一些乡镇企业不会选择投入更多的财力与人力去提升产品质量，提高市场竞争力，而是作为一个经济理性人，急于实现自己的经济利益最大化，在利己主义经济动因驱动下，这类乡镇企业注重的是眼前的现实利益，甚至会不顾企业自身形象，利欲熏心地转向投机取巧，去生产销售假冒伪劣产品，以致能更多、更快、更省地获取不法利益。正如有的学者所言：“产业集中度太低、市场上存在混乱的进入秩序，容易引起企业恶性竞争、短期行为泛滥，这不利于形成企业信誉，甚者为了维持

① ［美］道格拉斯·诺思：《经济史上的结构与变迁》，陈郁等译，上海三联书店 1991 年版，第 12 页。

利润水平，一些企业会不惜偷工减料、以次充好。”①

三　不良社会风气影响

农村市场交易的制度缺失、法律滞后、管理乏力等因素不仅为农村市场交易中的欺诈泛滥、假冒伪劣猖獗行为滋生了生存空间，而且为这些行为提供了较低的风险与成本，在求利动机的驱使与“一切向钱看”的价值指向标的指引下，一些农村市场行为主体就有效地利用了假冒伪劣行为作恶或违规获利风险小、成本低的条件，大发了“失德”或非法的不义横财，让很多人既羡慕又眼红，这种“撑死胆大的，饿死胆小的”“按胆分配”的示范效应必然产生“劣币驱逐良币”的社会效应，一些诚实经营者也会“随大溜”，纷纷仿效，诚实经营的社会风气也随之受到影响，加上社会经济生活领域的其他不良社会风气影响与消费者自身的一些主、客观因素相互交织，一定程度上也导致了农村外来商品销售欺诈泛滥与自产商品假冒伪劣猖獗伦理问题的产生。

（一）经济生活领域的不良社会风气影响

改革开放以来我们确立了科学的生产力观、生产关系观以及财富观、消费观，确立了中国特色社会主义基本经济制度，公有制经济与各种非公有制经济成分呈现出共生共存共荣、互相依赖、共同发展的良好态势。但是，一些个体户、小商贩、小微企业、私营企业等经济主体靠投机钻营或雇用剥削员工赚了大钱；还有一些公有制企业也凭借其垄断地位或通过不正当竞争获取了高额利润，使其员工富得流油，这部分人出手阔绰、消费奢靡；而勤劳致富赚钱少、见效慢，被视为低能的“憨吃傻做”，这就让不少靠诚实劳动、合法经营的中低收入者既羡慕不已又愤愤不平，这种现状在农村也普遍。一些农村暴发户财大气粗，建豪华高楼、办奢靡宴席、装修气派坟墓，被视为村里“能人”，有些村民对其顶礼膜拜；一些农村姑娘嫁豪门、傍“富翁”成为时尚、令人羡慕，甚至不少农村姑娘、妇女外出打工从事“卖淫”或被富豪“包养”，只要源源不断地把钱寄回家，家人与村民也默认了，有些村民还很羡慕；还有不少农村妇女不惜把自己的子宫商业化，铤而走险从事“暴利”的“代孕”行业。据相关资料显示：仅武汉就有大小代孕公司近百家，而“代孕”妈妈大多来自湖

① 夏兴园、萧文海：《论我国经济转型期假冒伪劣的生成机制及其治理》，《中南财经政法大学学报》2003 年第 4 期。

南、湖北等偏远农村，她们“代孕”主要是出于回家盖房或供孩子上学的赚钱目的。[①]从中不难发现，农村的财富伦理已“异化”了，为金钱而堕落已“名正言顺”、堂而皇之“有理”了。事实上，农村也深受市场经济与外来文化的负面影响，使金钱万能、剥削无罪、堕落有理、自私合理等这些负面的经济价值观念在现实生活中有了很多实例，有钱能使鬼推磨，说话也气粗些，也有人靠剥削他人发了财，自私之人也照样活得很滋润、红火，而循规蹈矩、勤勉敬业者往往业绩平平，发展很慢，德福不一致比比皆是，现实存在的就是合理的。于是，不少村民的生产观、财富观、消费观发生了变化，也开始崇拜金钱、羡慕少劳多获，甚至不劳而获的奢靡生活。同时，部分国有企业的垄断地位及其员工超常的高额收入，使得不少农村的乡镇企业、小微企业等经济主体望尘莫及，它们守法、诚信经营、严格执行环保与低碳政策就难以赢厚利、难以暴富，这在一定程度上也影响了其对社会主义经济伦理规范的价值认同。特别是近年来，我国经济发展虽然突飞猛进、成就辉煌，但是却未能与精神文明建设同步，经济成就未能充分有效地转化为民众对社会主义核心价值观的认同，特别是市场经济一些负面影响。如拜金主义、实用主义、个人主义、享乐主义、消费主义、利己主义等思潮对农村的经济价值观冲击极大，使部分农民崇拜金钱入迷、财富伦理异化，集体主义缺失、个人私欲膨胀，甚至使“笑贫不笑娼，耻诚不耻贪”成为习俗，使传统的“生财有道、见利思义、诚实守信”等经济伦理价值观念在农村逐渐被淡忘、遗弃，经济领域的诚实劳动、合法经营、公平交易、等价有偿等伦理价值得不到认同，而诚信是无能、欺诈是有为、堕落是时髦、自私是本能等一些负面的经济价值逐渐有了市场，表明人们的价值观与是非观已没有共同认可的基本标准。正如德国学者哈贝马斯所指出：中国人“在伦理学上缺少一种超验的基础，缺少一个超验的上帝的律令与一个生物世界的律令之间的紧张，缺少彼岸目标作为指南，缺少一种彻底的恶的概念”。[②]这种状况在农村更为突出，因为农民的心理防线与鉴别能力相对较弱，受经济领域的不良社会风气影响的毒害更深，从而导致许多经济伦理问题在农村逐渐浮出水

---

① 刘伟：《一单挣15万 名校研究生代孕谋生》，消费日报网（http：//www：xfrb：com：cn/jjyf/newsf/2014/07/29/140659853930）。

② ［德］尤尔根·哈贝马斯：《交往行为理论》（第1卷），曹卫东译，上海人民出版社2004年版，第202页。

面。于是，农村市场交易欺诈泛滥、假冒伪劣商品猖獗这类伦理问题频频出现也就不难理解了。

（二）社会生活领域的不良社会风气影响

改革开放以来，农村经济社会发生了重大变化，农村人口剧增、流动加快、现代传播工具发展迅猛，受外来文化与市场经济的负面影响的双重夹击，加上经济转型、社会转轨正在逐步深入，利益纠结与冲突频繁、价值多元凸显，使传统伦理价值体系在农村面临崩塌，而新的价值观尚未建立，使农村的主流价值观缺失，农民在行为选择时面临价值标准多元化的困惑与迷茫，于是农村突破常规的“越轨”行为也就不断发生。如有些农民靠乞讨、诈骗、算命、传销等为业，获取非正当收入作为自己的生存资本。① 还有媒体揭露的广东省揭阳市东山区的卢前村与玉浦村的“职业卖血一族”事例中，一些农民宁愿做“血奴”，充当当地“血霸”赚钱的工具，以卖血为业，甚至靠服药产血换钱②，却不愿意去从事正当职业、通过诚实劳动去获取自己正当的合法收入。正如有的学者指出：现阶段整个中国缺乏基本的道德共识与共同的道德准则。人们在不同的社会领域、社会场合与社会人群中，各自按照不同的、往往是相互矛盾的道德规则行事。③ 这已是理论界的基本共识。这种状况在农村的社会生活领域也同样存在，主要表现如下：一是部分农村经济主体理想缺失。如有的农村经济主体一味向“钱”看，无视自己的社会责任与行为担当，不考虑自己的行为会给他人、社会及自然环境带来恶性后果。二是一些农村经济主体价值观混乱。如部分农村经济主体深受个人主义社会思潮影响，信奉拜金主义、极端个人主义、享乐主义、实用主义、名利主义等，在经济活动中自私贪婪、唯利是图、无视公德、贪图享乐，严重败坏了农村的经济环境与社会伦理秩序。三是部分农村经济主体的经济伦理观错位。如部分农村经济主体的行为动机不正，追名逐利色彩过浓，在生产、交换、分配、消费等经济活动中是非不分、善恶不辨、美丑混淆，荣辱错位，表现出生产功利、交往市侩、生活庸俗、情趣低俗等不良倾向，日常言行不讲诚信、见

① 邓大才：《湖村经济》，中国社会科学出版社 2006 年版，第 169—192 页。

② 李增华：《广东揭阳卖血村震动中央》，凤凰网（http：//news：ifeng：com/mainland/200704/0406_ 17_ 98427：shtml）。

③ 王一多：《道德建设的基本途径——兼论经济生活、道德和政治法律的关系》，《哲学研究》1997 年第 1 期。

利忘义、损公肥私、奢侈浪费等现象屡见不鲜。四是向往奢靡生活。有些村民鄙视、嫌弃勤劳致富太慢、太苦，希望又快又省地迅速致富，甚至羡慕“一夜暴富”。故冒险投机致富者有之，妄图赌博、中彩票即时暴富者有之，向往灯红酒绿、纸醉金迷奢靡生活者有之。于是，农村投机取巧、背信弃义、好逸恶劳、贪图享乐、崇拜金钱等畸形社会生态也客观存在，它们不仅严重干扰了我国农村经济社会建设的正常秩序，而且深刻影响了我国农村经济主体的主流价值认同，导致他们的经济伦理观异化，社会公德意识淡漠，成为农村经济伦理问题产生的孵化剂。

四　消费者自身弱点或消费理念偏差

农村市场交易中的欺诈泛滥、假冒伪劣行为猖獗，除了相关的法规滞后、监管不力因素之外，与消费者自身因素也密切相关。无论是来自农村之外的日常生活消费品、农资产品，还是农村自身出产的农产品，其假冒伪劣欺诈行为之所以能得逞，与消费者自身因素也有直接关联。具体情况分析如下：

（一）日用品消费者对商品的鉴别能力差或受“知假买假”消费理念驱使

现阶段，多数消费者对市场上商品的信息捕捉能力较低，了解不全面，而且有些产品，消费者仅靠自己的力量无法弄清其真伪。即使要弄清其真伪，也存在成本、时间与程序等现实难题。这也为现阶段的农村市场假冒伪劣行为提供了一定生存空间。同时，一些农村消费者的收入偏低或消费理念也存在问题，还存在一些知假买假的消费空间。如部分消费者苦于自身收入低、购买能力有限，消费水平远达不到使用合格产品或名优产品的档次，只能使用质劣价廉的假冒伪劣产品。毕竟“消费者对低档商品的需求只能随其收入增加而减少”。[①] 或者用马斯洛的需求层次理论来解释，这部分农村消费者的可支配收入较低，他们的消费水平还停留在生存需要的层次；还有一些农村消费者虽然有一定的消费能力，但由于消费观念严重滞后，他们过分节俭，而不愿使用合格产品或名优产品。对于这部分农村消费者而言，使用质劣价廉的假冒伪劣产品一方面成本低，另一方面也可满足其表面享用合格产品或名优产品的虚荣心，因而使假冒伪劣生活消费品在农村还有一定的市场。可见，农村成为假冒伪劣产品的集中

---

① 杨在军：《农村日常消费品假冒伪劣市场成因及其治理》，《调研世界》2007 年第 9 期。

地，与农村消费者辨别能力差、消费水平低、“知假买假”的消费理念也有直接关联。这种现象在农村是真真切切地存在，特别是农村的留守老人、儿童和妇女群体，其辨识能力更差，更容易上当受骗。同时，很多农村消费者的维权意识淡薄，当自己的消费权益受到不法侵害时，很少有人会想到运用《消费者权益保护法》去维护自己的合法权益；有些农村消费者虽然知道如何维权，但受长期以来朴素的宽容心态、消费习惯或卫生习惯影响，很多时候只要消费品无明显损坏迹象、不会直接威胁生命安全或造成很大的经济损失，仍会泰然处之，宽容对待，认为多一事不如少一事，甘愿、自愿吃“哑巴亏”，不愿通过法律途径去维权；还有些农村消费者的卫生习惯非常不好，认为“不干不净、吃了没病”，甚至美其名曰很多农村孩子都是吃脏东西长大的，没有城里人那样娇贵。对一些待售食品的保质期、腐坏变质等状况根本不重视，这些在一定程度上也助长了农村市场假冒伪劣产品泛滥成灾。

（二）农产品消费者的消费需求诱导与产品质量安全意识差

目前，我国农产品的质量安全问题也有消费者自身的原因。一方面，由于消费者对农产品有某种偏好，产生了某种需求动因，会直接刺激生产者或销售者为了满足这种需求，实现自身利益的最大化，而在生产或销售过程中违规违章操作，人为地添加某些色素或成分去满足消费者对农产品的某类特性的偏好需求，如面粉、大米要最白、最亮的；蔬菜要最嫩、最鲜的；苹果要最大、最红的；鸡蛋要土鸡下的、绿壳的，家禽肉类要放养的……诸如此类的消费需求本身并没有错，某种程度上也确实能促进农产品生产经营者改进技术、改进方法。但事实上不少农产品很难达到这种质量标准，在消费需求的诱导与利润最大化的刺激下，不少农产品生产者或销售者往往会不择手段地在农产品的生产、加工或销售过程中人为地添加不安全的原料或不规范辅助生长措施。如给白面馒头添加漂白粉，给大米添加荧光粉，给蔬菜使用大量农药、化肥保持鲜嫩等，以致农产品达到自然方法与感官状态下难以辨识的状态，从物理表面上满足了消费者消费需求，但实际上却为农产品的质量安全埋下了隐患。同时，很多农产品消费者一味看重农产品表面特征，很容易被农产品的光泽、颜色、质料等表面特征所迷惑，很少关注甚至忽视农产品的质量安全问题。而且有些消费者法律意识淡漠，法制观念不强，在受到利益损害时也不知如何维权，甚至在造成重大损失或危及生命安全时，也不愿拿起法律武器去维权，这些在客观上也纵容了农产品质量安全问题的产生。

（三）农资产品消费者自身弱点

农资产品的消费者基本上都是农民，他们深受城乡二元体制影响，长期处于社会边缘地位，其教育科技文化水平较低，诸多公民权利难以平等享受，属于社会的弱势群体。特别是当前我国农村青壮劳动力已大都外出务工，农村劳动力已呈现老龄化特征，留守老人不仅要照顾留守在家的小孩，多数还要耕种自家的责任田，成为农业生产的主力军。由于历史原因，这一辈人的教育科技文化水平更低，农业科技知识更少，识别、鉴别假冒伪劣农资产品的能力更差，而且他们通过其他办法去获取农资产品真实信息还存在成本高、耗时长的现实难题。如农民购买的农药、化肥、种子等，要送去质检部门做真假鉴别需花很长的时间与较多的费用，消费者一般不会去做那样的鉴定，这也给农资企业生产销售假冒伪劣农资产品提供了可乘之机；而且他们的法制观念更淡薄，自我保护意识更差，对相关法律法规了解更少，更容易被假冒伪劣农资产品销售商欺骗，购买了假冒伪劣农资产品也不知道索要发票等购销凭证，有时还贪图便宜，或因送货到门销售的便利，不经意间就购买、使用了假冒伪劣农资产品。且当使用后发现上当受害时也不知如何维权，即使是委托其他人去投诉，也因消费者没留下直接有效的证据，导致生产销售假冒伪劣农资产品的违法行为不能及时有效地被查处，经济损失也常常因证据不足而难以得到赔偿，不法行为难以得到应有的处罚，这在一定程度上也纵容了“坑农害农”等不法行为。

当然，农村交换活动中诚信缺失严重这一伦理问题的产生，还有一些其他的客观因素。如造成农资产品“坑农害农”事件频发的成因与农资产品的季节性生产特点、周期性消费特点与部分农资企业员工的业务素质偏差也有一定的关系。具体如下：

首先，农业生产受光热等自然条件严重制约，具有季节性或周期性特点，而农资产品是为农业生产服务，故农资产品的销售也难以避开季节性或周期性消费影响，销售呈季节性或周期性波动，生产也必须为季节性或周期性生产，而农资企业的生产条件有限，员工数量也有限，这在客观上对农资企业构成了严重威胁，而且农资企业一般都是生产农药、化肥、种子、兽药等农业生产必需品，其劳动环境差、危险系数大、职业病病发率高，其员工一般为文化技术水平低、生活很贫困的农民，其劳动效率与劳动质量很难有保障，这些也是假冒伪劣农资产品产生的客观因素。

其次，农产品生产经营的组织化、社会化程度较低。我国农产品的生产经营活动一般为单门独户，分散无序，规模小、类型多、品种杂、技术含量低，购买农用生产资料与变卖剩余农产品都需要独自面向市场，这种小规模的分散生产经营活动对控制投入品的质量不利，也难以确定统一的农产品质量、难以推行标准化技术、难以实现农业标准化生产。如一个农户有限的几亩土地既可能种粮，又可能种经济作物，还可能种自家食用的蔬菜，在一个乡镇甚至一个村委会的区域范围内，一种作物的种植可能有多个品种，种植的蔬菜种类也是少而全，农业生产的专业化、社会化、标准化程度很低，日常管理难以规范统一，农产品的质量难以控制。因此，由于滥用、误用、不规范使用农药、化肥、除草剂等农业投入品及不按操作规范与技术规程进行农产品生产经营活动，成为引发农产品质量安全问题的源头。

第三节　农村分配伦理问题的成因

针对前文中所陈述的改革开放后我国城乡居民收入分配悬殊，城乡贫富差距扩大、农民工劳动力价格扭曲的事实与具体数据，得通过客观事实与具体数据分析其背后的根源，从分配体制、城乡经济主体获取收入的方式、方法与客观条件等方面入手，分析其成因，在综合考虑这几个因素的基础上，认为城乡二元经济体制是其根本原因，城乡经济主体拥有的生产要素差异悬殊是其直接原因，农业、农村、农民与农民工的弱势属性与弱势地位是其客观原因。正如新制度经济学家诺思所指出：制度框架“决定着一个经济的实效及知识和技术存量的增长率，造就了引导和确立经济活动的激励和非激励系统，而且还决定了社会福利与收入分配的基础”。[①]

一　制度原因：城乡二元经济体制

制度确定了社会成员间权利与义务关系的分配规则。长期以来我国的城乡二元经济体制，通过实施“重城轻乡，重市民轻农民”的城乡二元

---

① ［美］道格拉斯·诺思：《经济史中的结构与变迁》，陈郁等译，上海三联书店1994年版，第17页。

利益分配制度，通过工农产品的价格“剪刀差”、城乡二元税费（农村税费改革前）、城乡二元就业、公共品供给、社会保障制度等，从根本上造成了城乡居民收入差距悬殊，差距的背后是分配正义严重缺失。正如美国现代经济学家利普顿指出：发展中国家城乡关系的实质就在于城市人利用自己的政治权力，通过“城市偏向”政策使社会资源不合理地流入自己利益所在地区，而资源的这种流向极其不利于乡村的发展，其结果不仅使穷人更穷，而且还引起农村地区内部的不平等。[①] 我国属于发展中国家，城乡关系实质的这种分析对造成我国城乡居民收入分配不公伦理问题的成因无疑具有一定的参考价值。

（一）总体而言，城乡二元经济体制是城乡居民收入分配不公的制度原因

新中国成立以来我国为保障与支持工业化的发展，实施了工农产品价格“剪刀差”政策，人为地压低了农产品价格，提高了工业品价格，使弱质的农业、弱势的农村为工业与城市的发展提供了源源不断的原始积累及廉价的农产品，这些只是农业、农民、农村对工业、市民与城市隐性的无偿资助，还有各种有形的农业税费。如相关资料显示：“1949—2007 年间，全国累计征税的各种农业税高达 10719 亿元。”[②] 改革开放后，工农之间的“剪刀差”仍未消失，政府通过低价征用农民土地也至少使农民蒙受了 20000 亿元的损失，同时现阶段每年在财政税收收支差、金融资金存贷款差、土地征用出让价格差、城乡居民税费负担差等方面各自分别约有 1000 亿元的“剪刀差”。[③] 而且新中国成立以来，国家财政支农的力度、幅度一直较小，而且增长缓慢。如相关资料显示：1953—1978 年间，我国每年 70% 的财政支出用在工业与城市[④]，而对农业的直接投入却极其有限。如相关资料显示：从新中国成立之初到农村税费改革前的这 56 年间，我国财政支农支出占财政总支出的平均比率约为 8.73%。长期以来，我国农村地区上缴的税收占国家税收的 26%，但只得到了 9% 的政府财政拨款；而且在 20 世纪 90 年代中期，农村每年向城市的财政净流动超

① Tveitdal S., *Urban－Rural Inter－relationship：Condition for Sustainable Development*, United Nations Environment Programmed, 2004（2）：145－167.

② 张晓山、李周：《新中国农村 60 年的发展与变迁》，人民出版社 2009 年版，第 57 页。

③ 中国改革发展研究院：《中国农民权益保护》，中国经济出版社 2004 年版，第 32 页。

④ 刘新：《中国城乡二元经济社会结构形成的原因探析》，《农业经济》2009 年第 5 期。

过 130 亿美元；[①] 1978—2010 年我国的财政支农支出占全国财政总支出的比率总体而言一直维持在较低水平。[②] 这些情况不仅造成了城乡差距拉大，农村、农民贫困，也使农村丧失了扩大再生产的能力。而且当时我国工业化并非像西方国家工业化那样源源不断地把农村劳动力向非农产业转移，而是实施了严格的户籍制度，把农民牢牢地束缚在土地上，大量剩余劳动力没有机会参与工业化，无法获取工业化的工资性收入。加上长期以来国家实施“重市民、轻农民”的社会保障政策与福利政策，市民可以享受医保、劳保、住房补贴、各类津贴等“隐性”收入，使城乡居民的生活成本差异显著，经济基础的起点也不一样。正如相关数据显示：“占全国总人口 70% 的农民几乎完全被排除在国家的社会保障体系之外。”[③] 而且，国家有限的财政资金也主要用于工业，使城乡发展的资金来源相差悬殊。加上城乡二元信贷制度、二元社会公共品供给制度、二元就业制度等经济制度，使得城乡居民获取收入的条件、成本、环境等差异显著，这些均是造成城乡居民收入分配不公的制度原因，也暴露出城乡二元经济体制的公正缺失。毕竟“公正是社会制度的首要价值”。[④]

（二）具体而言，城乡二元的就业、公共品供给、社会保障制度等也是造成农民工劳动力价格扭曲的制度原因

就业是民生之本，是农民工获取工资收入的唯一途径。然而，由于城乡二元就业、社会保障体制影响，造成农民工收入偏低，其劳动价值远远低于其价格，难以实现其应然的价格，导致农民工劳动力价格扭曲。究其成因，除了有农民工自身因素之外，也深受城乡二元就业制度、城乡二元社会公共品供给制度与社会保障制度等分配不公的体制性因素影响，应结合农民工受城乡二元就业制度歧视状况进行综合考察。

长期以来国家对非公有制企业监管不力，相关法律法规不健全，导致民营企业工会组织涣散或缺失，农民工正常的权益表达机制欠缺、政治诉

① 杨天宇：《政府管制、收入差距与社会各阶层的利益冲突》，《上海经济研究》2006 年第 4 期。

② 吴其勉：《我国财政支农支出与农业产出增长的动态关系研究——基于 1978—2010 年时序数据的实证分析》，《福建农林大学学报》（哲学社会科学版）2012 年第 4 期。

③ 李伟、刘如君：《中国走向——中华民族伟大复兴的难题和抉择》，中华工商联合出版社 2008 年版，第 220 页。

④ ［美］约翰·罗尔斯：《正义论》，何怀宏等译，中国社会科学出版社 1988 年版，第 1 页。

求的正常表达渠道不畅，话语权缺失，他们的工资、待遇基本上是企业老板单方面说了算，农民工几乎没有讨价还价的余地，拖欠、克扣甚至不给农民工工资现象仍然时有发生；城乡二元户籍制度附加在市民身上的社会保障与公共福利功能太多，农民工虽然在城市就业，但其农村户籍身份与地位使其难以获得与市民同等的社会保障、公共福利与同工同酬的权益；长期以来，国家的就业政策导向是“先市民，后农民”，对农民工进城务工有诸多限制政策。如1994年劳动部颁布的《农村劳动力跨省流动就业管理暂行规定》就明文规定企业聘用农民工时只有在当地劳动力无法满足，且必须经当地劳动就业服务机构核准，确属本地劳动力无法满足，用人单位方可接受外地农民工；2000年，北京市也增加了禁止外来务工人员的行业与工种。[①] 还有一些歧视性的就业制度也剥夺了农民工平等的就业机会与就业权利。如人为地限定户籍门槛、地方保护、就业资格、优惠政策等，使得农民工没有机会参与一些较好工作的角逐。

二　直接原因：城乡经济主体拥有的生产要素差异悬殊

城乡居民收入分配不公伦理问题的产生，除了受城乡二元的经济体制影响外，与城乡经济主体获取收入时所拥有的生产要素与社会成本差异显著也有直接关系。

（一）总体而言，城乡经济主体拥有的生产要素差异悬殊是造成城乡居民收入分配不公的直接原因

生产要素属经济学基本范畴之一。一般而言，主要是指进行社会生产经营活动时所需要的各种社会资源，包括劳动、土地、资本、管理和技术等内容。马克思在《哥达纲领批判》中曾指出：“消费资料的任何一种分配，都不过是生产条件本身分配的结果”。[②] 其中的“生产条件本身”就是指经济主体对各生产要素占有的数量、质量及其优化组合后获取收益的能力。由于城乡经济主体拥有的劳动、土地、资本、管理、信息、技术等生产要素的数量与质量存在差异，且优化组合各生产要素的能力也有差别，必然会使其经济活动的收益存在差别。

首先，就劳动要素而言，农村劳动力的科技、文化、技能素质相对于城市劳动力而言长期偏低是不争的事实。农业基础设施陈旧落后，农业生

---

① 张俊良、何晓玉、陈丹：《农民工劳动权益保障问题及对策研究》，《农村经济》2007年第5期。

② 马克思：《哥达纲领批判》，人民出版社1965年版，第15页。

产条件落后，农具简陋、农技缺乏、农用科研技术研发与运用严重不足，农业机械化、社会化、集约化水平较低，农村人口多且人口增长过快，农业生产效率低下，与城市的工业生产相比处于明显的弱势，其劳动效率与效益低下也是有目共睹的。加上农村人口众多、增长较快，与有限的资源又相矛盾，其获取收益的难度自然加大。

其次，就土地要素而言，农村土地布局分散、田块小，且人均拥有量少，据国土资源部2006年4月16日公布的统计数字显示：我国人均耕地面积由2004年的1.41亩进一步减少到1.4亩，仅为世界平均水平的40%。[①] 大量的农村劳动力长期积压在有限的土地上从事着低效劳动，只能获得微薄的农业收入。加上城乡二元的土地政策的歧视性限制，农村土地归农村集体所有，只有使用权，没有产权，不能上市交易，也不能作为抵押换取资金，连农村住房也没有房产证，而城市的土地属于国有，住房有房产证，可以上市交换或用作抵押，且城乡土地价格差异悬殊。如“农村建设用地的价格，一般是城镇土地价格的1/3；同样的贷款，在农村一般是高利息，在城市是基准利率，或打折利率”。[②] 这些差异也直接导致了城乡居民收入差距悬殊，反映在分配制度上必然是分配不公。

再次，就资本要素而言，城乡资本差异同样悬殊。从国家的财政投入分配来看，国家“重城轻乡、重工轻农”的财政投入由来已久，城乡从国家财政获取发展资金反差巨大；从城乡人力资本的比较分析来看，农村是量多质劣，且转化为现实的生产力难度大。表现在就业难与就业后的工资待遇比市民低；从社会资本来看，市民就业有地缘、人缘与相对的科技文化素质优势，且有政府的失业保障与“再就业工程”等政策扶持，而农民即使进城务工，也面临诸多“歧视”。正如著名经济学家厉以宁所指出：经济往前发展，市民的物质、人力与社会三种资本越来越多，而农民的三种资本即使有所增加，城乡的差距、地区的差距也会越来越大，因为市民拥有更多的物质、人力、社会资本，易找“好工作”，农民则三种资本均相对不足，不易找工作或只能找“差工作”，与市民工的收入差距也

① 张晓松：《人均耕地面积1.4亩传递三大警示信号》，新华网（http：//news：xinhuanet：com/newscenter/2006－04/16/content_ 4431026）。

② 牛光：《郭树清：努力实现生产要素在城乡之间的双向自由流动》，中证网（http：//www：cs：com：cn/xwzx/11/201111/t20111113_ 3126821：html）。

会由此而生。[①]

最后，就管理、信息、技术等生产要素而言，改革开放前，农业生产是集体化大生产，管理混乱，劳动效率低下。实施家庭联产承包责任制后，是小块土地分散经营，组织化程度低，难以集中管理，农业信息缺乏，技术落后。城市的工厂则实施集中规模化生产，便于统一管理，并有专职人员从事信息处理与技术研发运用，因而管理、信息、技术等生产要素的优化组合程度较高，产生的效益与效率也相对较好。从城乡之间各生产要素的总体流向来看，长期以来，我国工农产品的价格“剪刀差”、城乡土地价格的“剪刀差”、农业税费、农村精英人力资本（农村籍大学生、农民工）、农村有限的银行储蓄等生产要素的基本流向是由农村向城市的单向流出，而由城市返回农村的生产要素却极少。这对原本各类资本薄弱的农村来说，要实现农业发展与农民收入增加目标无疑是雪上加霜。而对于城市发展而言，源源不断的资本流入无疑是锦上添花，城乡居民收入差距拉大也就由此开始。相关学者也有相似的结论，“城乡经济主体拥有的生产要素资源数量及要素的报酬率”[②] 是造成城乡收入差异的重要原因，导致的社会现实就是城乡居民收入分配不公。

（二）具体而言，农民工与市民工获取工资收入的社会成本差异也是造成农民工劳动力价格扭曲的直接原因

长期以来，由于城乡二元体制影响，导致农民工与市民工获取工资收入的社会成本也是差异悬殊，农民工到城市就业获取工资收入的社会成本远远高于市民工，这也是造成农民工与市民工收入差距悬殊、引发农民工劳动力价格扭曲的直接原因之一。例如，农民从农村到城市，一般要付出往返的路费、找工作的时间成本，有时还有职业介绍所的中介费用，还要支付一些开具诸如外出务工证明、计划生育证明等费用；社会资源缺乏、教育文化、职业技能等方面的弱势处境，也使得农民工找工作要付出更高的成本。如农民工进城后长时间找不到工作，或找到工作后被解雇又得继续找工作，也是常有的事情，在没有返回农村之前，他们还得承受“失业”的成本。如北京丰

① 厉以宁：《三种资本差别造成城乡收入差异》，《农村工作通讯》2011 年第 18 期。

② 韩汉君：《收入分配：一个从生产要素层面的分析框架》，《学术月刊》2005 年第 9 期。

台区抽样调查的相关资料显示：农民工这类"失业"的概率为33.5%，远高于同期全国城镇登记失业率的3.6%。[1] 而我国现行的失业登记制度是不承认农民"失业"的，他们不但无法享受市民同等情况下的失业救济金，还要承担背井离乡的心理成本和租房、饮食等生活成本；加上没有城市户口无法享受医保、社保、子女入学等社会公共福利政策，使得其生活成本远比市民工高。特别是农民工大都是从事重活、脏活、险活、累活等，工作环境一般较差，身心遭受伤害的比率较高，加上日常的居住、饮食、休息等条件偏差，导致农民工患病、伤亡的概率远远高于市民工，而农民工的户籍身份又无法享受与市民工同等的社会保障与公共福利，一旦有疾病或伤亡事故发生，农民工得付出更高的代价，而市民则无须付出这些成本，而且享有相对完善的社会保障与公共福利。这些社会成本的差异也是导致农民工劳动力价格扭曲的直接因素。

三　客观原因：农业、农村、农民与农民工的弱势处境

城乡居民收入分配差距悬殊，除了受城乡二元的经济体制与城乡经济主体拥有的生产要素差异悬殊等因素影响外，与城乡经济主体自身获取收入的能力与条件也有直接关系。

（一）总体而言，农业、农村与农民的弱势处境是造成城乡居民收入分配不公的客观原因

长期以来，我国工农发展严重失衡，城乡贫富差距悬殊。农村生产力落后，交通不便，经济社会文化远远落后于城市，这些早已是不争的事实；农业属第一产业，与作为第二产业的工业及作为第三产业的服务业相比，农业生产受自然因素与市场因素双重制约，具有效率低、收益小、风险大特点，农业的比较利益较低，农业生产周期较长，且受自然条件制约严重，自然风险与市场风险并存，属于弱势产业；农村与城市相比，由于历史与现实的差异，经济、文化、交通等均明显落后，属于弱势地区；农民与市民相比，在教育文化水平、社会保障、就业能力、社会资源等方面均处劣势，属于弱势群体。他们的科技文化素质相对较差，农业技术与田间管理能力较弱，获取收入

---

① 张俊良、何晓玉、陈丹：《农民工劳动权益保障问题及对策研究》，《农村经济》2007年第5期。

的能力较差、渠道较少。相关调查资料也证实：农民收入差异与其文化素质存在相关性，农民的文化程度高，其收入也高；反之亦然。[①]从分配公正的道义原则而言，弱势方不但应该有平等的分配权，而且有权利得到更多照顾。正如美国现代伦理学家罗尔斯所言："所有的社会基本善——自由和机会、收入和财富及自尊的基础——都应被平等地分配，除非对一些或所有社会基本善的一种不平等分配有利于最不利者。"[②] 而当代中国的国情决定了中国政府短期内没有足够的经济实力像多数西方发达国家那样，对农业与农民采取扶持与补贴政策，直到最近几年，经过了多年的改革开放，在经济实力壮大后，才逐渐地具备了让发展的成果供人民共享的条件，城乡发展策略才开始由新中国成立之初对农村的"过度抽取"转向了"工业支持农业，城市反哺农村"。但长期以来的我国城乡差距太大，沟壑太深，短时间内也难以缩小。而且，当代中国实施的收入分配政策对农民也非常不利。一般而言，影响农民收入的经济因素主要是通过以工资性、家庭经营性收入为主体的初次分配与以财产性、转移性收入为主体的再次分配。以初次分配为例，在初次分配中，是以市场为主导，体现的是效率优先，城市生产要素的数量与质量均远远高于农村，农业生产的效率远远低于工业生产，城市肯定比农村获利多；在再次分配中，是以国家为主导，对国民收入、社会资源在全社范围内进行调节与分配，由于决策者生活在城市，他们代表着国家对国民收入与社会资源行使决策权与分配权，他们一般不会损害自身的利益，于是出现城乡二元财税政策、二元社会保障政策、二元社会公共品供给政策、二元土地政策、二元就业政策等"城市偏向"现象也就不足为奇，城乡收入差距扩大也就不言而喻。正如美国著名经济学家 M. P. 托达罗所指出：在大多数第三世界国家，不到总人口 20% 的人之所以能得到 50% 以上的国民收入，主要原因就在于他们占有和控制了 70% 以上的生产资

① 侯爱敏、闫明：《调查显示文化素质与农民收入成正比》，《郑州日报》2013 年 5 月 10 日。

② ［美］约翰·罗尔斯：《正义论》，何怀宏等译，中国社会科学出版社 1988 年版，第 292 页。

源，尤其是物质资本和土地。但也包括表现为受过较好教育的人力资本。[①] 而且在农民收入低与获取收入能力低下的基础上，农民还需承担生产型开支（农业生产成本）、政策型开支（农村税费改革前的农业税费等）、消费型开支（家庭消费）等各种开支，而市民的开支主要是家庭消费，其工资收入一般没有成本开支，也一般不需要承担税费，只有工资收入超出了个人所得税的标准才需缴纳相应的个人所得税，而且还有各种社保、医保、劳保等社会福利补贴、津贴等。这些均是造成城乡居民的收入分配不公的客观原因。

（二）具体而言，农民工自身素质不高是造成其劳动力价格扭曲的客观原因

我国农民工教育科学文化水平总体偏低，就业观念落后，职业技能差，就业能力弱。据国家统计局2012年5月27日公布的数据显示：在我国农民工的文化水平与技能培训构成中，文盲仍占1.5%，小学水平占14.3%，初中水平占60.5%，高中水平占13.3%，中专及以上文化水平仅占10.4%，既未参加农业技术培训又未参加非农职业技能培训的农民工高达69.2%。[②] 创新能力不强，大多从事的是对教育科学文化水平要求不高、技术含量低、劳动难度不大的体力型粗活，其折合的社会必要劳动时间与劳动熟练程度不高，因而对其工资收入分配非常不利。而且农民工的维权意识弱、维权能力差，多数农民工根本不知道与雇主签订劳动合同，导致其工资与福利待遇等无法取得法律保障，有时明知合法权益受到了侵害，也不知或不愿通过法律途径去维权；加上农民工大都来自全国各地，组织涣散，各人顾各人的自私心理严重，不易形成统一的团体力量去维权，争取应得的工资收入与合法权益，而且担心雇主报复，一旦被解聘，劳动力市场上供大于求的现状又使农民工再找工作难，即使是找到了工作，也难以在短时间内适应新的工作岗位，而且新的工作岗位又得从试用期、从低工资开始；另外农民工经济基础较差，去争取高工资、维权的成本高，时间也长，胜数把握不大，担心得罪雇主被辞退，故多数农民工

---

① ［美］M. P. 托达罗：《第三世界的经济发展》，于同申等译，中国人民大学出版社1988年版，第236页。

② 聂丛笑：《2012年全国农民工总量达26261万人》，人民网（http：//finance：people：com：cn/n/2013/0527/c1004－21624982：html）。

面对低工资、差待遇也采取了听之任之、忍气吞声的态度。这些情况在现实生活中是客观存在的，且在短时间内也是难以扭转的，因而也是造成农民工劳动力价格扭曲的客观原因。

（三）农民工在劳动力市场处弱势地位，客观上也造成其劳动力价格扭曲

近年来受国际金融危机影响，国内外资、外商引进受阻，本国经济也面临结构调整、产业转型、发展速度放缓等因素影响，导致就业岗位增长不足，而国内大学生就业人数年年剧增，城镇下岗职工、新增就业人数也有增无减，农民工数量逐年增多。相关资料也显示：我国目前有1.5亿农村富余劳动力，未来几年还将以每年600多万人的速度增长。① 形成劳动力市场上就业岗位与就业人数供需失衡，存在劳动力供给严重过剩现象，按照劳动力市场的一般规律，农民工的劳动价格也一般会低于其劳动价值；尤其是在就业岗位供大于求、就业竞争激烈的现实社会，也为雇主压低雇工工资提供了条件，而相对于高校毕业生、城市下岗职工等新增就业人员而言，农民工又处于明显弱势地位，即使他们被雇用，农民工与雇主之间的力量也不对称。农民工是薄弱的个体，又来自外地，社会资源少，经济基础差，经不起折腾；而雇主处于强势买方市场，面临诸多选择，在市场经济中，追求利润最大化是企业的最大动力，降低劳动成本，压低员工工资也是基本做法，何况农民工个体还是处于弱势地位与被选择的处境，而雇主则处于垄断的优势地位，形成劳动力供给长期过剩的买方需求垄断市场。于是，完全靠劳动力市场定价的农民工工资必然远低于劳动力价值或劳动力价格。② 加上我国现阶段雇用农民工的企业基本上是非公有制企业，其产权归雇主，相关法规也不完善，特别是部分雇主的道德素质不高，逐利动机过重，也是导致农民工工资偏低、难以实现其劳动力价值的根源。正如有的学者所指出：当前我国农民工主要受雇于产权制度基本上是古典产权制度的民营企业，其生产资料所有权归雇主私人，企业决策由雇主单方面把持，其经营的目标是单一追求利润最大化，在劳动力市场上就表现为尽可能地压低工人工资。③ 这

① 白暴力：《农民工工资收入偏低分析》，《经济经纬》2007年第4期。

② 谢丽华：《农村伦理的理论与实践》，中国农业出版社2010年版，第133页。

③ 白暴力：《农民工工资收入偏低分析》，《经济经纬》2007年第4期。

些事实的客观存在，也是造成农民工劳动力价格扭曲的客观原因。

（四）农村教育落后与农民素质偏低，也是城乡收入差距悬殊的客观原因

人是生产力中最活跃的因素。因此，要想增加农民收入，就必须不断提高农民素质，而要提高农民素质，就必须大力发展农村教育事业。因为农村教育不但能“提高耕种者的劳动技能与劳动效率、增进创造潜能”[①]，而且能“增进农民的能力以适应经济增长带来的就业机会之变”。[②] 所以大力发展农村教育是实现农民收入增长的长效机制。而就目前我国农村教育的发展现状来看，这种实现农民增收、农村发展的长效机制不容乐观。以义务教育为例，我国农村义务教育条件虽然已经得到一定程度的改善，但还是存在很多问题。如教学设施设备落后，师资力量不足，师资队伍结构参差不齐，更严重的是还有一些适龄儿童辍学在家。特别是城乡教育发展悬殊，城乡教育在基础设施、师资力量、教学水平、管理制度、教师福利待遇等方面存在诸多不平等现象，进而造成了城乡学生之间接受教育的起点不公、终点不平始终存在很大差距。以宁夏固原市为例：优质教育资源基本上集中在城镇，县城内好的学校校舍宽敞，有图书馆、阅览室，还有多媒体教室、学生机房等，而农村学校则显得寒酸许多。即使同一层次的义务教育学校，也存在着较为显著的差距。教育资源配置的不均衡，导致生源及质量、效益方面的差异在逐步增大。重点学校生源好，几乎都是超大班，人数最多的达 70 多人，拥挤不堪，薄弱学校却生源少而差。[③] 从权威机构发布的《中国教育统计年鉴》中的具体数据也可得到佐证，如表 3 - 1[④] 所示。

这种城乡义务教育资源的分配失衡的态势，必然影响农村义务教育的质量，进而影响与制约农村未来的发展。而且农村的职业教育与技能培训也基本缺失，大部分农民科技文化水平低，缺乏必要的专业知识和劳动技

---

① ［美］西奥多·W. 舒尔茨：《经济增长与农业》，郭熙保、周开年译，北京经济学院出版社 1991 年版，第 108 页。

② ［美］西奥多·W. 舒尔茨：《教育的经济价值》，曹延亭译，吉林人民出版社 1982 年版，第 63 页。

③ 夏静：《教育公平：社会和谐的“瞭望塔”》，《光明日报》2008 年 11 月 12 日。

④ 资料来源：《2002 年中国教育统计年鉴》。

表 3－1　　全国城乡小学与普通中学的办学条件情况

<table>
<tr><th rowspan="3"></th><th colspan="3">小学办学条件</th><th colspan="4">普通中学办学情况</th></tr>
<tr><th rowspan="2">生均图书（册）</th><th rowspan="2">校舍危房率（%）</th><th rowspan="2">实验仪器达标比例（%）</th><th colspan="2">生均图书（册）</th><th rowspan="2">校舍危房率（%）</th><th rowspan="2">实验仪器达标比例（%）</th></tr>
<tr><th>初中</th><th>高中</th></tr>
<tr><td>城市</td><td>15.51</td><td>1.86</td><td>69.63</td><td>11.67</td><td>30.34</td><td>1.23</td><td>77.64</td></tr>
<tr><td>农村</td><td>10.51</td><td>7.57</td><td>47.16</td><td>12.45</td><td>24.26</td><td>5.32</td><td>65.78</td></tr>
</table>

能，只能从事简单的体力劳动，导致农业生产率水平低下，收入水平较低，即使是外出务工的农民工，这种状况也同样存在。由于知识水平和技能有限，流入城市后，在向第二、第三产业转移过程中，与城镇劳动力竞争时也处于不利地位，只能在专业技能要求低、劳动强度较大、环境较差的工作中获得较低的收入。可见，农村教育落后和农民素质较低，也是造成城乡居民收入差距悬殊，显现城乡居民收入分配不公的客观成因。因此，只有大力发展农村教育，全面提高农民自身素质，才能从根本上提高农业劳动生产率，增强农民增收能力，为农业、农村发展和农民增收创造有利条件，为最终消解农村经济伦理问题夯实根基。

第四节　农村消费伦理问题的成因

针对前文中描述的当代中国农村消费领域存在的农民平时消费节俭过度与即时消费不当奢靡、农村消费能力不足与恶性消费膨胀等伦理问题，具体表现在农民消费水平低下，与市民的消费差距大；农村消费结构异化，发展型消费比重偏低；农民消费观念保守，各种畸形消费形势严峻等方面。笔者认为，这些消费伦理问题的出现绝非偶然，而是由其深刻的社会历史根源、制度因素等客观原因与行为主体自身的主观原因所致。而且这些问题错综复杂，应具体问题具体分析，从影响与制约农民消费的各种因素着手，客观全面分析其成因。认为农民收入长期偏低，城乡居民收入差距一直较大是其客观因素；城乡居民享受国家社会公共福利与承担税费差异明显是造成农民消费水平低的重要原因；农民的“生存与安全”仍缺乏保障，是造成农民消费结构异化、发展型消费比重偏低的客观原因；农民自给型消费比重偏高，也严重影响着农民消费结构的合理性；农民消费观念保守具有一定历史渊源且与当代中国农村的现实条件密切相关；农民文化素质偏低与不良社会风气导致农村不良消费形势严峻；部分村干部公款消费，带坏了农村的消费环境；农村消费环境差、地形复杂、交通不便、人口分布散等因素也在客观上导致了农村消费能力不足与消费结构的不合理；农村消费市场监管不力，导致了农村消费秩序混乱；农村礼尚往来的文化根源与不良社会风气习染造成农村“人情”消费愈演愈烈。

一 传统节俭观影响与现实消费条件制约

我国农村消费伦理问题的产生不仅受传统节俭观的影响，而且受当代中国农村的现实消费条件制约。具体表现为：农村消费观念保守具有一定历史渊源；当代中国农村的现实条件造就了农民平时节俭过度的消费理念与实践；农民“生存与安全”缺乏保障、自给型消费比重偏高，造成农民消费结构异化；农村消费环境差、人口分布散等因素也制约了农村的消费能力与消费结构。

（一）农村消费观念保守具有一定历史渊源

中国自古以来就有黜奢尚俭、节俭安国兴邦的传统美德。如《尚书·周官》载：“恭俭惟德，无载尔伪”；《左传·庄公二十四年》也载：“俭，德之共也。侈，恶之大也”；管仲则曰：“审度量，节衣服，俭财用，禁侈泰，为国之急也[①]”；孔子也极力主张：“节用而爱人[②]”，并强调：“奢则不孙，俭则固[③]”；就连平民出身的墨子也主张“节用”“节葬”。古代的先贤的节俭观对当地中国农民的消费观念的影响也是根深蒂固，同时中国历史上农业生产力长期落后，社会产品缺乏，加上战争与自然灾害频繁，农民生活贫困，“兴，百姓苦，亡，百姓苦”是农民生活的真实写照，农民大多数时候处在温饱线以下，节衣缩食是消费常态，也造成了农民过于节俭，惯于积攒有限钱财备荒、备灾、备家中大事要事使用的消费心理。同时，现代社会也一直宣传与弘扬节俭美德，从中国革命战争年代提倡的“自力更生、艰苦奋斗”，到新中国成立以来，党和国家领导人始终提倡“勤俭节约、反对浪费”的优良作风，对农民的平时节俭过度的消费观念与消费行为也有一定的影响。

---

① 《管子·八观》。

② 《论语·学而》。

③ 《论语·述而》。

（二）当代中国农村的现实条件造就了农民平时节俭过度的消费理念与实践

新中国成立之初，经过多年的战争破坏，农业生产已是千疮百孔，农民生活又是以贫困开端，集体化时代农业生产的效率与效益一直低下，加上国家“重工轻农、重城轻乡”的政策导向，农民也只能选择省吃俭用、艰难度日的消费模式，那个缺食少穿的年代，也造成了农民保守的消费观念；改革开放后，农村收入有所提高，但增长缓慢，且增长幅度远低于市民收入增长与物价增长。特别是农户没有稳定的支柱型的收入来源，而一般农户都必须经历诸如娶妻子、生孩子、建房子、安葬老人等人生的大宗消费，甚至是更换大件的生产工具、添置大宗生活用品、家用电器等。一般农户均难以即时支付，而且农村的金融体系严重滞后，即使是有限的贷款也要担保人。因此，他们必须注重平时日积月累地攒钱，积少成多，零存整用才有可能应付大笔的消费开支。加上农业生产受自然条件与市场变化的双重风险，他们无法预料自然灾害与未来农产品的价格涨落情况，导致他们有限的收入也不可预期，不能乐观地去谋划未来收入。毕竟他们不像工薪阶层那样旱涝保收；同时由于农民的社会保障权益薄弱，其教育、医疗、税费等各种开支也难以确定，在收入与支出均具有不可预期性的前提下，农民会自发地选择谨慎的消费方式，为预防收入与支出的不确定性带来的风险，获得心理上安全感，他们一般不会把有限的资金完全用于消费，而会自发地、保守地选择储蓄来应付可能的风险，做到手中有钱，心中不慌，以此来实现自身效用的最大化与获得安全感。久而久之，他们的消费观念便日趋保守，并成为世代相传的消费倾向。美国经济学家赫伯特·西蒙通过实证调查与分析，也发现社会现实中，农民的经济行为（含消费行为）往往带有的自发性、盲目性、保守性等“非理性”特点，并在此基础上提出了人是有限理性的学说，认为此时的农户因自身能力和各种社会环境因素的制约，他们的经济行为不能按市场经济意义上的理性模式去分析，其行动过程难免带有随机性、不合理性甚至破坏性。[①] 西蒙的经济理论对分析我国农民平时消费过度节俭的成因也具有一定的启发意义。毕竟我国农村的市场经济还远未步入正轨，那些使农民迫于生计、陷

① 郑风田：《制度创新与中国农家经济行为》，中国农业科技出版社2000年版，第11—12页。

于风险的现实条件也远未改观，这在一定程度上也造就了农民消费观念与消费实践的保守性。

（三）农民“生存与安全”缺乏保障、自给型消费比重偏高，造成农民的消费结构异化

首先，“生存与安全第一”是前苏联农业经济学家蔡亚诺夫、奥匈帝国时期的经济史家波拉尼、美国斯科特等著名学者考察农民经济行为动因时得出的基本结论。其对于解释当代中国农民的消费结构异化，发展型消费比重偏低的成因同样具有一定的科学依据。一般而言，当代中国农民的消费结构不合理主要表现在恩格尔系数偏高、消费品构成中生存型、生产型消费比例过高等，发展型、精神型消费比例偏低，但问题的根源还在于农民的收入偏低。毕竟在收入有限的前提下，农民是理性的，他们消费行为的道德动机仍属蔡亚诺夫、波拉尼、斯科特等的“自给小农”的生存动机道德理论的范畴，“生存与安全第一”是其消费伦理的“刚性”原则，他们必须选择满足基本的吃、穿、住等生存型消费优先原则，在满足基本的生存型消费后，他们再考虑生产型消费，即购买种子、化肥、农药、除草剂、地膜、农具等农业生产必需品。这些消费对收入不高的农民来说是“刚性”的，对一些收入较高的农民来说也是必需的。同时，在有限的收入内，农民在生存型、生产型消费投入过多，发展型消费也就自然少了，这也是造成农民恩格尔系数偏高、消费品构成中生存型、生产型消费比例过高的主要原因之一。而在现实生活中，一些收入高的农民有了闲钱后确实在教育文化等发展型与享受型消费方面的投入更多，这也印证了马斯洛需求层次理论的科学性与有效性。同时，还有不少农民虽然有钱，但目光短浅，小富即安，无法预料教育、科学、文化等发展型消费带来的潜在利益，习惯于存钱建房或储蓄。买书、看报、接受教育培训等也难以短期见效获利，故不愿意投资这类发展型消费，这也在一定程度上加剧了农民消费结构异化，发展型消费比重偏低的社会现实。

其次，当代中国农村受传统以来自给自足的自然经济影响仍然根深蒂固，社会化程度较低。大部分生存型消费品在农村基本上能够自产自销，十天八天不出门购物，农民生活不会有太大的影响。如粮食、蔬菜、禽蛋、咸菜等，农民既是生产者，又是消费者。在消费有盈余后，他们才会拿到市场上去变卖。改革开放前，农民的穿着也基本上是自给的。很多农户均会自种棉花，农家妇女农闲时忙于纺线、织布、做鞋等针线

活，用以满足自家人的穿着。诸如此类的自给型消费在农村一直延续着，且越贫困落后的农村，这些自给型消费的比重越高。改革开放后，自给型消费的比重虽然有所降低，但仍未有明显改观。以甘肃省农民的自给型消费状况为例。如相关资料显示：1978—2003 年间，该省农民的自给性消费比重过大，且绝对数量呈递增趋势。[①] 再以全国的农民自给型消费状况为例，相关资料也显示：从 20 世纪 80 年代中期后我国农户消费结构的发展趋势看，自给型消费比重一直在 60% 左右徘徊，并无下降趋势的迹象，特别是 1999 年我国农民的食品支出为 829.06 元，而其中现金支出仅为 425.98 元，自给型消费约占一半。其中主食的自给性消费比率高达 85%，副食为 42%。[②] 从以上材料中不难发现，农村这种自产自销的自给型消费比重过高，不仅具有历史渊源的因素，也具有现实条件所限的成分，它不仅会降低农村消费的有效供给，挤压农村商品的销售空间，也给农业生产自身的结构调整制造了障碍，妨碍了农业产业化、农产品商品化进程，进而影响到农民消费结构的合理性，并由此抵制了外来商品的进入，造成农村消费需求不足，从而影响到整个社会经济的有序运行。

（四）农村消费环境差、人口分布散等因素也制约了农民的消费能力与结构

消费环境是指消费者在生存和发展过程中面临的、对消费者有一定影响的外在的、客观的制约因素。[③] 在农村，造成农民消费能力不足与消费结构异化的外在、客观因素也较多。如农村交通落后，地理位置偏僻，人口分布散、农村商品价格高于城市、农村消费条件差甚至缺失等。这些均是农民消费能力不足与消费结构异化的客观原因。

首先，农村交通不便，地形复杂，距离城镇商品批发点或大型购物点路途远。特别是贫困山区、革命老区、边远山区、少数民族地区等农村，情况更加复杂，附近的批发市场与规模购物点基本缺失，商品运输与销售特别困难，成本也会相应上升，商品零售价也就自然升高，而且商品从城里批发到乡下，至少多一道批发程序，商品运到乡村的小卖部后，还得加上运费与工钱，这就造成了虽然农民收入不如市民，但实际上消费着价格

---

① 张英：《当前我省居民消费结构中存在的问题及对策》，《发展》1994 年第 5 期。

② 刘建国：《我国农户消费倾向偏低的原因分析》，《经济研究》1999 年第 3 期。

③ 尹世杰：《消费经济学》，高等教育出版社 2003 年版，第 40 页。

高于市民的商品的客观事实；春节期间，笔者每年见证了农村小卖部商品提价的事实，而同期的城市超市一般均会在节庆日降价促销商品，从而形成城乡二元消费品价格差异。

其次，一些现代化的消费商品与消费场所，农村还没有条件进行消费。如一些偏远山区电话、有线电视、网络线路还未接通，甚至有的地方手机信号也没有；农村没有大型超市、商场，公园、公交、文化宫、电影院、剧院等消费场所及网络超市、网上商店等网购场所或条件，还有一些商品的售前宣传、免费送货上门、免费安装、免费维修、免费技术指导等售前、售后服务在农村也因农村路途遥远、客户偏少且分散等现实困境而难以实现；农村针对农民的教育培训机构、职业学校等发展型消费设施基本缺失，客观上也使农民的发展型消费难以实现；加上农村金融体系严重滞后，农村信贷消费对农民来说更是望尘莫及，这些状况均表明农村的消费环境差造成农民的消费能力不足与消费结构异化。

最后，农村居民居住相对分散，人口不集中，商品消费也难以形成规模效应，客观上也造成大型超市、商场、网络销售等在农村难以生存，农村商品销售网点数量偏少，商品品种不全；加上很多企业的营销策略一般紧盯城镇消费者，在产品的设计、销售渠道、促销手段和定价等方面一般很少考虑农村消费者的需求，一定程度上也使得农村市场的供需脱节。据相关机构对20多家全国著名消费品生产企业的调查显示：只有10%企业对农村市场进行过系统调查，只有8%设有专门的农村市场营销部。① 这也在一定程度上制约了农村消费市场的发展，给村民消费带来诸多不便，既抑制了农民的正常消费需求，又束缚了农村的消费能力，阻碍了社会经济的有效运行。

二 礼尚往来文化根源与不良社会风气习染

造成农村的“人情”消费（畸形消费之一）愈演愈烈的成因，既有中国传统社会礼尚往来的历史文化根源，又有当代中国一些不良社会风气习染因素所致。

（一）礼尚往来的文化根源与不良社会风气习染造成农村“人情”消费愈演愈烈

① 刘建国：《我国农户消费倾向偏低的原因分析》，《经济研究》1999年第3期。

1. 礼尚往来是造成农村“人情”消费愈演愈烈的文化根源

中国自古以来号称礼仪之邦，礼尚往来已成为人们社会交往的道德准则与伦理规范，由此也就产生了礼尚往来的“人情”消费，此种消费对“熟人社会”的农村影响尤为深刻，“人情大于天”也早已深入广大农民的道德心理，殊不知，中国传统伦理的次序是“天、地、国、亲、师”，“人情”排到了“天”的前面，足以说明“人情”在人们心目中的分量。于是，在农村，无论谁家有“红白”喜事，亲朋好友间请客送“礼”已成天经地义的习俗，不请或不送“礼”，则意味着从此绝交，由此会招来道德谴责而失“脸面”。而无论在传统中国的道德文化里还是在现代中国的道德生活实践中，“脸”是“耻”的道德根源或“耻”的道德现象形态；“面”是“耻”的伦理根源或“耻”的伦理现象形态；“脸面”是中国传统道德体系和伦理精神的基本元素和原色。[①] 有如此深刻的道德意蕴，也难怪中国人会普遍信奉“人活一张脸，树活一张皮”的处世哲学，“脸面”对中国人来说太重要了，正如有的学者指出：“中国人的脸……有时好像争脸是人生的第一要义，甚至倾家荡产而为之，也不为过”。[②] 于是，为了“人情”，农民可以“头顶锅盖卖，人情大于债”，在“人情”文化如此深厚的土壤上，农村“人情”消费愈演愈烈也就司空见惯了。

2. 当前一些不良社会风气也助长了农村的“人情”消费

随着农村经济的发展，特别是农村市场化的发展，农村原有的人情消费如劳动互助、亲情慰藉等基本消失，并在市场经济的负面影响及拜金主义的直接影响下，“人情”消费中的“礼品”也逐渐被“礼金”（现金）所代替。于是，“人情”也逐渐货币化，货币成了“人情”往来的主要载体，并呈现出“人情”消费的货币越多，代表“人情”越厚，亲情或友情越浓的常态。所以，货币成了衡量“人情”的尺度，农民的“人情”消费也趋于此种消费理论，且伴随着农民生活水平与收入的逐步提高，“人情”消费的水准也逐步升级，消费的货币数额也越来越大，加上亲朋好友间也会相互攀比，彼此炫耀，也人为地助长了农村的“人情”消费；而且有些农村的“人情”消费已发生“异化”。如一些农民出于“炫富”

---

① 樊浩：《耻感的道德哲学意义》，《光明日报》2006 年 10 月 30 日。

② 林语堂：《中国人的脸》，载刘道清、宋致新《品位人生——中国现代文化名人谈》，湖南文艺出版社 1992 年版，第 701 页。

目的或"摆阔"心态，"人情"消费是其最好的表现方式。正如学者指出："一个家庭，即使收入不高，但为了不被别人轻视，也需要炫耀型消费。对于社会的多数家庭来说，实际上存在两种消费模式，一种是家庭内部的消费模式，通常比较简单、省钱；另一种是公众场合的消费模式，花钱多。家庭内部比较省钱的消费是比较隐蔽的，往往不被人知道；而显眼的炫耀型消费则是旁人可见的，且消费者也希望旁人知道，这正是摆阔的需要"①；当然，还有一些手中有权的人是为了"敛财"，通过五花八门的理由，时常大摆宴席，借助"人情"消费的幌子，变相进行受贿，这些在一定程度上也助长了农村的"人情"消费。

（二）部分村干部公款消费，带坏了农村的消费环境

当前，部分村干部利用工作之便公款消费也经常发生，主要原因是因为村级党务、村务管理与监督不力，导致村级党务、村务不公开或公开流于形式，腐败现象向村级侵蚀与蔓延，以及部分村干部党风不正、政风不廉所致；加上村干部没有正式编制，收入较低，而村级事务又繁多，工作的付出与收入的回报不对称，廉洁自律教育不深。于是滋生了公款吃喝消费、公款购买物品私用等消费现象。一般而言，村干部是村民的主心骨与指向标。俗语所说："村看村，户看户，农民群众看干部"，他们的言行举止对农民的价值认同影响深远。如部分领导干部的诚信意识、生态意识等缺失甚至行为失范，均会无形地影响到村民的价值认同，特别是部分村干部公款消费及一些党政干部的腐败现象，就会直接降低农民对社会主义核心消费价值观——文明消费、科学消费、适度消费产生质疑，如此公款消费，必然影响农村的消费环境，也使得本来就拮据的公共财物难以用到改善农村消费环境的公共基础设施上去。同时，受社会不良习气影响，"笑贫不笑贪"的价值取向在农村已被一些村民认同，也助长了部分村干部公款消费的习气，进而败坏了乡村的文明消费、合法消费、科学消费、适度消费的良好环境。

（三）农民科技文化素质偏低与不良社会风气习染导致农村恶性消费膨胀

1. 封建迷信等愚昧型消费有其深刻的历史根源

长期以来，我国农村生产力落后，农民的教育科技文化素质偏低，对

① 厉以宁：《经济学的伦理问题》，上海三联书店 1995 年版，第 148 页。

诸多自然现象无法解释，进而产生恐惧与盲目崇拜心理，加上农村精神文化生活贫乏，导致封建迷信活动在农村根深蒂固，实施家庭承包责任制后，随着劳动效率提高与土地的减少，农民的劳动时间缩短了，空余时间增多了，农民收入也有所提高。因此，各种封建迷信所致的愚昧型消费又沉渣泛起。有的学者也有相似结论：农民信奉宗教是由于文化科学知识贫乏，农民对自然力量的恐惧和无知。①

2. 各种畸形的炫耀型、攀比型、盲从型消费形势严峻主要是不良风气所致

现阶段，农村受消费主义与“面子”文化影响深远，造成了各种扭曲的消费心态，表现出各种炫耀型、攀比型、盲从型等畸形的消费形式，这类消费者的消费动机不是为了提升生活质量与享受生活，而是为了显示自己身份、地位和财富。有些致富，甚至暴富后的农民正是出于这种消费心理，为了显示自己的财富，提升身份、地位或声望，满足内心自尊或虚荣，不惜把消费当作一种显示财富、维护和宣传自己身份、地位、声望等社会资本的有效工具，通过在公共场合的炫耀型、攀比型消费来实现，以获取别人的认同或尊敬，满足内心的自尊与虚荣。正如美国制度经济学创始人托斯丹·邦德·凡勃伦所指出，“财富本身内在地具有荣誉性，而且能给予他们的保有者以荣誉。拥有财富是博取荣誉的基础，也是获取自尊心的必要手段。但是，只有通过消费，财富的作用才能得以发挥”②；国内也有的学者认为：农民往往会借助攀比消费来达到炫耀自身财富的目的，或表达自己是“孝子贤孙”等美誉；③ 费孝通先生通过长期的农村蹲点实证调查，并结合中国的传统习俗，指出中国农村普遍存在伦理型攀比消费，即“人们认为婚葬礼仪中的消费并不是个人的消费，而是履行社会义务，父母应尽最大能力为女儿婚礼准备最好的彩礼与嫁妆，在可能的条件下，摆设最好的宴席；孝子必须为父母提供最好的棺材与坟墓”。④而造成盲从型消费的主要原因是一些农民并不了解商品的性能、价格等，

---

① 李学昌：《危机与出路：当前农村社会问题研究述评》，《史林》2003 年第 4 期。

② ［美］托斯丹·邦德·凡勃伦：《有闲阶级论》，蔡受百译，商务印书馆 2001 年版，第 132 页。

③ 朱梅、汤庆熹、裴爱红：《农村居民不良消费行为的文化动因及对策研究》，《湖南农业大学学报》（社会科学版）2007 年第 12 期。

④ 费孝通：《江村经济——中国农民的生活》，商务印书馆 2001 年版，第 112 页。

只是出于显示自己不比别人差或从众心理，觉得别人有的自己也该有，大家都买了，即使是吃亏上当也不只是自己个人。这种消费不是出于实际需要而购买，而是从众心理、攀比心理或迫于社会关系、社会压力而不自愿地消费。

3. 农村休闲场所少、农民空余时间多、农村赌博习气遗留等综合因素，造成农村赌博这一恶性消费日益膨胀

农村公共休闲娱乐场所很少，公园、电影院、剧院、溜冰馆、健身室、图书馆、阅览室、各类球类活动场所等基本缺失，各种文体活动也很少，导致农民空余时间难以打发，精神生活贫困。而改革开放后农民收入稳步提高，一定程度上为赌资创造了更好的条件；家庭联产承包责任制实施后，农业劳动的效率提高与农村建房、修路与工业化等占地增多使农村人均耕地减少，造成农民自由支配的时间也日益增多；加上农业生产的季节性特点与农闲时间长，如北方农村的"四季歌"所描绘：农民是"三个月种田，三个月过年，三个月游闲，三个月耍钱"①，这些均为农村赌博这一恶性消费创造了有利条件。

农村赌博风气由来已久，有其历史根源与滋生赌博的土壤，农村经济文化落后与赌博成风也有一定关联。自古以来，我国农村的经济文化落后，农民物质生活艰苦，精神生活贫困，赌博一直是部分农民短暂求乐的一种方式；农业劳动的艰辛、农村赚钱的渠道有限及不良社会风气影响，也造成了部分村民好逸恶劳、好吃懒做的生存方式，农业收入微薄的社会现实也使部分村民迫切希望撞上"好运"的赌徒心态，希望通过赌博实现不劳而获，最好是"一夜暴富"。有学者也有相似的看法，认为中国农民受传统赌博文化影响最深。②

三　农民收入偏低与城乡居民收入差距大

农民收入长期偏低，城乡居民收入差距一直较大，这是造成农民消费能力不足，且与市民消费差距大的主要原因。毕竟收入是决定消费的核心要素，这也是西方现代经济学中英国凯恩斯的绝对收入理论、美国弗里德曼的持久收入理论、美国森贝里的相对收入理论、美国莫迪利安尼的生命

---

① 杨幼松：《农村"四季歌"出现大变化 宝清万名农民春节忙赚钱》，《黑龙江日报》2005年2月19日。

② 朱梅：《从农村"六合彩"赌博看农村居民理性的演变——一个经济社会学的视角》，《湖南社会科学》2005年第6期。

周期理论等经济学理论的基本共识，其对于解释我国农民平时消费过度节俭与农民消费能力不足等伦理问题的成因同样具有一定的科学依据。新中国成立以来，农民收入长期偏低、增长缓慢，城乡居民收入差距过大是造成我国农民消费水平低下且与市民的消费差距明显的主要原因。新中国成立之初到1957年间，国家还没有实行严格的户籍制度，农村劳动力可在城乡之间自由择业与定居，城乡收入差距不大，1958年开始国家颁布了《中华人民共和国户口登记条例》，城乡二元户籍制正式形成，在国家重城轻乡、重工轻农、重市民轻农民的政策导向下，国家实施了“农业反哺工业，农村支持城市”的发展战略，加上无形的工农产品价格“剪刀差”，市民的劳动报酬必然远远高于农民，城乡居民收入差距开始拉大。改革开放之初的1978年我国农村居民可支配收入为113.6元，城镇居民可支配收入为323.4元，二者绝对差为209.8元，差距比为1∶2.57；1980年，我国农村居民可支配收入为191.3元，城镇居民可支配收入为477.6元，二者绝对差为286.3元，差距比为1∶2.50；1992年，我国农村居民可支配收入为784元，城镇居民可支配收入为2026.2元，二者绝对差为1242.6元，差距比为1∶2.58；2002年，农村居民可支配收入为2475.6元，城镇居民可支配收入为7702.8元，二者绝对差为5227.2元，差距比扩大到1∶3.11；[①] 2012年农村居民人均纯收入为7971元，城镇居民人均可支配收入为24565元，二者绝对差为16594元，比值为1∶3.08；[②] 从绝对数字来看，农村居民人均纯收入由1949年的44元提高到2008年的4761元，其中1949—1978年年均名义增长3.9%，1979—2008年年均实际增长7.1%；[③] 从国家统计局公布的相关数据来看，1978—2008年城镇居民人均可支配收入从1978年的113.6元增加到了2012年的7971元，历经35年增长了7857.4元，年均增长约224元，这确实是个巨大的进步，但从新中国成立以来，特别是改革开放以来城镇居民人均可支配收入的增长数据与国民生产总值的增长数据来看，农民人均纯收入增长仍然滞后。如1985—2006年，我国农民人均纯收入年平均增幅仅为12%，比同

① 根据《中国统计年鉴（2012）》公布的数据整理计算而得。

② 孙春祥：《2012年基尼系数为0.474 城镇居民收入差距超4倍》，《北京晨报》2013年1月19日。

③ 国家统计局：《光辉的历程　宏伟的篇章》，国家统计局网（http：//www：stats：gov：cn/tjfx/ztfx/qzxzgcl60zn/t20090907_ 402584869：htm）。

期的城市低1.5%；特别是1997—2003年间我国农民人均纯收入年平均增幅更慢，仅为2.4%；[①] 扣除物价上涨因素，农民实际的购买能力并没有显著的提升，而且人口较多，农业劳动生产的效率与效益的双重低下，农民的收入很难有实质性的提高。正如著名农村问题专家陆学艺指出：2007年农村人口占全国人口的比例为55.1%，农业劳动力在就业结构中占的比重为40.8%，而当年农业在GDP中所占比例仅为11.3%。三个数据表明，占就业结构中人数比重40.8%的农业劳动力，只创造了11.3%的增加值，却要去分配给占总人口55.1%的农民，农村怎会不穷？[②] 而且在城乡居民及农民内部之间，近年来收入差距均在明显拉大，这已是不争的事实。学者的相关研究也证实：我国的收入差距一直在扩大，城乡居民人均收入差从2000年的2.8倍扩大到2008年的3.3倍；农村居民中，收入最高的20%与最低的20%的差距，从2000年的6.5倍扩大到了2008年的7.5倍；在2008年，农村消费倾向为76.9%，而城镇仅为71.2%，也反映出农村的收入比城镇低。[③] 同时，农业生产受气候、土地等自然条件制约，各种自然灾害频发，也导致农业收入不稳定，农民歉收甚至颗粒无收的状况也在所难免；加上近年来物价飞涨，农业生产的种子、化肥、农药、农具等生产型成本也不断上升及农产品的市场风险系数大，农业生产增产不增收甚至赔本的现象也时有发生，这些农民收入长期偏低、增长缓慢，收入不稳定，且与市民收入差距拉大的事实，均是造成农村消费能力不足与农民平时节俭过度伦理问题的主要原因。

四 城乡二元公共品供给与税费制度影响

城乡居民享受国家社会公共福利与承担税费差异明显，也是造成农村消费能力不足与农民平时节俭过度伦理问题的重要原因。当代中国特殊国情条件下的城乡二元体制决定了我国农民的社会保障水平低，获取的社会公共品少，教育、医疗、住房、养老等民生方面的支出比重过高，农民经济负担沉重。同时受城乡二元体制影响，我国的社会保障制度与公共福利政策也呈城乡二元状态，大部分是市民有、农民无。如农村税费改革前，

---

① 李文煌：《关于农民消费结构升级的思考》，《金融经济》2008年第8期。

② 陆学艺：《新一轮农村改革为什么难》，中国农村研究网（http：//www：ccrs：org：cn/web/xzwk/html/2013/06/11188：html）。

③ 关志雄：《扩大消费的关键是收入分配政策》，和讯评论网（http：//opinion：hexun：com/2009－08－07/120340264：html）。

农民不但要承担义务教育的所有费用，还要承担教育附加税等税费；医疗费用也是由农民全部承担，实施农村新医保制度后，报销的比例也有限，农民仍需负担相当一部分；而住房、养老等社会保障农民至今仍然缺失，农民得自己建房，也无法享受市民的住房公积金、购房“按揭”还房贷等政策扶持，更无法享受市民的“养老金”“退休金”等社会公共福利政策，他们时刻得为这些民生层面的现实问题筹备钱财，有钱也不敢轻易消费。已有的社会保障也存在城乡居民社会保障水平差异悬殊问题，以2013年国家民政部公布的相关资料为例：2012年全国城市低保对象为2143.5万人，农村低保对象为5344.5万人；城市最低生活保障标准为人均每月239.1元，而农村只有104元，前者是后者的2.3倍。[①] 从人数上分析，前者是后者的0.4倍，而2011年全国第六次人口普查结果早已显示我国农村人口只占全国总人口的50.32%[②]，说明农村贫困人数远比城市多、贫困现象比城市严重；从社会保障标准来看，前者是后者的2.3倍，说明城市低保的水平依旧比农村高。从这些数据比较中也可找到城乡居民收入差距大，农村消费能力不足、水平低的根源。另外，劳动者收入与其接受的文化教育、技术培训等成正比，这是学界的基本共识，而文化教育、技术等又是农民的致命弱点，无论是在家务农还是外出打工的农民工收入一定程度上都受无技术、教育文化水平不高等制约而收入不高；而且由于历史原因、区位因素及发展差异，我国农村的贫困问题一直是个世界难题，至今仍未解决。依据国家扶贫办的新标准，从国家统计局公布的数据来看，截至2011年我国农村扶贫对象仍有1.22亿人，占全部农村人口的12.7%。[③] 上述因素的相互交织，必然会影响我国商品或服务在农村消费市场的销售，这也是造成农村消费能力不足与农民平时节俭过度伦理问题的重要原因。

综上所述，造成农民消费能力不足、消费结构异化伦理问题的成因，既有农民收入长期偏低、增长缓慢，城乡居民收入差距过大等根本原因，

---

① 民政部：《民政部发布2012年社会服务发展统计公报》，人民网（http：//politics：people：com：cn/n/2013/0619/c1001－21892537－2：html）。

② 马建堂：《第六次全国人口普查主要数据发布》，中央政府门户网（http：//www：gov：cn/gzdt/2011－04/28/content_ 1854048：htm）。

③ 国家民委：《2011年少数民族地区农村贫困监测结果》，中央政府门户网（http：//www：gov：cn/gzdt/2012－11/28/content_ 2277545：htm）。

又有农民保障水平低，教育、医疗、住房、养老等民生方面的支出比重较高，农民负担沉重，农业收入受自然条件制约，收入不稳定、物价上涨过快等重要因素。正如著名学者樊纲所指出：中国农民消费水平低下并非农民有钱不消费，而是农民没钱消费。事实上中国农民是国内消费倾向最高、储蓄率最低的群体。而且中国的社会保障体制不健全，假如农民把所有收入都拿去消费，那孩子上学、寻医看病就没着落了。① 这也一针见血地道出了当代中国农民平时消费过度节俭、消费能力不足、消费结构异化等伦理问题的根源。

五 农村消费市场监管不力

长期以来，我国农村消费市场面广、量大、人多、事杂，执法监管部门人员配置、装备不足，监管不力，有时也存在鞭长莫及的现实难题，导致了农村消费秩序混乱。许多农村市场管理混乱，相关部门执法、监督不力，部分不法经销商利欲熏心及农村消费者教育科学文化素质偏低、鉴别判断能力差等均是导致一些假冒伪劣产品充斥农村，以次充好，“坑农、害农”事件频频发生的根源。农村市场不像城市市场时刻有工商、税务、城管、食品监管等诸多部门监管，还存在诸多漏洞，相关管理、执法、监督部门也都驻扎在城市，农村是盲区，只有接到农村消费者侵权举报后才下乡督察，而农民的维权意识较差，举报者很少，加上农村路途遥远，执法难度也大。导致部分在城市滞销甚至是腐坏变质的商品往往直接倾销到农村，一些农民由于教育科学文化素质偏低，鉴别判断能力差，有时会不分青红皂白地将其买下，当然有时也是贪便宜，使用后才知上当受骗，甚至使用后有引发人身伤亡的事件；还有些不法经销商利欲熏心，甚至不择手段官商勾结，批量推销或压销劣质、变质种子、农药、化肥、地膜等农用产品或其他商品，严重干扰了农村市场的正常秩序，损害了农村消费者的利益，也直接破坏了农村的消费环境。

综上所述，“冰冻三尺，非一日之寒”，通过对以上我国农村生产、农村交换、农村分配、农村消费四大环节中具体伦理问题的成因分析，可以发现我国农村经济伦理问题的产生，既有历史的根源，又有现实的困境；既有客观的原因，又有主观的因素；既有相关领域的制度缺陷、法规

---

① 樊纲：《中国人消费水平低的原因在于可支配收入低》，中国新闻网（http：//www：chinanews：com/cj/plsd/news/2006/12－15/838510：shtml）。

漏洞，又有行为主体的自身问题；既有相关部门宣传、教育工作不到位的因素，又有相关人员的执法、监管不力的原因。农村经济生活领域的诸多伦理问题频频出现，总体上表明我国农村经济伦理建设的长效机制仍然缺乏或执行不力，乡风文明的建设任务仍然艰巨。所以，我们必须与时俱进地更新经济发展理念，树立科学发展、公正发展、绿色发展理念；建构农村经济价值观或经济伦理观认同的长效机制，核心任务是要使农村经济伦理规范制度化、法规化，重点任务是坚持不懈地把农村经济伦理规范落实好、实践好。毕竟推进农村经济伦理观的大众认同关系到贯彻落实党和国家农村经济政策、制度的效率与效果，关系到新农村建设的成败，关系到农村经济伦理建设的成败。然而，在农村经济社会的长期发展过程中，我国经济伦理建设的制度化、常态化、长效性的工作机制甚为缺乏。具体表现如下：

首先，问责机制缺失。改革开放以来，我国的农村工作基本上以经济建设为中心，GDP 增长成为考核基层政府官员硬指标，纳入了问责机制，而生态理念严重缺乏，意识不到生态环境对人类生存与发展的重大意义。同时农村的精神文明建设也被边缘化，没有把培育与践行社会主义经济伦理观与推进农村经济发展工作紧密结合起来，农村精神文明建设与生态文明建设的成绩并非考核基层政府官员的硬性指标，进而造成农村经济伦理建设与生态文明建设问责机制缺失，农村精神文明建设与生态文明建设目标管理责任不明，缺乏长远规划与具体到位的措施，没有设立专门的组织机构、相应的配套资金，也没有专人负责来组织协调农民的价值认同与道德提升问题，问责机制的缺失，一定程度上也导致了农村经济伦理问题的发生。

其次，示范机制缺失。“抓先进、树典型、带后进、变先进”，这是精神文明建设的常规思路，通过先进人物的示范作用与人格感染，是推进经济伦理观认同最鲜活、生动、有效的素材，通过形式多样的报告会、座谈会、表彰会、媒体宣传等立体化途径，使社会主义核心价值观走入农村生活、走近农民大众、深入农民内心。如诚实劳动、合法经营；节约与合理利用资源、爱护与保护自然环境；公正分配、科学消费等先进事例与社会正能量缺乏有效的渲染与弘扬，这些道德建设的常规性示范机制在农村也基本缺失，使得一些先进人物的典型事迹与人格魅力在农村难以得到张扬与激荡。而与此相反，农村一些投机暴富、唯利是图、非法暴富，甚至贪污腐化的思想与事例却得到了实惠，“享受”了常人难以体验的舒适、体面生活，在农村却逐渐被人们包容，甚至是羡慕。因为只要有大张旗鼓地“炫富”“炫腐”社会风气，就难免会产生“羡富”“羡腐”盲从心理。于是，在农村出现“笑贫不笑娼、耻勤不耻贪”的价值认同态势也就不足为怪。特别是不少领导干部市侩主义、实用主义猖獗，贪污腐化、公款吃喝玩乐等事例频频被曝光，他们的言行又怎能去影响与示范农村经济主体诚实劳动、合法经营及见利思义、见得思义呢？“中国农村已出现伦理型危机”①，或许从这个层面也可找到真正成因。

最后，奖惩机制缺失。奖惩机制是指以奖优罚劣保障工作落实，这是推进经济伦理观大众认同的重要抓手。建立奖惩机制，褒扬一切认同和践行经济伦理观的集体和个人，扬善惩恶、贬浊扬清。而在农村，常有做好事遭人嘲笑；节约使用水、生物等自然资源视为“小气”“吝啬”；保护环境、爱护公务、帮贫济困被称为“多管闲事”；勤俭持家、诚实劳动、诚信经营被视为跟不上“时代潮流”；为集体卖力、为公益献身被视为“傻子”；见义勇为者“流血又流泪”的事例也屡见不鲜；维护村容整洁与生态环境难以得到褒扬与奖励，破坏村容整洁与生态环境惩罚太轻甚至没有惩罚。先进分子得不到奖励、典型事例得不到张扬，社会正气难以激发，正能量难以发酵生效，激发人们价值认同的动力不足，特别是见义勇为基金机制远未普及，现有的也比较乏力，存在基金数额不足、奖励力度不大、行为认定烦琐等现实难题；同时，一些损公肥私、以公济私等行为缺乏严厉的惩罚机制，已有的一些惩罚机制也存在操作困难、惩罚力度不够、难以形成惩恶的震慑力、教育力、规范力，这些因素在一定程度上也为农村经济伦理问题的发酵创造了条件。

总之，我们需要认清农村经济主体的思想状况、提炼出切合农村与农村经济主体实际，适合农村经济社会发展的经济价值观的科学内涵，清晰洞察农村社会生态与经济状况的变化及其矛盾，以及内在变化对认同路径与长效机制建构的挑战，是我们化被动为主动、化“危”为“机”、化“险”为“夷”，构建切合农村经济特点与实际的认同路径与长效机制，最终真正实现社会主义主流经济伦理观“渗透到群众的意识中去，渗透

① 申端锋：《中国农村出现伦理性危机》，《经济管理文摘》2007 年第 9 期。

到他们的习惯中去，渗透到他们的生活常规中去”[①] 的目标。事实上，我国农村的经济伦理建设，存在科学的理念薄弱，相关的法制滞后、制度缺陷，认同机制的缺乏、利益机制的薄弱、长效机制的乏力、行为主体的宣传教育与奖惩力度不够等现实困境，这些的确是当前我国农村经济伦理建设的薄弱环节，也是产生诸多农村经济伦理问题的现实原因，更是我们今后需要努力的方向，我国农村经济伦理问题的消解，也需要从具体的困境中认清方向、理顺思路、找准路径。

① 《列宁全集》（第39卷），人民出版社1986年版，第100页。

第四章　当代中国农村主要经济伦理问题的消解路径

针对当代中国农村生产、交换、分配、消费等经济活动中暴露出的主要伦理问题，在客观而全面地分析其成因的基础上，应有效结合伦理学与经济学、社会学、管理学、政治学、农学、历史学等学科领域的相关知识，充分利用近年来国家的涉农政策、方针、路线、制度中的有利条件，参考、借鉴相关学者的成功经验与有益尝试，对症下药，寻求切实有效路径，以消解农村经济活动中的具体伦理问题，为农村经济社会的持续、健康、有序发展提供伦理依据与道义支持，为破解“三农”问题提供思想支撑。

第一节　农村生产伦理问题的消解路径

针对我国农业生产中农药、化肥、地膜等农业化学品过量使用；农作物秸秆大量焚烧；乡镇企业生产的废弃物违规排放与城市污染向农村转移等造成农村污染严重，生态环境恶化与农村的土地资源、水资源、生物资源等浪费严重的现状，笔者已从宏观的农村经济制度、中观的农村经济组织——乡镇企业与城市向农村迁移企业、微观的农村经济个体——农民三个维度分析了上述问题产生的根源。认为这些问题的消解，仍然要从问题的根源去寻找对策，应该通过推进城乡环保一体化，实施生态农业发展战略；加强农村节能环保法制建设，严格规范农村排污行为；加强农村企业环保节能制度与企业伦理建设，规范与引领农村企业的生产行为；加强农民生态伦理教育，引领与规范农民的生产经营活动四条路径去加以应对。

一　推进城乡环保均衡发展

长期以来，受城乡二元体制影响，我国的环保体制也呈现城乡二元状态，城市的环保机制相对完善，国家财政支持的环保经费较多，环保机构较健全，环保基础设施较好，并配置了专职的环保工作人员，而农村的环保机制则明显滞后，国家财政支付农村的环保经费基本为零。村委会、乡镇这两级机关的环保机构、环保专职人员、环保基础设施等也基本缺失，这在一定程度上也为城市污染向农村转移提供了便利，加上农村的农业生产中长期大量使用化肥、农药、地膜等化学农用品，农民的环保意识淡漠，焚烧秸秆也司空见惯。诸多因素导致农村的环境污染与资源浪费问题非常严重，这不仅扩大了城乡环保事业的发展差距，也违背了当前社会主义新农村建设中“生态良好”的基本要求。而要扭转这一趋势，就必须从完善农村环保体制机制入手，通过加快实施城乡环保一体化与生态农业发展战略去推进城乡环保均衡发展。具体措施如下：

（一）加快推进城乡环保一体化战略

借助国家大力推进城乡一体化发展战略，充分利用有利时机，废除城乡二元环保体制，遵循“以工促农，以城带乡”的治污原则，加大对农村环保事业的资金、技术、人才投入，优先保障农村环保事业的正常运转，逐步消除城乡环保投入差距，加快推进城乡一体化环保战略，特别是针对目前环境污染已向农村转移、城市环境明显好于农村的事实，政府应在财政投入、城乡环保资源分配时适当向农村倾斜，优先保证欠发达地区农村的环保资源的有效供给，建立财政支农与科技强农持续增长机制，以实际行动来推进农村环保事业发展，以保障环保投入公平，体现国家公共财政的公益性、公共性与公正性。只有这样，才能从体制源头消除农村污染的诱导因素。正如美国著名经济学家舒尔茨所指出的：“从根本上说，传统农业的改造取决于投资”①。毕竟城乡一体化环保战略属于统筹城乡发展战略的一个重要组成部分，农村环保事业属于社会公共事业，是政府履行社会经济管理职能的范围，政府应肩负起主要责任，加大农村环保投入也是政府的社会管理职能与职责。因此，政府要严格按照新农村建设中“生产发展、生活富裕、生态良好”的发展要求，树立绿色发展理念，遵循农业生产与生态环境和谐、协调发展路径，紧紧围绕“资源节约型与环境友好型”社会建设发展目标，在发展原有“高产、高质、高效”农

---

① ［美］西奥多·W. 舒尔茨：《改造传统农业》，梁小民译，商务印书馆1987年版，第4页。

业的基础上，增加“生态、安全”两项指标，以协调农村经济持续发展、资源有效利用与环境得以保护三者间的关系，加快推进农业可持续发展、农村全面进步与农民全面小康，使我国的农业发展战略更符合科学发展观的道义要求与可持续发展理念。

（二）改进农业生产经营方式，整治农村环境

以推进社会主义新农村建设为契机，加快现代农业发展步伐，以节能、环保为宗旨，以预防、治理农村污染与节能技术改造为核心，在农业生产与农民日常生活过程中，合理使用自然资源，普及与推广节约土地、节约用水、合理利用化肥、农药、地膜、除草剂等，践行资源节约型与环境友好型农业生产和农村生活方式，特别是要充分利用农村资源丰富而又极易造成污染的秸秆、人畜粪便等废弃物，大力发展沼气建设，实现变废为宝。引导与规范农民科学使用化肥、农药、地膜、除草剂等农用化学品，特别是在敏感水域、重点流域要严厉禁止使用含磷洗衣粉，强化农村畜禽养殖、家禽与牲畜屠宰管理、污染治理。加大水、土壤的防污、防治的技术改造与研发力度，建设一批水、土壤污染综合治理试点示范工程。毕竟农产品是人类生存最基本的生活必需品，它关系到社会的稳定与国家的安全，属于半公共品，各国政府出于维护社会稳定与政治安全需要，一般都会扶持农业发展，包括开发与推广农用技术，无偿提供给农户使用，以实现农作物的稳产高产。如 1852 年德国曾在墨科恩建立了由社会力量支持的农业试验站，但所需经费列入德国财政预算，由政府承担开支，这一举措曾促进了德国农业的飞速发展。这一举措后被日本与美国仿效，使日美两国的农业发展也取得了同样的成功①。遵循“洋为中用”原则，我国也可借鉴使用这种由社会力量举办、政府经费资助的农技发展模式；加快推进农村清洁工程，绿色生产，实现农村生活垃圾集中收集，统一处理；整体规划农村房屋建设布局，鼓励与支持农村房屋多层构造，带动农户改造生活用水与厨房卫生，改造厕所与家禽、家畜居圈，实现人与家禽、家畜居住分离，根治农村环境“脏、乱、差”现象，切实改善农村卫生条件和人居环境，努力实现“村容整洁”与农村生态文明的建设目标。

① ［日］速水佑次郎、［美］弗农·拉坦：《农业发展的国际分析》，郭熙保、张进铭译，中国社会科学出版社 2000 年版，第 245—246 页。

（三）推广运用环保、节能农用科技，发展生态农业

调整农业增产方式，把依靠大量使用包括化肥、农药、地膜等生产要素实现增长的粗放型农业生产经营方式转变为依靠科技进步、劳动者素质提高、加强管理等方式来实现增长的集约型生产经营方式，合理优化农业生产布局，把实现农民增收与保证农业生态环境安全有机结合，把发展生态农业作为农村生态文明建设的核心任务，大力发展生态农业，实现绿色崛起，积极探索符合资源节约型与环境友好型社会建设要求的生态农业发展模式。具体措施如下：

首先，调整农业产业结构，因地制宜发展当地特色农业，发展无公害农产品、绿色农产品与有机农产品，加强农药、化肥、地膜等农用化学品的生产、流通与使用全程的监管力度，建立完善的农用化学品污染监测、管理与监督机制，全面提高农副产品的安全指数，使农业生产的经济效益、社会效益与生态效益有机结合。

其次，加强农业环保科技成果的研发与运用，开发环保、节能、高效、低残留的新型化肥、农药与地膜等品种，加快推广运用生物肥料、生物农药、液态与易降解地膜，依靠农业高科技，实施测土配方施肥、培育节水、节肥、抗病虫强的农产品，从农用技术层面降低、减少，甚至杜绝化肥、农药、地膜等农用化学品造成污染，发展立体农业，实施土地轮作、间作与精耕细作等多样化耕作模式，加强田间管理，实施土壤浅耕法，改进灌溉方法，推广秸秆还田耕作方式，改良土壤结构，防止土壤侵蚀，防止土壤盐渍化。

再次，因地制宜发展循环农业，实现资源利用、环境保护与农业生产效益三者的最佳组合。如通过科技手段，综合利用农村的各种废弃物与丰富的可再生资源，发展相关产业，形成产业生态链。如仿效珠江三角洲的“三基”农业模式，即桑基农业（发展丝织业）、果基农业（发展水果产业）、蔗基农业（发展糖类产业）和农村沼气工程等，这样才能有效地变废为宝，实现经济效益、社会效益与生态效益的协调发展与共赢。

最后，加大农村“生态农业”发展的扶持力度。对发展生态农业的农户，国家要积极鼓励，并拿出专项资金加以资助，像以前奖励农民大量使用化肥与补贴化肥生产厂家一样，实施“生态农业”发展扶持计划与奖励制度。同时，加大生态农业专业技术人员的培养与新型农民的培训，从政策激励与人才培养等方面扶持我国农村走“生态农业”发展道路，

从而减少农业生产过程中的环境污染与资源浪费，以推进农村的资源节约型与环境友好型社会建设。

二　强化农村环保节能法规

社会主义法制建设基本要求的第一项内容是“有法可依”，这就要求社会主义法律体系力求完善，条款内容需具体、详细、充实，尽可能地覆盖社会生活的各个领域，以保障社会生活的各个层面均“有法可依”。否则，不仅人民群众无所适从，就连环保执法人员在执行公务时也“无法可依”。毕竟法律具有明示作用，它能以法律条文的形式具体明确地告知民众，什么是可以做的，什么是禁止做的，哪些行为是合法的，哪些行为是违法的，哪些行为是犯罪。违法犯罪者将受到何种类型、何种程度的制裁或惩罚等。而目前我国现有的环保法规仍然呈“粗放状态”，没有完整系统的法规体系，环保部门、立法机关、农业部门、水利部门等均是农村环保法规的立法或建制主体，它们在各自的职能范围内，已建立了一些法规制度，行使着各自的权限，其职能有交叉之处，也有较多盲区，致使农村环保权责不明、权力过于分散，且各执法主体各自为政，部门之间也存在利益冲突，有时会出现互相扯皮、相互推诿责任的现象，远未形成统一、协调、高效的法制体系。并且现有的环保法规大都是针对城市与规模企业的点源污染，没有出台专门针对农村面源污染的法规制度；加上一些地方政府出于财政增收目的而纵容、包庇部分农村企业的违规排污行为，导致环保执法不严、违法难究的事实也客观存在。鉴于此，加强农村环保法制建设，严格规范农村排污行为，需要从立法、执法与司法等环节入手。具体措施如下：

（一）完善农村环保立法，尽快制定专门针对农村面源污染的相关法规

首先，要坚持“预防为主，防治结合”的农村环保原则，从造成农村污染的源头开始，完善农村环保领域的法律、法规，加快建立健全造成农村污染最直接、最现实领域的立法。如《农业环境保护法》、《农村环境污染防治法》、《关于农用化肥、农药、地膜使用的若干规定》、《乡镇企业废弃物排放标准》、《农村生活垃圾处理办法》等，继续完善《环境保护法》、《农业法》、《畜禽养殖业污染防治管理办法》、《畜禽养殖业废弃物排放标准》、《规模化畜禽养殖业污染防治技术规范》、《有机食品技术规范》、《国家有机食品生产基地考核管理规定（试行）》、《关于积极推进有机食品产业发展的若干意见》等法律法

规，使农村环保的相关职能部门有法可依，农村各种污染现象有法可究。

其次，明确立法禁止各类城市污染向农村转移行为，对构成污染转移事实的，要依法追究当事人责任；对纵容、包庇农村污染行为，甚至阻碍环保执法的行为，要严厉制裁；对征收的排污费或政府划拨的环保专项资金进行截留、挤占或者挪作他用的官员，要依法按纪给予严厉行政处罚；造成严重后果的，要移交司法机关给予刑事处罚，以保证农村环保立法的全面性、执法的权威性。

（二）加大农村环境污染的处罚力度，增大农村环保违法成本

目前，我国的相关法规对农村环保违法行为的处罚太轻，与其违法获利相差悬殊，导致有些农村经济主体宁愿接受处罚也不愿实施环保措施。如相关资料显示："造纸厂购置治污设施，一吨纸的成本要多花150元左右；如果不购置治污设施，一个日产百吨的小型造纸厂日均降低成本1.5万元。我们去处罚一次，最多罚款10万元，他们10天不到就挣回来了"①，而且，中国对企业违法排污实施经济处罚的最高罚款上限是20万元，而美国对企业排污实施经济处罚则没有最高罚款上限，如2007年10月9日，美国电力公司因未采取控污措施而重建燃煤发电厂，就导致了46亿美元的巨额罚款。假如中国也有远远超出其违法排污获利的巨额罚款，那些不法企业也就不敢以身试法了，农村遭受企业的污染必然会有所收敛。正如有学者指出："不懂没有法治，也就没有和谐，而执法不严，社会就不再尊重法律，法治也就无从实现的道理"②。而且要坚决执行"谁破坏，谁补偿；谁污染，谁治理"的原则，对破坏、污染农村环境的责任主体要追究相关责任，通过征收排污费与高额违规排污罚款来约束其排污行为，不能任其后果由政府与民众来承担；对主动采取措施预防、治理节能减排的农村企业，政府应与城市企业一视同仁，同等实施相关的贴息贷款、征地优惠、税收减免等奖励政策，通过奖罚分明的经济杠杆来预防、减少乡村企业的排污行为，达到节能减排的目的，从而减少农村的环境污染与资源浪费现象。

---

① 孙瑞灼：《企业违法成本怎能如此低廉》，中华人民共和国环境保护部网（http：//www：zhb：gov：cn/zhxx/hjyw/200801/t20080124_ 116788：htm）。

② 方工：《执法为民的全部意义和价值在于实践》，《检察日报》2011年4月5日。

（三）实施环保部门垂直管理体制与强化环保工作人员的职业素质

首先，针对同级环保部门财政拨款与人事任免受制于同级党委政府而导致环保执法不力的事实，应实施环保部门垂直管理体制，落实农村环保“自下而上”的决策机制，农村环保资金由中央财政直接拨款，克服环保机构受同级地方政府的权力管辖与财政依赖困境，以增强环保部门执法的独立性与有效性。

其次，要加强农村环保执法人员的业务素质与职业道德建设，使其熟悉与农村环保相关的法律法规，让他们牢固树立依法执行农村环保工作的公正理念，着力提高依法环保和公正司法能力，自觉把环保法律意识、法制观念融入农村的环保执法、司法工作之中，坚持在《宪法》与《环境保护法》的范围内秉公执法、严格执法，立足现有的环保法律法规，去全面分析、综合考量与处理农村的环保问题，不仅要考虑经济效果、社会效果、伦理效果，还需要考虑法律效果，要敢于、善于和勇于在阳光监督下行使环保权力，依照法定程序与权限，依法依纪执法，努力做到有权必有责，用权受监督，侵权须赔偿，违法受追究，切实促进农村环保领域严格执法、公正执法、文明执法、民主执法、科学执法，以保证环保执法的公正性与实效性。

最后，还应改革传统农村污染受害者因民事诉讼制度权限不能作为起诉人的惯例，尝试建立环境公益诉讼制度，同时完善环保司法救济机制，使农村污染受害者能得到有效的司法救济，能依法取得相应的赔偿权益，被严重破坏的生态环境能获得一定的资金去恢复或改善，也使违法排污者能得到应有的惩罚，达到停止农村生态环境继续恶化与获取改善农村生态环境赔偿金的目的。

三　加强农村企业环保制度与企业伦理建设

长期以来，受城乡二元环保体制影响，我国农村法制与企业伦理建设也相对滞后，加上农村经济落后，迫切需要发展工业来带动经济发展、增加财政税收与就业机会，导致很多乡镇企业及城市向农村转移的企业无视环保法规，只顾自身利益，推卸社会责任，背离企业伦理，违法违规违章排污，表现出经济理性强势、生态理性式微，甚至缺失的态势，从而造成农村环境与资源浪费严重。因此，只有不断加强农村企业环保法制建设，完善相关法规，严惩农村企业的违法违规排污行为，才能强效制止农村污染；也只有强化农村企业伦理建设，对农村企业动之以情，晓之以理，使其深刻认识到环境污染与资源浪费的危害性与严重性，才能逐步培养与造就农村企业的生态理性，才能长效消解农村企业的违法违规违章排污行为。毕竟“在市场经济调节下，企业是独立自主的经济实体，有自己的正当权益与利益要求，因而具有‘经济’的品格，但企业又不能脱离社会而孤立存在，社会为企业提供了生存空间，企业每一项经济活动和行为的发生、发展及其变化，无不反映和渗透着一定的道德意识和道德行为准则，需要一定的伦理规范予以指导和约束”①。所以，只有通过法律与道德的双重手段，才能更好地规范与引领农村企业的生产经营行为，从而培养农村企业的生态理性，使农村企业的生产经营行为达到经济效益、社会效益与生态效益和谐统一的境界。正如学者所说：“伦理规范与法律规范是维系人类社会生存与自然生存所不可或缺的两种手段”②。具体措施如下：

（一）立足环保、节能要求，全面规划农村企业的布局

首先，对农村新建企业或由城市转移来农村兴办的企业要严把各个环节的节能环保关，杜绝不分青红皂白、不加选择地盲目批准或引进污染大、耗能高的项目落户农村。厂址选择要严格按照工业布局的原则与标准，进行严密的节能环保论证，合理布局，科学选址，以便企业废弃物的合理排放、有效治理与循环利用，杜绝以往有些乡镇、乡村企业一切从企业自身利益出发，没有长远规划与明确目标，只盯着眼前利益、局部利益，能找到什么项目就兴建什么项目，想到何处选厂址就到何处选厂址的盲目做法。

其次，对已经运营投产的农村企业，也要严格把好节能环保关，从集中、规模处理与有效利用企业生产的废弃物的整体观念出发，引导农村企业适度集中、合理布局，特别是布局在水源区上游、主导风向、居民集中区的企业，应采取有效措施，进行搬迁或改造，以堵住农村企业的污染源，这样才能从源头上规范农村企业的排污行为，也使农村企业的地理布局科学化。

（二）严格规范农村企业准入制度

首先，强化农村企业环保管理制度与基础设施建设，对新到农村兴建

---

① 苏勇：《现代管理伦理学》，石油工业出版社2003年版，第103页。

② 彭家斌：《生态伦理在可持续发展战略中的功能分析》，《甘肃社会科学》2001年第2期。

的企业项目要严格控制企业的环保准入制度，强化环境影响评价制度、“三同时”制度与“排污收费”制度，对达不到环保标准的项目，一律不准投产或勒令停产、限期整治，坚决杜绝污染大、耗能高，不符合国家环保节能标准与要求的项目投入运营，也要坚决抵制污染大、耗能高的城市企业向农村转移。

其次，充分发挥各级人大代表、政协委员、新闻媒体及广大人民群众对农村企业的排污行为进行全面监督，完善信访、举报制度，使农村污染能得到及时有效的曝光与查处。还可实施乡镇企业环境监管员制度，硬性规定乡镇企业必须在内部设置环保机构，配备企业内部环保监察人员，对企业生产经营过程中的环境污染问题实施检测、监督与管理，对企业的污染行为进行直接、及时、持续的监管。

最后，正视农村污染预防与治理的资金、技术方面的现实困境，充分考虑运用市场化机制与民间组织、社会团体、慈善机构等非政府组织的力量来参与农村污染的预防与治理，拓宽资助、援助渠道，全方位、多层次、宽领域支持、配合与推进农村企业、农业生产与农民生活垃圾等面源污染问题的预防与治理，从而减轻减少农村污染。

（三）合理调整农村产业结构，推进农村企业环保、节能运营

因地制宜，充分发挥与合理利用当地的资源优势，全盘考虑乡镇企业自身的环境治理能力与当地的环境承载能力，做好做实企业规划，大力调整乡镇企业产业结构，加快企业技术改造，加大员工技术培训与职业道德建设力度，普及推广清洁安全生产技术，淘汰陈旧、落后的耗能生产装备、设备、工艺与产品，加大农村企业预防、治理污染源的治理力度与强度，降低污染负荷，引导与规范农村企业走可持续发展之路，有条件的地方应大力发展旅游产业、休闲产业、地方文化产业等“无烟工业”，既能实现农村经济的持续、快速、健康发展，又能保持与推进当地的生态环境良好，实现既要“金山银山”，又要“绿水青山”的双重目标。

（四）加强农村企业生态伦理建设，健全监管农村企业排污长效机制

首先，农村企业领导要加强自身生态道德修养，自觉地把企业的利润与社会责任结合起来，不但要追求企业生产经营的利润最大化，而且要自觉肩负起企业应然的社会责任，实现经济理性与生态理性的和谐统一。生态环境属公共资源，是人类共同的家园，企业作为社会成员之一也有义务对生态环境加以保护，其生产经营活动必须兼顾经济效益、社会效益与生

态效益三者。

其次，农村企业领导还应积极向其企业员工开展形式多样的生态环保理念、环保知识层面的宣传教育活动，使他们能充分认识到企业排污对农村生态环境的后果，对社会的危害性，帮助全体员工树立诸如三株公司那样的企业信条：企业生于社会，长于社会，还要融于社会，回归社会。

再次，农村企业要制定严格的企业伦理规范，严格规范其员工的生产经营活动，使企业的生产经营活动步入规范、高效运行的轨道。毕竟“对企业而言，制定企业伦理规范守则比企业策略还重要。因为伦理规范守则反映企业生存的基本意义、企业行为的基本方向，而企业策略应该在公司的基本意义与方向下执行”①。

最后，建立健全农村企业环保节能生产经营的奖惩与监督机制，从企业的外部因素入手，对农村企业的节能环保措施敦促到位，对于节能环保成效显著的农村企业，要通过税收减免、贷款、用地等优惠政策与颁奖表彰等形式加以奖励，贯彻落实好政府“以奖促治、以奖代补”的环保政策；对环保节能措施不到位，造成严重污染的农村企业，要给予严厉处罚与通报批评；同时加强各级各类监督机构与广大民众对农村企业的环保节能行为进行全面、全程监督，引领与规范农村企业的环保节能行为。

四　加强农民生态伦理教育

长期以来，我国农民生态环保知识欠缺、生态伦理意识淡薄、节能环保技术落后、生态道德素质低下，导致他们在农业生产与日常生活中经意或不经意地违背了自然规律、污染了自己生存与发展的自然环境，破坏了农村的生态平衡，也浪费了诸多自然资源。这在一定程度上也反映出我国农民的生态伦理素质低下、农村生态伦理教育滞后的窘况。毕竟“只有不道德的人才会对自然物产生不道德的态度和行为”②。因此，加强农民生态伦理教育，引领与规范农村的生产经营活动，是消解农村生产领域环境污染与资源浪费严重问题的长效机制与根本路径。具体措施如下：

（一）加强农村生态常识的宣传教育，提高农民生态伦理认知水平

当前，农村生态环境破坏严重，与农民的生态环保知识缺乏密切相关。农民是农村生态环境建设的主要参与者和直接受益者，是维护农村生

① 千高原：《企业伦理学》，中国纺织出版社2000年版，第211页。

② 曹孟勤：《生态伦理是人之为人的象征》，《晋阳学刊》2006年第6期。

态环境的主要力量，针对当前农民生态伦理常识普遍缺乏的现状，应全面加强农村生态常识的宣传教育力度，逐步提高农民生态伦理认知水平。具体措施如下：

首先，在巩固农村基础教育的基础上，充分利用广播、电视等大众媒体、村头巷尾的宣传公示栏、村干部、农技人员深入田间地头，以简易、便捷的方法实地指导农民科学使用农药、化肥、地膜等农用化学品，对农民进行农业生态环境常识的宣传和教育，使广大农民全面了解国家的生态环保政策、制度、相关法律法规，了解生态环境与农村经济社会持续发展、农民生活质量提高的内在联系，了解如何运用法律武器维护自己的合法环境权益。

其次，环保部门要会同农业部门、水利部门、文化部门、文明办、新闻媒体等机构，深入农村，开展形式多样、切合农村实际，符合农民需要的生态常识宣传教育活动。定期举办“农村生态常识”普及班，广泛开展“农村生态科技下乡”活动，积极开展“农村生态文明”宣传周、宣传月、环保纪念日、以节能环保为主题的文艺会演、农村节能环保知识巡回展览等活动，给农村精心营造一个良好的生态伦理环境，潜移默化地培养农民的生态伦理意识，向农民宣传教育相关的生态伦理理念、破坏生态环境的后果严重性、保护生物多样性、发展循环经济与实施低碳环保的意义与途径等生态文化常识，使农民对生态伦理认知水平得到相应提高。

最后，以简易文字与图片方式，组织相关人员认真编写贴近农村生活、通俗易懂的生态环保宣传手册和图文并茂的宣传画册，让广大农民群众全面了解农村的节能环保制度、政策，了解农村现有的生态环境污染状况及其相应后果，从而因势利导地教育农民在农业生产与日常生活中要注意节能、环保，进而提高农民对生态环境的认知水平，自觉践行生态环保言行。

（二）充分发挥村民在节能环保建设中的主体地位，培养理性生态农民

农村生态环境建设的主体与直接受益者是农民，发展农村生态环保事业的最终目的也是为了农民。因此，应加强农民生态道德的自我教育，充分发挥村民在生态环保建设中的主体地位，让农民在对农村生态环保问题有了一定的认知水平的基础上，进一步意识到农村生态环境的好坏与农民自身的生存与发展是密切相关的，进而深入理解“每种生命形式以其对人类的价值都有理由分别得到尊重。人类的发展不应威胁自然的整体性和

其他物种的生存。人类应该像对待自己一样对待所有生物，每个人都应该对自然界负责，人类应该保护生态进程和自然界的多样性，并应该节俭而有效地利用自然资源，保证所利用的可再生资源是可持续的”①。有了这种对生态环境的深层理解后，农民才能以“主人翁”的姿态，真正融入农村的生态环保建设之中，才会积极主动、自觉自愿地参与环保节能、维护生态平衡、践行绿色生产与低碳消费，以自己的实际行动参与“资源节约型与环境友好型”社会建设，推进社会主义生态文明建设。正如有的学者所说：“一个人只有具备了一定的生态科学知识，才有可能形成其生态道德能力，并体现在他的日常生活之中”②。当然，由道德知识转化为道德实践，还需要遵循道德教育的基本方法，应在具体的农业生产与日常生活中，采取灵活多样、通俗易懂、简单易行、农民喜闻乐见的方式，通过提高农民的生态道德意识，激发农民的生态道德情感，磨炼农民的生态道德意志，养成农民的生态道德习惯等多重环节，把农民培养成理性的生态道德人。

（三）完善农村节能环保管理体制，引导与规范农民实施节能环保行为

长期以来，我国农村生态环保管理体制缺失，相关法律不完备、农村环保执法难度大、阻力强，这是不争的事实，这些也为农民在生产与生活中造成环境污染与资源浪费提供了条件。因此，只有不断完善农村生态环保管理体制，才能有效引导与规范农民实施低碳环保行为。具体措施如下：

首先，完善农村节能环保管理机制，通过完善农村节能环保层面的立法、执法与司法体制，把农村环保事业与城市环保事业接轨，完全纳入法规化轨道，做到有法可依，严格执法，公正司法，从法制层面制止农村环境污染与生态破坏的行为；同时强化农村节能环保制度管理，把节能环保业绩也纳入地方官员的政绩考核范围，以敦促地方政府强化农村的节能环保工作。

其次，科学规划农村的村容村貌，添置农村节能环保基础设施，彻底治理农村环境的脏、乱、差“三乱”现象，引导与鼓励农民积极参与新

---

① 世界自然保护同盟、联合国环境规划署、世界野生生物基金会：《保护地球——可持续生存的战略》，中国环境科学出版社 1992 年版，第 7 页。

② 刘智元：《生态文明建设视野下的农民生态伦理素质教育》，《高等农业教育》2012 年第 6 期。

农村建设，加快推进农村的清洁家园、清洁田园、清洁水源“三清”工程。

最后，对农村节能环保问题实施严格的奖惩制度，在农户之间定期开展“节能环保之星”评选活动与奖励制度，激励农民养成良好的卫生习惯与实施节能环保的农业生产方式，对乱扔乱倒废弃物、乱堆乱放农作物秸秆，特别是任意焚烧农作物秸秆的农民要严厉批评，情节严重者要依法制裁，并发动广大农民对农村的节能环保问题进行全面监督，设立举报有奖制度，通过奖励制度的引导与相关法规的约束，使农民自觉不自觉地形成节能环保的生产方式与生活方式，经意或不经意间参与到农村的节能环保事业与生态文明建设之中，最终促成人与自然的和谐相处。正如国外学者指出："强化环保体系建设，不断推进环保法制化，对村民进行环保知识宣传，形成人人关心环保，参与环保良好气氛"[①] 是改善农村环境的有效措施。

第二节　农村交换领域诚信缺失严重的消解路径

针对上文中我国农村交换领域存在的外来商品销售欺诈泛滥与自产商品假冒伪劣猖獗等诚信缺失严重的伦理问题，在综合其成因的基础上，笔者认为应立足农村市场与农村交易主体的现实条件，坚持法规惩恶与道德扬善并举、“打假”与“扶优”同步的治理原则，遵循具体问题具体分析、具体应对的思路，找准问题症结，对交易双方同时发力，采取切实措施去应对。

一　强化农村市场法规建设与监管力度

无规矩不成方圆，农村市场交易过程中的诚信缺失严重这一伦理问题的产生，与长期以来我国市场法规建设滞后、农村市场监管不力等因素直接相关。因此，必须采取有效措施，强化农村市场法规建设与监管力度，以规范农村市场交易行为。

（一）完善市场交易法规，全面整顿农村市场交易秩序

首先，完善农村市场法规，确保市场交易欺诈行为有法可依。现阶段

① Hu Yabo, "New Study of Ecological Awareness of Chinese Farmers", *Journal of Hubei University of Education*, 2010 (4): 44 – 46.

我国的市场法规体系还不健全，内容还不够细致，还存在一些法规盲区。如缺少《产品责任法》、《假冒伪劣产品处罚条例》等专项法规。已有的法律如《民法》、《消费者权益保护法》等虽然对市场交易行为有所规定，但条例内容宽泛、针对性、适用性不强。客观上为销售假冒伪劣行为提供了一些法律漏洞，导致假冒伪劣产品行为有缝可钻、有机可乘，也使某些假冒伪劣虽然违背了伦理道德，但仍游离在法律边缘，没有具体的刚性法规对其适用。而相应的伦理道德规范又不具有强制性，加上道德的“权威性不强、对违反道德的行为的惩戒力度也不够”①。所以，很多时候有些假冒伪劣行为还只能对其进行道德谴责，只能任其危害社会与坑害消费者。因此，应不失时机地将一些经济伦理规范上升为法律法规。毕竟在“一个充满复杂利益关系的社会里，道德本身的存在是不够的，它既无法阻止也无法惩罚破坏它的行为”②，而且“越是文明发达、法制完善健全的国家，其法律中所体现的道德规范便越多”③。所以，在当前利益关系错综复杂的社会转型期，更需要通过法律制裁，才能形成强大威慑力，才能迫使农村市场交易主体严守道德底线，做到有法可依、有法必依。并要从假冒伪劣产品源头的法制建设抓起，敦促生产商严把原料关、严格按照生产程序或工艺流程，按质按量生产；特别是对一些法制观念缺失、资金、技术、管理、质量检测薄弱的农村生产商或个体户，更要加强相关的法制建设。如对于农产品质量安全层面的法规制度建设，要认真贯彻落实《反不正当竞争法》、《反垄断法》、《产品质量法》、《食品安全法》、《农产品质量安全法》等法律法规，使农产品质量安全监管有规可循、有法可依，进一步督促农产品生产经营主体切实履行相关的法律义务和行使相应权利，并加大对农产品质量安全违法犯罪活动的惩罚力度，对相关的责任人形成强大的威慑力与震撼力。

其次，加大假冒伪劣商品处罚力度，全面整顿农村市场秩序。正如前文所讲，目前我国对假冒伪劣行为的处罚力度不大、强度不够，导致其违法成本较低，盈利空间很大。因此，必须加大对农村市场假冒伪劣行为的

---

① 刘云林：《道德法律化的学理基础及其限度》，《南京师范大学学报》（社会科学版）2001 年第 6 期。

② 唐凯麟、曹刚：《论道德的法律支持及其限度》，《哲学研究》2000 年第 4 期。

③ 王一多：《道德建设的基本途径——兼论经济生活、道德和政治法律的关系》，《哲学研究》1997 年第 1 期。

执法力度、增强处罚力度、加大违法交易的成本，使失信违法者得不偿失，让他们不但无利可图，而且要集中曝光，使其难以继续从业。同时，还应及时完善执法手段，强化批发市场与农村集贸市场、农村小卖部等假冒伪劣商品聚集区的督察力度，对这些地区的商品进行常态化抽样检测，对违规违法生产经营假冒伪劣商品的责任者应严惩不贷，绝不姑息养奸，真正做到有法必依、执法必严、违法必究，从而对假冒伪劣行为真正起到威慑、震撼、警醒与教育作用，有效防止或减少农村市场交易的假冒伪劣行为，为维护农村市场提供一个强而有力的法律保障。而且在经济日益发展、交通日趋便利，人口流动加快，交易越来越多的陌生人世界，农村市场交易中很多时候也是陌生的面孔，一些不法经销商总想抱着“骗一回便溜、捞一把便跑”的扭曲心态。因此，加大农村交易欺诈处罚力度，常态化刚性治理整顿农村交易市场更为必要。正如有的学者指出：“所有超过最亲密的社会群体的更大范围的社会合作都需要一定程度的强制”①。同时还要充分发挥广大消费者、广播电视、报纸杂志、网络、社会组织、同类企业、民间团体等监督主体或平台的监督作用，全面治理整顿广告市场，严惩虚假广告的提供者与发布者，一旦发现应全部没收其违规所得，并吊销其营业资格，以全面整顿市场环境、规范市场交易行为。另外，还要理顺农业、工商、环保、质检、食品与药品监督等部门职能，明确各自的职责范围，建立分工明确、责任到位、密切配合、分类管理的农产品质量安全管理体系；加大政府对农产品质量安全层面的资金、技术与人员的投入，集中投放到农产品质量安全直接相关的科研、检测、信息系统、环境建设等方面；建立健全农产品质量安全定期定地信息发布制度与名优安全农产品生产的奖励机制与财政、税收扶持政策，使农产品质量安全管理有序，发展有动力；加大对农产品质量安全问题的追踪与监督力度，实施对农产品的从农田到餐桌的全程质量追踪与监督制度，从而保证农产品在生产、加工与消费等各个环节的质量安全，从源头上堵住农产品质量安全问题的产生。

（二）完善农资产品监管机制，规范农资产品产销秩序

农资产品属于农业生产资料，其质量好坏不仅直接关系到农民的农业

① ［美］莱茵霍尔德·尼布尔：《道德的人与不道德的社会》，陈维政、蒋庆、阮炜等译，贵州人民出版社1998年版，第3页。

收成，而且直接关系到国家的粮食安全体制、农业发展与农村稳定。因此，假冒伪劣农资产品“坑农害农”事件与农村市场一般日用品的假冒伪劣行为相比，其后果更为严重、性质更为恶劣，相关执法部门更应该齐心协力、密切合作，强化监管，严格规范农资产品的产销秩序，以减少或避免农资产品“坑农害农”事件的发生。

首先，加大农资产品市场交易的监管力度。农资产品市场交易行为的监管部门主要涉及工商、农业、质检等部门，建议各部门之间要同心合力，齐抓共管，相互配合，形成一股治理假冒伪劣农资产品的“合力”，特别是在农耕前期要及时有效地开展一些联合打假、督察假冒农资产品的专项行动。一旦发现要集中销毁，并要给予当事人严厉打击，从重惩罚，以对非法生产销售假冒伪劣农资产品的当事人形成强大威慑力，使其不敢轻易生产或销售假冒伪劣农资产品；同时还要充分发挥社会各界对农资产品生产、销售行为的监督作用，建立健全假冒伪劣农资产品举报制度与实名曝光制度。

其次，加快完善农资产品消费者权益保护制度。要引导农民深入学习《消费者权益保护法》等相关法律法规，宣传消费维权常识，从中不断培养农民的维权意识，使农民在全面了解所购买农资产品的性能、使用与适用范围等基础上，一旦发现自己的消费权益受到侵害，要及时向消费者协会投诉，情节严重的要向司法机关举报，鼓励与支持农民通过正当有效途径去维护自己的合法消费权益。同时，村委会也应加强农民维权组织建设，尝试构建农民协会，或通过其他途径整合农民维权力量。如成立农民维权的民间组织等，以改变农民维权时“单兵作战”的窘况，从而全面提高农民消费维权能力、效率与效果；政府部门也要广开维权渠道，为农民维权提供便利，降低农民维权成本，为消解假冒伪劣农资产品“坑农害农”事件提供有效的制度保障。

最后，合理借鉴世界各国关于农产品质量安全方面的成功经验，立足国情，建立健全我国农产品质量安全标准、检测和认证三大体系。如通过成立农业企业或农业合作社，按统一的技术标准把单个、分散的农户有效地组织起来，可以实现农产品生产过程的统一化。发展订单农业，能够促成农业生产形成规模经营，实现农业生产效益的提高，保障农产品质量安全；还可与农资生产经营主体或专业技术公司直接签订合作合同，让其将良种、化肥、农药、农技等农业生产资料等直接服务到农田，直接参与农产品收益，实现农户与农资经营主体利益捆绑，这样可以保障农业生产资料的质量安全；同时通过对农产品产地环境的统一认定，能够严格控制农产品生产过程，健全农产品质量追溯制度，可以深度开发无公害农产品、绿色食品和有机食品等名优、龙头产品，从而提高农产品质量及其市场竞争力，提升农产品经营效益。

（三）发挥市场基础调节功能，提升农产品质量安全保障

首先，精心培育和完善农产品市场体系，充分发挥大型批发市场和大型超市在农产品质量安全方面的调控功能，减少流通环节，缩短农产品产销间的距离，为农产品开辟绿色通道，实现农产品与批发市场、大型超市直接对接；加大农产品市场准入门槛与农产品市场监管的力度，强化名优、品牌农产品的标签与价格管理；加强农产品的产销合作关系，建立农产品生产企业与超市或流通企业间的长期稳定的合同关系实现农产品产销主体间的利益捆绑与通力合作，有效地将农产品质量安全也纳入到合同之中，以降低契约成本，减少农产品质量安全方面存在的风险。

其次，利用市场对农产品质量安全信息反应灵敏的特点与优点，加快建设全国统一的农产品质量安全信息共享机制、预警机制及应急反应机制，以利于政府及时、快速、高效处理各类突发性重大农产品质量安全事故，也有利于执法部门及时有效地治理整顿各地农产品交易市场，严厉打击销售假冒伪劣农产品行为；同时，还应加强农会、农业中介组织、各类农产品协会等民间组织建设，以提高农产品生产的组织化、协作化、一体化程度，统一组织农民严格按照农产品质量标准、检测指标与规范技术统一生产、经营、管理，精心打造具有地方特色的农副产品品牌，注册名优产品商标，达到免检产品的水平，成立专卖店集中销售，并积极创建条件，与世界农业发展接轨，打入国际农产品市场，有序参与世界农产品产销竞争。

二 建立健全社会诚信激励与约束机制

改革开放以来，人们的思想观念受国内经济转轨、社会转型与国外西方文化等多重因素影响，传统文化中的“诚实守信、市不豫贾、正身司市、义以生利”等交换伦理规范逐渐被人们淡忘或遗弃，整个社会缺乏诚信氛围。农村市场的环境也不例外，如前文中描述的各种假冒伪劣行为层出不穷，足以说明事态的严重性。而要治理除了依靠法律、制度的刚性约束外，营造诚信的社会氛围也非常重要。毕竟“蓬生麻中，不扶而直；

白沙在涅，与之俱黑”[①]。因此，充分发挥环境对农村市场主体的熏陶与感染作用，通过建立健全社会诚信激励与约束机制，营造社会诚信氛围，引领农村市场交易行为，对改造农村市场主体的假冒伪劣行为也不失为一剂良方。

（一）建立诚信激励与约束机制，引领农村经济主体交易行为

首先，建立健全社会诚信激励机制。以县（市）为基点，在本县（市）范围内，深入开展“市场秩序与社会责任”大讨论、循环宣讲教育活动，每年定期组织、评选全县（市）企业和个体户的诚信等级，并给予诚信等级高者以奖励；同时，全面发动广大人民群众积极参与此类活动的监督、评选，在此基础上继续开展全省乃至全国范围内的此类评选活动，以引领市场交易主体的言行，督促企业管理者重视、深入、广泛开展企业伦理文化建设，特别是敦促企业管理者全面提高自身道德素质，并充分发挥其在企业员工中的率先垂范作用，以引领企业及其员工具体的生产经营行为。毕竟在一个企业，“拥有大量权利的个体行为对塑造公司的伦理姿态关系重大，因为他们的行为能传递的信息比写在公司伦理声明中的信息要明确得多”[②]。只有企业管理者自身德行端正，员工才会仿效。正如孔子所言：“子率以正，孰敢不正？”[③] 确实，只有企业的领导与员工上下一条心，企业才会自觉自愿担负起社会责任，严格按照产品质量要求，信守合同条约，才能取得良好社会信誉。同时对市场交易个体的言行也是一个良好的诚信激励与示范平台，有利于引领与规范其市场交易行为。

其次，健全社会诚信约束机制。通过社会监管与政府监管并举的方式，加快诚信信息法制化、公开化与市场化建设步伐，积极推进诚信信息网络系统的开发与完善，建立健全诚信信息专业化、网络化、公开化、商业化的运作机制。一方面加强行业自律建设。如通过组建各类产品协会，把同类产品的经营者归类，广泛搭建行业诚信信息平台，建立行业内的企业与个人信用体系，促使会员间互相监督，把诚信度低的成员列入“害群之马”名单，实施信用等级淘汰出局制度，形成良好的行业信用环境；另一方面通过加强政府对市场交易诚信监管的他律建设，如工商、农业等

---

① 《荀子·劝学》。

② ［美］林恩·夏普·佩因：《领导、伦理与组织信誉案例：战略的观点》，韩经纶、王永贵、杨永恒译，东北财经大学出版社1999年版，第109页。

③ 《论语·颜渊》。

部门在加强对农村市场监管业务的同时，还要广泛征集消费者反馈信息，即时处理各类欺诈事件，并公开向社会与行业内部披露，宣扬与褒奖诚信户、贬斥与惩罚失信户，敦促市场主体形成诚信的意识，树立产品质量伦理与公平交易理念，营造“诚信光荣”、“欺诈可耻”的社会氛围，落实“诚实劳动、合法经营”经济活动。

最后，建立健全乡镇企业与农村个体户诚信档案制度，加快乡镇企业与农村个体户信用体系建设。尝试建立乡镇企业与农村个体户信用公示制度，引导乡镇企业与农村个体户转变生产经营理念，举办各级各类“农村企业道德模范”“乡镇企业家道德模范”“农村个体户道德模范”“十佳诚信农村经济主体”等评选活动。同时全面敦促乡镇企业与农村个体户的行政管理部门加强与有关部门的协调配合，按照《全国诚信守法乡镇企业认定办法》与《农村个体户诚信经营条例》的具体要求，引领与规范乡镇企业与农村个体户的生产经营活动，促进乡镇企业与农村个体户加强常规化信用体系建设，推进乡镇企业伦理文化建设或个体户自身职业道德修养，完善乡镇企业规章制度与农村个体户经营条例，及时总结与推广乡镇企业与农村个体户的先进经验与成功事迹，弘扬树德守法风气，全面提高乡镇企业与农村个体户的综合竞争力与社会声誉。同时对诚信度高的经济主体给予政策性倾斜，对其产品开辟绿色通道、实施免检上市，降低其交易成本，并在资金、技术、服务等方面给予各种便利；而对诚信度低的经济主体则采取黄牌警告、勒令整改或淘汰出局的方式，以保持农村市场交易的良好秩序。

（二）加强农资产品经营者职业道德建设，筑牢农村诚信经营底线

首先，加强农资产品经营者的职业道德建设，保障农资产品质量安全。敦促农资产品生产者与销售者严格遵守相关法律法规，坚守道德底线，这是预防与减少假冒伪劣农资产品“坑农害农”事件发生的根本路径。作为农资产品生产者，应恪守职业道德，严格遵守《产品质量法》、《合同法》的要求，严把农资产品的原料质量关、严格按照农资产品的流程、工艺规范生产，确保农资产品在生产环节的质量；作为农资产品销售者，进货时也要严格验证农资产品的质量，绝不贪图便宜，走非法途径购进劣质、便宜的货源，同时还要不断提高职业技能，主动掌握农资产品的性能，积极向消费者传播、介绍农资产品新成果、新技术、新经验、新方法，以便为消费者提供更好的销售服务，销售过程中要严格遵守《消费

者权益保护法》，坚持诚实守信、公平交易，不赚黑心钱、昧心钱，要对社会负任、对农民负责。

其次，全面激发农资产品生产者、销售者的奉献精神，引导他们以实际行动支援“三农”建设。作为农资产品的生产者与销售者，应有大局意识，认清“三农”问题的重要性，靠农民生财，也要对农业生产与农民生计负责。在赢利的同时，也应适度发扬奉献精神，在自己力所能及的范围内，主动承担一些相应的社会公益事业。如对一些特殊的农资产品的用户进行免费技术培训、免费上门指导，在农村困难户购买农资产品时多实施一些薄利、让利销售行为，对农村特困户提倡赠送一些农资产品，以实际行动弘扬“帮贫济困”伦理精神，以保障农村困难群体农业生产的正常运转，以自身的切实行动支持“三农”建设，促进农村经济社会的和谐发展，也可为自身形象增添光彩，扩大社会影响力，增强市场竞争力。

三　改善农村市场交易风气与技术环境

当代中国农村市场交易中假冒伪劣行为形势严峻与当前我国市场交易的社会风气与识别假冒伪劣产品的技术环境不佳及消费者自身交易能力偏低等客观因素也密切相关。针对这些状况，也应对症下药，从改善农村市场交易社会风气与技术环境层面入手，采取切实有效的措施加以应对。

（一）强化产品质量安全知识与质量伦理文化的宣传教育工作

当前农村市场交易中假冒伪劣现象形势严峻与行为主体自身的产品质量安全知识缺乏与相关的宣传教育工作不到位也密切相关。因此，要采取有效措施，不断强化产品质量安全知识与质量伦理文化的宣传教育工作。

首先，通过大众媒体、社区与村委会宣传栏、文艺活动等与民众联系密切的有效形式，广泛开展产品质量安全常识与质量伦理文化的宣传教育活动，使广大民众深入了解产品质量安全知识与质量伦理文化方面的基本常识，让广大民众对产品常规的质量标准与质量伦理文化有较为全面的了解与认识，使民众能把相关知识运用于现实生活或生产之中，指导自己日常的市场交易活动或生产经营活动，在全社会形成一个健康、有序的市场交易环境或生产经营合格产品的良性社会氛围。

其次，要有针对性地对农村常用的生活资料与生产资料消费品特别是农产品与农资产品的生产经营者进行深入系统的产品质量知识与质量伦理文化的宣传教育活动，可通过发放宣传手册或组织相关人员集中培训，使其全面了解与农产品或农资产品质量问题相关的政策、法律法规、质量标准、检测方法、认证依据，熟练掌握农产品与农资产品质量的基本方法、主要步骤与常规技术，以加深他们对农产品或农资产品质量问题的科学认识，增强其对农产品或农资产品质量问题的责任意识与法制观念，同时全面提高农产品或农资产品生产经营者生产经营合格产品的技术水平与业务能力。当然，最根本的还是要提高农产品或农资产品生产经营者的道德素质，引领与帮助他们树立正确的义利观、是非观、财富观，使其深刻认识到产品质量是产品生产经营者生存与发展的生命线与参与竞争的法宝。只有这样，才能从源头上、根本上预防与减少农产品与农资产品的假冒伪劣行为。

（二）加强农产品质量安全的科技研发及其推广运用

当前农产品质量安全问题频频发生与农产品质量安全技术环境不佳也相互关联。一些农产品生产经营的技术条件差、相关技术人才缺乏，已有的一些技术也因行为主体的素质偏低与成本高等因素，导致相关技术运用与推广的难度大。这种状况，相关部门也要采取有效措施，加强农产品质量安全的科技研发及其推广运用。

首先，要顺应农产品质量安全管理的技术要求与质量标准，针对当前农产品质量安全问题，及时调整农业科技发展方向，把握好农技发展的重点与难点，努力搭建强化农产品质量安全科技研发层面的公共服务平台，通过整合各科研机构、高校、企业等单位的相关资源，集中优势力量，群策群力，攻克一大批困扰农产品质量安全生产经营层面的关键技术与现实难题，为农产品质量安全提供切实可行的技术服务与坚实可靠的技术支撑。

其次，通过各级各类农技科研机构、各高校的相关部门，顺应当前新农村建设与推进城乡一体化发展战略的人才发展要求，不断加大与农产品质量安全相关的专业人才培养，尝试在已有的农业推广专业硕士学位教育基础上再设置农技推广专业博士学位教育，努力建立一支庞大的高素质、高水平、高学历的农产品质量安全方面的专业人才队伍；坚持产、学、研一体化协同发展方向，大胆创新农技成果推广运用机制，鼓励与支持农产品质量安全方面的科技成果在农产品生产过程中普及推广与广泛运用，努力促成其向现实生产力转化，为我国的农产品生产经营提供技术咨询与服务。此外，还应积极创造条件，不断促进我国农产品质量安全方面的科技成果走向世界，就此类问题不断与世界各国的专家学者进行磋商、交流与合作，共同提高，相互借鉴，从而为世界农业发展服务，为全人类的粮食生产与食品安全造福。

四　提高消费者的商品识辨与维权能力

提高消费者自身的交易能力主要是提高消费者对假冒伪劣商品的识别、鉴别能力及消费维权能力，以降低假冒伪劣行为得逞的概率。

（一）提高消费者对假冒伪劣商品的识辨能力是减少假冒伪劣事件发生最直接手段

农村市场的假冒伪劣商品的主要消费对象是农民，农民长期生活在信息相对闭塞与交流贫乏的农村，他们的教育科技文化水平普遍偏低，对商品的信息获取能力较差，很多农民连产品的说明书都看不懂，根本不懂自己所购商品质量是否合格、价格是否合理，因而对商品的识别、鉴别能力较低，这也是导致假冒伪劣事件发生的直接原因。因此，要全面提高农民的教育科技文化水平，增强其防范假冒伪劣商品的消费意识，积极引导与教育农民购买商品前要全面了解其信息，帮助其提高识别、鉴别假冒伪劣商品的能力，从而减少假冒伪劣事件的发生；同时还要充分利用广播、电视、报纸、宣传册（单）、墙报等媒介工具的功能，广泛宣传常规的商品识别、鉴别方法，假冒伪劣行为的实例与危害等信息，并教育农民，不要贪图便宜、图省事方便随意购买商品。此外，工商、质检部门也应积极主动参与，定期通过组织相关人员深入农村宣讲、案例提醒、张贴告示等形式，提醒、帮助农民提高识别、鉴别假冒伪劣商品的能力。

（二）提高消费者的交易能力是减少假冒伪劣事件发生最现实的手段

建议消费者在购买商品时尽可能地查看商品商标、生产许可证、保质期限等信息，尽可能地到有合法经营许可证、有固定销售地址的销售点；尽量选购知名度高、信誉度好的商品品牌，切忌不可轻信一些商贩的虚假宣传、降价促销等言行，不要随意购买流动进村商贩的商品。尤其是在购买农资产品时农民千万要慎重，尽可能弄清农资产品的全部信息。如果一旦购买使用了假冒伪劣的农资产品商品，就相当于遭受一次人为“天灾”，一年的农业收成就要遭殃。所以，农民一定要选择正规厂家的货源，看清楚商品标签里的产品名称、厂家、生产日期、使用方法、适用范围与主要用途等。特别是购买时一定要让销售者提供正规发票、凭证及产品质量保证书等，不要轻信接收销售者的收据、收条或个人签字，并注意留存一些商品样本，以便日后若发现是假冒伪劣商品时作为投诉与追赔损失的凭证。

（三）提高消费者的维权能力是减少假冒伪劣行为的重要举措

农村市场假冒伪劣行为的屡屡得逞与其消费者的维权能力差也有密切关系，一些消费者不知维权、不会维权，甚至不愿维权，也一定程度上纵容了农村市场的假冒伪劣行为。因此，提高消费者维权能力，使假冒伪劣行为得到应有处罚，也是减少农村市场假冒伪劣行为的重要路径。因此，应采取有效措施，创造有利条件，为消费者维权提供便利。

首先，应加快农村网络信息建设，引导与教育农村消费者上官方网站查询自己所需商品的真实信息，查阅所需商品生产商的信用等级及相关的假冒伪劣事件，从中吸取教训，并通过网络平台提高农民对自己所需商品真伪的识别、鉴别能力。

其次，工商等部门应加大消费维权平台建设，加强消费者维权的网站建设，为消费者提供便捷、低成本的消费维权网络平台，广泛开展网上消费维权活动，为消费者消费侵权网上举报与网上投诉提供便利，特别是要积极引导农村市场消费者充分利用网络平台进行消费维权，以全面降低农村消费者的维权成本。

最后，大力发动广大农民踊跃参与打假活动与消费维权活动，让“12315”联络站进村驻户。鼓励农民要敢于与善于维权，当发现自己上当受骗时，要积极向消费者协会举报，切不可忍气吞声，吃“哑巴亏”，或认为多一事不如少一事而自认倒霉。这样不仅自己的合法权益得不到赔偿，而且会姑息养奸，纵容假冒伪劣行为再度发生。

第三节　农村分配伦理问题的消解路径

针对改革开放后我国城乡居民收入分配差距悬殊、农民工劳动力价格扭曲的具体现状，在综合分析其成因的基础上，笔者认为应采取“内强”与“外援”并举、“造血”与“输血”同步的策略。一方面通过加强农业生产基础设施建设，保障农业增产增收；调整农村产业结构，全面提升农民增收能力；全面提高农民工自身素质，增强其获取工资收入的能力等“内强”路径，以夯实农业、农民或农民工增收根基。另一方面通过加大对“三农”投入，落实“工业反哺农业，城市支持农村”方针，城乡公共品供给与社会保障一体化战略等“外援”路径，双向缩小城乡居民收入差距；同时通过转变发展观念，统筹城乡发展；加快城镇化、村镇化建设步伐，推进农村经济发展；完善分配法规，提“低”控“高”，严格规范分配行为等多项措施齐头并进、多管齐下、共同应对，才能最终消解城乡居民收入分配不公、农民工劳动力价格扭曲这些伦理问题。

一　夯实农村增收根基

目前，我国城乡居民收入差距悬殊，反映出的城乡居民收入分配不公伦理问题，除了分配制度的公正缺失之外，与农业生产条件差与农民及农民工的增收能力弱这些内在的因素也有密切的关系。因此，首先应从内因着手，正视城乡差距，找准正确方向，采取切实措施，弥补自身弱点，夯实农业丰产与农民及农民工增收的根基，以增强农村经济实力。

（一）加强农业生产基础设施建设，保障农业稳产增收

加强农田、水利、荒山、林地等农业基础设施建设，提高农业生产的抗灾害能力，保障农产品稳产高产，这是农业生产获取丰收，也是农民获取农业收入的必备条件，更是保障农业丰产与农民增收入的根基。相关资料显示：农村基础设施投资的30%—40%可转化为农民的收入[①]。而且从政府的职能来说，农业基础设施建设也是政府进行社会公共事业管理的基本职能与应然要求。经济学鼻祖亚当·斯密在论述政府的三大职能时也曾强调指出：“建立并维持某些公共机关和公共工程”[②] 是政府的第三个职能。我国是公有制的社会主义国家，更应强化政府的这一公共职能，为农业生产提供基本公共服务与基本保障，以彰显社会主义制度的优越性。同时，政府还应正视农业是弱势产业、农村是弱势地区、农民是弱势群体的基本现实，务必采取有效措施，切实稳定与提高农产品价格，以保障农民的永续性收入。虽然农业收入不一定是农民的主要收入或最高收入，但其普及面广、基础性强，是保障农民生存型消费的基本底线，对促进农民消费水平的提高起着奠基性作用。另外，还要加快农业生产社会化、产业化经营进程，全面提高农业生产的比较利益。如实现农业生产的风险“投保”、农技入股分红、大力发展“订单”农业，扩大农产品的期货市场，使农业生产的利益主体与风险担当多元化，实现“风险共当，利益共

① 李文煌：《关于农民消费结构升级的思考》，《金融经济》2009年第8期。

② ［美］亚当·斯密：《国富论》，严复译，商务印书馆1981年版，第30页。

享”，即产前、产中、产后各环节都能得到平均利润，农业和非农业劳动者获得社会同等效益①，农业生产的比较利益提高了，农民的收入也会相应提高，城乡居民的收入差距也会相应地缩小。

（二）调整农村产业结构，全面提升农民增收能力

目前，我国农村经济结构不合理，农业生产的耕作模式与经营方式单一、落后，机械化、集约化、产业化水平低。农民的教育、科技、文化、技能水平低，使其获取收入的能力有限。这些均是导致农业生产收益低、农民收入少的重要因素。因此，要从根本上提高农民的农业收入，就必须调整农村产业结构，全面提升农民增收能力，培育新型职业农民。

一是优化农村经济结构，推进农业产业化，发展现代农业，允许农民承包的土地自由转让，引导农村土地适度规模经营，适度发展小型农场，推广农业机械化，以提高农业生产劳动效率，只有提高农业生产劳动的效率，才能提高农业的效益、农业的竞争力。

二是完善农业生产基础设施，加快科技兴农步伐，提高农民组织化程度，发展农业专业合作社，巩固与夯实农村“两基”工程，健全农村教育体系，继续强化农村义务教育与农民职业技能培训教育，积极为农民开拓致富门路与增收渠道、广泛收集就业信息与就业门路，为农村剩余劳动力提供免费的就业指导、技能培训和追踪服务，稳步提高农民创业就业能力，为农民增收创造条件。

三是加大农村剩余劳动力的转移力度，有序组织农民外出务工，全面增加农民工资性收入，优化农村创业环境，鼓励和引导农村能人、返乡农民工到当地创业，降低农民创业成本，简化农民创业的工商登记手续，设立农村创业专项资金，并提供低息、贴息创业贷款一定期限内的免税、减税等税收优惠政策，以创业带动就业，增加农民收入。

四是要在取消农业税的基础上进一步减轻农民负担，实施城乡社会保障制度、税收制度、公共产品与公共服务等一体化，以降低农民生活成本，从而间接地提高农民收入，也为缩小城乡居民收入差距创造条件。

五是加快新型职业农民培养力度。2012 年中央 1 号文件已经首次提出了大力培育新型职业农民的策略，2013 年这项工作在全国 100 个县开

① 李季圣：《增加农民收入的途径》，北京社科门户网（http：//www：bjpopss：gov：cn/bjpssweb/n21587c52：aspx）。

展了试点，2014 年又加大了力度，仅中央财政已安排农民培训专项补助资金 11 亿元，新型职业农民示范性培育在全国 300 个县深入开展[①]。这是一项提高农民收入的基础性工程，今后应把新型农民培训点广泛延伸到农村，甚至田间、地头，让农民了解、学习、掌握先进的农用技术，同时还要加强对农民农产品质量安全、市场行情、营销策略等方面的培训，培养懂技术、善经营、会管理、守道德的新型农民，以全面提高农民获取收入的能力。

（三）全面提高农民工自身素质，增强其获取工资收入的能力

农民工虽然在城镇工作，但其户籍仍在农村，他们的工资收入也主要用于农村的家庭开支等费用。近年来，随着国家政策的引导与城市经济社会的飞速发展、城镇化全面铺开，进城务工的农民工数量越来越多，农村精壮劳力已基本外出打工了，大多数农村家庭的收入也主要来源于打工的收入。相关实证调查资料也显示：进城务工收入已成为农村家庭纯收入的重要来源[②]。中国官方公布的相关数据也显示：截至 2013 年，农民工收入已占我国农民人均收入的 50%[③]。因此，提高农民工的工资收入也是缩小城乡收入差距悬殊、改善农民工自身劳动力价值扭曲的主要路径。如前文中显示的我国农民工自身素质偏低也是客观事实。从劳动价值理论来看，一般而言，劳动者个人拥有的教育科学文化水平、所掌握的知识与技能是决定其工资收入水平的关键要素。诸多相关研究也证实：人力资本是影响农村劳动力非农就业的关键因素，农村劳动力获取非农就业的机会、概率、能力与其接受的教育、培训的程度成正比[④]。而农民工在人力资本方面明显处于弱势，这就迫切需要全面加强农民工教育科学文化素质，为提高农民工就业、增收、维权能力夯实基础。

首先，加强农民工就业观念的引导、教育与相关劳动法规的宣传、教育工作，引导农民工树立正确的就业观念、法制观念，培养他们的法律意

① 刘金辉：《中国涌现“80 后”新农民》，新华网（http：//news：xinhuanet：com/2014－11/07/c_ 1113152106：htm）。

② 程名望、王莉：《我国农民工进城务工收入的调查分析：2000—2008》，《当代经济管理》2009 年第 2 期。

③ 姜春媛：《人社部：农民工收入已经占到农民人均收入的 50%》，新华网（http：//news：xinhuanet：com/2014－02/20/c_ 119421485：htm）。

④ 杨金风、史江涛：《人力资本对非农就业的影响：文献综述》，《中国农村观察》2006 年第 3 期。

识，帮助农民工学会运用法律武器维护自己的合法权益，减少与降低农民工境遇不公正、不合理劳动报酬与不平等待遇的概率，改变农民工在劳动力市场上的非正规就业与处于不利处境的状况，通过有计划、有组织、有培训经历进入劳动力市场，严格按照劳动法规程序，与雇主签订劳动合同，使其工资待遇有法律保障。

其次，加强农民工职业技能培训，提高其职业技能水平与就业能力，特别是要有针对性地提高农民工的职业技能培训，全面增强其职业竞争力、职业适应力、职业胜任力，以全面提高农民工获取工资性收入的能力。

再次，引导与支持农民工建立农民工协会，鼓励与支持农民工加入所在企业的工会组织，用工企业没设立工会机构的，农民工也应自行组织工会，学会通过工会维权与提高工资待遇及改善劳动条件，提高自身的组织能力、集体谈判能力与维权能力，以避免或减少企业内部分配收入不公行为，为维护农民工的合法权益提供组织保障。

最后，敦促企业要切实制定工资收入的奖惩机制，大力培养农民工的企业主人翁精神与为企业尽心尽力的职业伦理精神，尽量提高农民工的工资收入与待遇，使他们自觉自愿地全身心地投入工作，不断提高业务水平，提高工作效率，这样也会给企业带来更多的利润，实现雇主与雇工的“双赢”。正如“效率工资理论”所指出：劳动者的工资水平和工作效率之间存在着很强的正相关性。如果工资差距过大，劳动者的工资水平太低，他们的敬业程度就会下降，并容易频繁跳槽①。通过这些路径，可以全面提高农民工的工资与待遇，实现农民工与市民工同工同酬同待遇，改善其劳动力价格扭曲的状况。

二　加大惠农富农力度

长期以来，我国农村受“重城市轻乡村、重工业轻农业、重市民轻农民、重国有企业轻乡镇企业”的二元发展战略影响，客观上造成了城乡居民收入分配差距悬殊与农民工劳动力价格扭曲这些经济伦理问题的产生。针对这种状况，应从外因着手，加大政府的惠农富农支持力度，进一步转变城乡二元发展格局，实施城乡一体化发展战略，通过加大“三农”投入，全面落实“以工哺农，以城哺乡”方针；统筹城乡发展；加强农

---

① 李长安：《收入分配差距过大扭曲和谐劳动关系》，网易（http：//news：163：com/12/1213/09/8IJJGS3800014JB6：html）。

村教育与农民技能培训，从根本上提高农民增收能力；转变发展观念，统筹城乡发展；加快城镇化、村镇化建设步伐，推进农村经济发展等措施，全面推进农村经济社会持续快速发展，以缩小城乡居民的收入差距。

（一）加大“三农”投入，全面落实“以工哺农，以城哺乡”方针

人民公社初期的分配制度是农民先要完成国家对粮食以及农副产品的公粮（无偿）及统购统销任务，剩余的才可在村民之间进行分配。这一分配制度是通过剥削农民的剩余，为国家的工业化提供资金，直接后果是导致了农业生产落后，农民生活穷苦。然而以剥夺农民为代价的工业化必定不能使中国实现真正的现代化。农业、农村、农民问题，是关系到改革开放和现代化建设的重大问题。中共中央已认识到“三农问题”的重要性，适时提出了“工业反哺农业、城市支持农村”的发展战略。许多国家的经验表明，当工业化、城市化进程加速，国民经济发展到工业对农业反哺期时，如果及时加强农业、反哺农业，整个国民经济就会协调健康发展，顺利实现工业化、现代化；反之，如果继续抽取农业、忽视农业，就会出现农业萎缩、贫富差距悬殊、城乡和地区差异扩大，社会矛盾加剧，甚至会出现社会动荡和倒退。因此，国家要顺应经济规律，加大“三农”投入，全面落实“工业反哺农业，城市支持农村”战略，在农村扶贫、基础设施、粮食补贴、农业科技投入、农民技能培训等方面加大投入；对农村经济个体、乡村企业、乡镇企业加大扶持力度，给予更多的政策优惠与技术保障，支持农村经济实体发展壮大，广开农民致富门路，千方百计增加农民收入，在向农村“输血”的同时，更要帮助农村提高“造血”能力，使农村尽快致富，以缩小城乡收入差距。

（二）加强农村教育与农民技能培训，从根本上提高农民增收能力

长期以来，我国农村落后、农民贫困、农业生产效率与效益低下，除了农业的弱势产业与农村的弱势地区等因素外，与农村劳动者自身的教育科学文化素质普遍较低与劳动技能普遍较差也密切相关。当然，这不是农民自身的过错，而是制度安排不公正所致，包括外出农民工在内，他们确实因户籍制度而承受了诸多歧视与不平等待遇。正如有的学者指出：发展中国家的许多不平等不是由人的天赋与勤劳造成的，更多的是由制度因素和不合理的公共政策造成的①。然而，他们教育科学文化素质普遍较低与

① 卢现祥：《论制度的正义性》，《江汉论坛》2009年第8期。

劳动技能普遍较差的客观事实也确实制约了其增收能力。正如美国著名经济学家西奥多·W. 舒尔茨所指出："改造传统农业的根本出路，在于引进新的生产要素，也就是进行技术创新以提高投资收益率"[①]。当然这里"新的生产要素"既包括技术创新，也包括对农民进行教育、培训、技术改造等人力资本投资。针对这种现状，各级政府都应有个清醒的认识，秉持着对历史负责、对农民负责的态度，肩负起"补偿公正"与"结果公正"的职责，切实加强农村教育、农民技能培训、农业科技的投入与推广，加大对农村教育、职业技能培训等人力资本的投资，推进农民职业化建设。

要在巩固"两基"[②] 的基础上，继续强化农村教育与农民技能培训工作，各级政府都应在财政预算中拨出专款，同时组成专业队伍，下乡宣传教育党与国家的各项涉农法规，"惠农、富农"政策、乡风文明与市场经济常识，传授与推广运用农业、农村实用科学技术，特别是对外出农民工与有创业潜力与创业意愿的农民，要大力支持与重点培养，有针对性地安排相关的职业教育、创业教育、市场意识与风险教育、经营理念与管理常识等方面的教育，为全面提高农村劳动者的劳动效率与效益夯实基础，进而增强他们的就业能力或创业能力。

事实上，长期处于弱势地位与作为弱势群体的农民，一旦得到了良好的教育培训与有效的社会照顾，就能激发他们的工作干劲与创造潜能，从而提高他们的工作效率，创造更高效益，从而带动农村生产劳动效率与效益的全面提高。正如美国人力资本研究资深学者西奥多·W. 舒尔茨的实证研究表明：农村教育不仅可以"提高耕种者的劳动技能与劳动效率、增进其创造潜能"[③]，而且能"增进农民的能力以适应经济增长带来的就业机会之变"[④]，农民作为农村收入的主要创造者，只有经过了良好的教育与技能培训，才能提高劳动效率与质量，提升职业能力，才能从根本上提高农民自身的增收能力。

---

① 吴庆田、方倩：《财政支农结构对农村 GDP 的脉冲效应分析》，《统计与决策》2012 年第 14 期。

② 基本实施九年义务教育和基本扫除青壮年文盲的简称。

③ ［美］西奥多·W. 舒尔茨：《经济增长与农业》，郭熙保、周开年译，北京经济学院出版社 1991 年版，第 108 页。

④ ［美］西奥多·W. 舒尔茨：《教育的经济价值》，曹延亭译，吉林人民出版社 1982 年版，第 63 页。

（三）转变发展观念，统筹城乡发展

坚持全面发展原则，在"让一部分人、一部分地区先富起来"的政策昭示与引领之下，城市以其天然的地缘优势、居民素质总体较高的人力资源优势、政策支持、社会保障等制度优势，获得了较快发展，同时也造成了城乡发展差距拉大，城乡居民收入差距悬殊的社会现实。但社会主义的本质是"解放与发展生产力、消灭剥削，消除两极分化，最终实现共同富裕"[①]，城市先富也只是手段，最终目的是城乡共同富裕，当城市发展到了一定程度与规模后，城市也应肩负起支持农村发展的社会责任与历史使命。

与农村相比，城市获得了更多的发展机会、利用了更多的社会公共资源、获得了诸多"城市偏好"的国家政策支持与扶持，加上长期以来农村对城市提供的工农产品"价格剪刀差"、城乡土地"价格剪刀差"、农业税费（农村税费改革前）等无偿支持，因此，无论是从伦理学的道义要求还是经济学的等价有偿原则而言，城市均应该伸出援助之手，国家也应加大"支农、惠农、富农"政策力度，坚持城乡全面、协调、均衡、可持续发展战略，全方位、多层次、宽领域推进"城市反哺农村、工业反哺农业"方针，对农村实施"多予、少取、放活"政策，加大公共财政向农村倾斜的力度、公共设施向农村延伸的深度，公共服务向农村覆盖的广度，使农村获得更多的发展机会、更好的发展条件。正如美国制度伦理学家罗尔斯所说："为了平等地对待所有人，提供真正的同等机会，社会必须更多地注意那些天赋较低与出生较不利的社会地位的人们[②]，以实现分配正义；同时农民也要转变发展观念，抓住发展机会与充分利用好国家的优惠政策，乘势而上，因地、因人制宜，充分挖掘农村的发展潜能与农民的发展潜力，大力发展农业生产与非农产业，多渠道增加自身收入，从而逐步缩小城乡居民的收入差距。"

（四）加快城镇化、村镇化建设步伐，推进农村经济发展

城镇化是国内外缩小城乡差距、发展农村经济的基本经验之一，近年来我国的城镇化建设已取得的成果也得到了相应的证实。正如全国"三农"问题知名研究专家徐勇教授指出："城镇化可以说是广大农民摆脱土

---

① 《邓小平文选》（第3卷），人民出版社1993年版，第373页。

② ［美］约翰·罗尔斯：《正义论》，何怀宏等译，中国社会科学出版社1988年版，第95—96页。

地及体制束缚，脱离贫困，走向发展的标志之一”[①]。因此，加快城镇化、村镇化建设步伐，推进农村经济发展，也是当前缩小城乡居民收入差距的主要路径。

首先，要充分发挥“以工促农，以城带乡”的引领与示范功能，加强大城市对小城市、小城市对集镇、集镇对村庄经济社会发展的辐射与带动功能，加快推进城镇化、村镇化建设，有效转化农村人口，缩小农村人口比重，以推动农村经济发展，缩小城乡、工农差距。

其次，规范城乡生产要素资源交易行为，废除生产要素资源“城市偏向”的分配体制，把城乡生产要素资源统一推向市场，使其在城乡之间自由流动、平等交易，通过经济规律、市场规则来促成城乡生产要素的合理流动，实现城乡生产要素资源的优化配置，使城乡居民之间收入分配的起点公正，同时也可推动城乡生产要素的合理流动，实现城乡优势互补、资源共享，促进城乡协调可持续发展。

再次，鼓励与支持农村因地制宜大力发展非农产业，特别是乡镇、乡村企业，同时降低乡镇、乡村企业成立的“门槛”，简化相关手续，并给予他们与城市企业同等的“国民待遇”与适度的倾斜政策与优惠待遇，同时通过招商引资，吸引更多的资金来农村兴办企业，给农民增添更多的就业机会与岗位，实现农村剩余劳动力就地转化，使在家务农农民既能照料家中责任田，有农业收入，又能就近务工，增加工资性收入。

最后，有序组织农村剩余劳动力外出务工，并为其提供招工信息收集、技能培训等服务，帮助农民工提高就业竞争力与工资性收入，同时完善相关法律法规，充分保障农民工的各项合法权益，敦促同等条件下农民工与市民工同工同酬，从而间接地改善农民工劳动力价格扭曲的状况。

三　完善收入分配法规

当前城乡居民收入差距悬殊与农民工劳动力价格扭曲伦理问题与当前我国的分配制度不合理、农民与农民工获取收入的成本高与保障弱等因素也直接关联。针对这些情况，也应立足现实，采取有效措施，完善收入分配法规，加快落实分配正义。从完善城乡收入分配制度，规范分配行为入手，保障农民与农民工的合法权益，逐步实现分配正义，才能最终解决城乡居民收入分配不公与农民工劳动力价格扭曲这些伦理问题。

---

① 徐勇：《深化对农村城镇化认识十题》，《东南学术》2013 年第 3 期。

（一）完善分配法规，提“低”控“高”，防止收入分配差距悬殊

当前城乡收入差距悬殊与城市部分垄断性行业垄断了某类特权、某些特殊人群掌控着社会公共资源的决策权或分配权密切相关，不平等、不公正的竞争机制使其自身的收入明显偏高，甚至是暴富。正如当代著名经济学家樊纲指出：在社会资源分配、公共利益调整或裁决时，某些强势群体“拥有较大的话语权与决策权”①，他们掌控着大量的公共经济、政治、技术、社会、文化等资源，与政府联系密切或是政府的重点保护对象，垄断、控制着某些、某类优质资源，享有某些特权，具有排他性，不需要与其他企业竞争。如一些垄断性行业，像银行、电力、石油、石化、电信、烟草、武器、铁路、航空等行业，其员工的显性的平均收入是农民收入的几十倍，加上各种各样的隐性收入后，与农民工收入相比更是天壤之别，仅以住房公积金为例。相关资料显示：住房公积金每月最高 9000 元与最低 240 元的“隐性福利”凸显行业差距，有的银行职工甚至住房公积金月缴存数额过万元②。而农民的住房公积金却分文没有，还有些明星大腕的劳动价值缺乏合理、规范的标准去衡量，其收入远远超出杰出科学家的收入，特别是某些贪官污吏权权交易，贪污受贿，非法牟取暴利，他们富比“王侯”，更是直线拉大了城乡居民的收入差距。因此，政府应尽快出台强制性调控收入分配政策，杜绝超常规福利发放，收回或严格控制垄断性行业的垄断性权益、特殊人群的特权，加快市场化进程，放宽垄断性行业的市场准入政策，建立健全市场引入机制，允许其他经济主体同等参与竞争，消除城市强势群体垄断社会公共资源、独断公共利益分配与决策状况，同时完善相关法规，建立健全收入分配体制机制，严格规范分配行为，对城市高收入者加大个人所得税的征收额度，同时吸收、借鉴西方国家征收个人遗产税的有益做法，减少靠遗产不劳而获的“富二代、官二代”等寄生现象及其与“穷二代、农二代”的收入差距；同时着重提高低收入群体的工资待遇，特别是加大农村贫困地区的扶贫力度，帮助他们获取脱贫致富的渠道与能力，这些举措均能使农村、农民受益，促成城乡居民收入差距相应缩小，实现社会财富的公平公正分配。

---

① 樊纲：《渐进改革的政治经济学分析》，上海远东出版社 1996 年版，第 122 页。

② 文静、曾文波：《本该“雪中送炭”，却成“锦上添花”住房公积金不同行业差距过大》，《中国青年报》2012 年 12 月 23 日。

（二）强化农民工劳动权益保护法规建设，保障农民工合法权益

现阶段，我国农民工的工资、福利、待遇低，劳动条件、工作环境差，工伤赔偿难以保障、工资克扣、拖欠现象仍然存在。根本的原因还在于农民工劳动权益保护的法规、制度还不健全，已有的相关法规、制度也执行不力。鉴此，必须建立健全农民工权益保护的法规制度，并严格执行。

首先，督促用工单位严格按照《劳动法》要求，与农民工签订劳动合同，一式三份分别由雇主、雇工与当地劳动监察部门各执一份，通过法律途径保障农民工的劳动权、休息休假权、报酬权、职业安全权、工伤保险等权益，为农民工劳动权益保障提供法规保障。

其次，建立健全农民工工资保证金制度，依据当地实际情况来适度提高当地最低工资标准，规定农民工工资不得低于当地最低工资标准，确保农民工工资有最低底线。

再次，各地劳动保障部门与工作人员应会同相关部门，对农民工用工企业定期不定期地进行劳动用工联合执法、督察行动，对企业违法违规雇用农民工、克扣或拖欠农民工工资等行为要彻底查办，绝不姑息养奸，确保农民工的合法权益得到维护，消除农民工用工企业中劳资关系、雇主与雇工关系不和谐、不融洽因素，以维护社会和谐，经济发展。

最后，强化国家对农民工合法权益保障的专项政策，狠抓具体工作的贯彻落实。如狠抓 2006 年国务院颁布的《关于解决农民工问题的若干意见》（国发［2006］5 号）具体事项的落实，治理整顿农民工进城务工的劳动力市场秩序，改善农民工就业的市场环境，彻底取消对农民工就业的行业与岗位进行限制的各种歧视性规定，还农民工平等的就业权，切实提高与保障农民工工资水平，建立健全非公有制企业工会机构，保障农民工与雇主的平等地位，切实维护农民工的话语权，妥善解决随迁农民工子女进城接受义务教育的问题，强化农民工劳动保障权益与平等的培训晋升权、同工同酬权、社会保障权，为农民工融入城市提供良好的工作、生活环境，鼓励有条件的城市应尽可能地为农民工提供廉租房与更多的市民待遇，以便降低农民工在城市的生活成本，从而间接地提升农民工的工资收入。正如诸多学者指出：要提高农民工的工资水平，国家应当抓紧建立健全适合当前我国农民工流动特点的社会保障体制，逐步消除农民工在劳动

力市场上的机会不平等①。

（三）实施农民工与市民工同工同酬政策，拓展农民工收入增长渠道

目前，我国农民工在城市从事的职业基本上仍是“脏、累、险、重”活，其劳动条件、工作环境差，而且劳动报酬比市民工低，社会保障权益缺失，这与党的十七大报告中提出的“覆盖城乡居民的社会保障体系基本建立，合理有序的收入分配格局基本形成”的和谐社会建设目标不相吻合，与党的十八大提出的“必须坚持维护社会公平正义”的发展目标也相去甚远。因此，应加快建立健全农民工与市民工同工同酬政策，拓展农民工收入增长机制。

首先，贯彻落实好我国《劳动法》第46条的规定：“工资分配应当遵循按劳分配原则，实行同工同酬”，规定凡雇用了农民工的用人单位，必须在本单位内实施同岗位职工相同的劳动报酬和工资分配制度，实现同工同酬，并推行“一书两金一卡”制度，即上下级政府之间、当地政府与企业分别签订防范处置企业拖欠工资目标责任书；建立健全用人单位缴纳工资保证金制度与欠薪应急周转金制度；全面推行农民工实名制工资支付银行卡②。这样既能敦促当地政府全力监管当地农民工工资拖欠问题，又能公开透明农民工工资数额，实现对用人单位同工不同酬的有效监管，从而实现分配公正，保障农民工同工同酬的劳动权益及其工资性收入的稳定性。

其次，加大农村支农惠农政策的投入。通过加大农村粮食生产补贴额度，合理提高农产品价格；合理确定农村土地产权，提高农民工土地的收益；加大农村社会公共品投入，降低农民生活成本等途径，以增加农民工家庭的总体收入，从而也能相应地缩小城乡收入差距，改善城乡居民收入分配不公与农民工劳动力价格扭曲的现状。

最后，给予农民工同等的社会保障权，切实解决随迁农民工子女就近接受义务教育问题、实施农保医疗费用异地结算制度，同等享受企业的职业技能培训、晋升晋级待遇，把符合条件的农民工纳入城市公共租赁住房供应范围，有稳定工作可享受住房公积金待遇等，以降低农民工在城市中

---

① 罗正月：《劳动收入的最优化——农民工工资增长的新思路》，《西北农林科技大学学报》（社会科学版）2013年第1期。

② 张帆：《省人社厅：让农民工2015年实现同工同酬》，大众网（http：//sd：dzwww：com/sdnews/201309/t20130909_ 8862954：htm）。

的生活成本，从而间接提高农民工收入，相应地改善农民工劳动力价格扭曲的现状。

第四节　农村消费伦理问题的消解路径

针对上文中列举的当代中国农村消费活动中存在的农民平时消费过度节俭与即时消费不当奢靡并存、农村消费能力不足与恶性消费膨胀同在等经济伦理问题，在综合分析各自错综复杂成因基础上，也应遵循具体问题，具体分析，具体应对的常规思路，探寻相应的路径去加以应对。笔者认为可以通过更新农村消费观念，引导农民科学消费；全面提高农村收入，增强农民消费能力；优化农村消费结构，提升农民消费质量；改善农村消费环境，搭建便捷消费平台；整顿农村消费秩序，加强消费伦理教育五条路径去消解现阶段我国农村消费领域的主要伦理问题。

一　更新农村消费观念，引导农民科学消费

受传统消费心理、消费习惯及农民预期收入与支出的不确定性等现实条件影响，当代中国农民消费观念滞后，平时过度节俭，偏好储蓄，求稳怕险等消费倾向严重，这种消费观念不仅割裂了生产与消费的内在联系，也直接导致了滞后的消费行为。如相关资料显示："目前占全国人口70%的农民，只消费了全社会30%的商品"①。农民的这种消费行为不仅违背了经济学中生产与消费的内在机理，造成了投资与消费的严重失衡，既扼杀了生产的动力，也违背了人们生活的本来目的，造成了农民生活质量低下。因而失去了其经济合理性与伦理价值性。正如万俊人教授所言："基于需要的消费之所以具有其经济合理性，不单是由于它符合人类生活的根本目的，从而具有作为社会生产之直接目的的合理性，而且由于它是刺激生产的直接动力且在生产—消费的经济持续运动中，成为社会再生产的持续驱动力，使其可以获得手段合理性的价值意义"②。而要消解农村消费活动中的这类伦理问题，还需结合社会主义生产的目的与提高农民生活质量的具体要求、社会主义新农村市场经济的发展要求，通过各种形式的宣

---

① 胡锦涛：《加快开拓农村消费市场》，《经济日报》2007年4月4日。

② 万俊人：《道德之维——现代经济伦理导论》，广东人民出版社2000年版，第281页。

传教育等途径去更新农村消费观念，引导农民科学消费。

（一）结合生产目的与生活质量需求更新农村消费观念，引导农民科学消费

消费是生产的目的与动力，没有消费也就没有完整意义的生产。正如马克思指出："没有需要，就没有生产，而消费则把需要再生产出来，消费的需要决定着生产"[①]，生产的最终目的是满足人的需求，人们生活质量的提高也是通过消费需求的满足来实现的。这些道理大多数农民是不清楚的。这就需要结合社会主义生产的目的与提高农民生活质量的具体要求去更新农村消费观念，引导农民科学消费。立足当前农民的文化水平与认知层次，应通过通俗易懂的宣传教育形式让广大农民深深懂得，社会主义生产的目的是满足人民群众日益增长的物质和文化需要，是让广大人民尽快摆脱与结束"勒紧裤腰带过苦日子"的生存状态，过上幸福美满的好日子，使农民明白，合理的消费需求是保障经济正常运行的基本前提，是国家鼓励、社会认同的，是利国利民利己的行为。正如美国著名经济伦理学家乔治·恩德勒所指出："更好地满足人们的需求是符合人类利益的"[②]。事实上，改革开放后，在国家的一系列"富农、惠农"政策的指引下，农民收入也节节攀升，农民的生活质量也应相应提高，各种合理的消费需求应尽可能地去满足。因为"一切需要的最终调节者是消费者的需要"[③]，要教育与引导农民正视这一事实，通过摆事实，讲道理，引导农民科学消费，同时向农民澄清保守滞后的消费观念给现代经济发展与人们生活质量提高带来的危害性，引导与教育农民消费不能仅停留在满足吃、穿、住等物质型、生存型消费层面，更要追求教育科学文化提高等精神型、发展型消费，从而达到农民精神生活提高，消费领域拓宽，消费结构合理，消费质量提高等多重目的。

（二）结合市场经济发展要求更新农村消费观念，引导农民科学消费

恩格斯曾经指出："人们自觉地或不自觉地，归根结底总是从他们阶级地位所依据的实际关系中——从他们进行生产和交换的经济关系中，吸

① 《马克思恩格斯选集》（第二卷），人民出版社 1995 年版，第 9 页。

② ［美］乔治·恩德勒等：《经济伦理学大辞典》，李兆雄等译，上海人民出版社 2001 年版，第 387 页。

③ ［英］阿尔弗雷德·马歇尔：《经济学原理》（上册），朱志泰译，商务印书馆 1981 年版，第 111 页。

取自己的道德观念”[①]。农民平时过分节俭的消费伦理观念与实践也并非是与生俱来的，除了受传统中国落后的自然经济与保守滞后消费观念影响之外，也与当代中国长期以来生产力落后、商品经济不发达，城乡二元经济体制的禁锢等因素密切相关。当前，社会主义市场经济已在中国纵深发展，社会主义新农村建设也需要发展市场经济来推动，而保守滞后的消费观念与市场经济发展所要求的现代消费需求是不相适应的。因此，更新农民保守滞后的消费观念，引导农民科学消费势在必行。根本也是最现实的路径就是采取切实行动，教会农民一些市场经济常识，尽快转变农民的市场观念与消费理念，最有效的途径就是直接把农民推向市场，让他们在市场经济的潮流中经受锻炼，让保守滞后的消费观念经受市场的尽情冲刷与洗礼，他们的襟怀、视野才会变得开阔，竞争、效率、现代消费理念、消费意识才会增强，才会勇于、善于、乐于接受新生事物，逐步驱除保守滞后的消费观念，减少平时过度节俭与即时不当奢靡的消费陋习，只有不断更新、充实现代消费观念，才能逐步形成科学、健康、文明、低碳的消费行为。

（三）通过各种宣传教育形式更新农村消费观念，引导农民科学消费

农民消费观念滞后，与长期以来农村消费信息不畅、消费宣传教育工作不到位、效果不明显也有密切关系。鉴于此，应依据当地农村的风俗民情，因地制宜地开展形式多样的现代消费理念与优良消费事例的宣传教育活动，借助影视、报刊、送戏下乡、举办农村文艺活动、公众人物专题讲座等为广大农民喜闻乐见的形式来大力宣传现代消费理念与消费美德，营造良好消费氛围，潜移默化地感染与影响农民的消费观念；同时发动当地有影响的人物及广大村干部带头示范良好的消费行为，充分发挥他们的先锋模范作用与帮扶作用，引领与改良农村的畸形消费行为，特别是要说服、教育农村的一些“保守分子”不要过度节俭，否则会抑制人性的正常消费需求、阻碍生产的良性循环、人的全面发展及生活质量的提高，引领他们慢慢地转变保守滞后的消费观念，指导、帮助他们科学消费，合理、有效、有序地安排自己的消费行为，优化自己的消费结构，提高自身的消费质量与层次。

---

① 《马克思恩格斯选集》（第二卷），人民出版社 1995 年版，第 434 页。

二　全面提高农村收入，增强农民消费能力

收入决定消费，收入状况是影响消费能力的关键因素，消费结构与各种消费需求均伴随着收入的变化而变化。新中国成立以来，我国农民收入长期偏低且增长缓慢，加上城乡二元的社会公共品供给制度与税费制度，导致农民的生活成本高，生存压力大，这些均是造成农民平时节俭过度、消费结构异化与农村消费能力不足等伦理问题的根本原因。农民贫困，生活拮据，生存压力大，自然没有“闲钱”去消费，没钱消费，这是困扰多数农民消费的现实难题。美国经济学家弗里德曼的持久收入理论也告诉我们，影响居民消费的主要因素是他们的持久收入，意味着提高农民的持久收入，他们的消费能力也会相应增强。因此，全面提高农民收入，增加农民消费资金，是消解农民平时过度节俭、消费结构异化与农村消费能力不足等伦理问题的根本路径。

（一）加大农村的政策性收入，增强农民消费能力

政府应持续坚持“工业反哺农业，城市支持农村”的发展策略，全面贯彻落实“多予、少取、放活”的“三农”方针，合理调整国民收入分配与国家财政支出结构，继续加大“三农”投入，加大各级财政支农力度，逐步把农村各项社会公共事业发展、农村基础设施建设经费纳入“民生”工程，列入各级财政支出范围；继续深化农村改革，切实减轻农民负担，倾心贯彻国家的各项“支农、富农、惠农”政策，保障农民的政策性收入持续、稳定增长，为农村消费增长提供政策性扶持。同时逐步加大家电、农机等“下乡”商品的类型与补贴比例，拓展政府补贴的渠道，从而刺激农村消费的有效需求，带动农民消费。同时，逐步建立与完善农村种植业、养殖业、畜牧业等农产品的基本价格保护制度，为其设立生产风险与价格调节基金及储备制度，制定农产品最低保护价制度，保障农产品价格不随产量与市场变化而价格落差太大，实现农民持久性收入的相对稳定，以增强农民的消费信心。

（二）提高农业生产综合效益，夯实农民消费根基

加快农业现代化建设，提高农业生产效率与效益，加大科技兴农支持力度，精心培育产量高、抗病强、适用性广的良种，继续完善农村土地家庭承包责任制与有效流转、适度规模经营制，加大农业生产的集约化、规模化、机械化程度，适度发展规模农场，以提高农业生产的效率与效益；精心培育农村新型经营主体，发展种粮大户、种菜大户、养殖大户、农产

品加工厂、运输专业队、新型农村经济合作组织、专业合作社，发展多种形式规模经营，构建社会化、集约化、专业化、商业化、组织化相结合的新型农业经营与服务体系，拓展农民就业渠道与收入来源；充分发挥政府、行业协会、商会、企业、新闻媒体等对农民的帮扶作用，拓展农用科技、信息的交流与合作渠道，提高农民经营管理能力与科技文化水平，提高农民抗自然灾害、分析市场信息、应对市场风险等能力，培养懂管理、善经营、有技术、讲道德、守法制的新型农民；因地制宜发展特色农业，立足本地优势，宜农则农，宜林则林，宜牧则牧，宜渔则渔，寻找一切机会创办各类农产品加工企业，树立农产品的品牌效应，从而做大做强农村产业，增强农业综合效益，带动农村经济良性持续发展，增加农民收入，从而增强农村消费能力。

（三）拓展农村非农收入渠道，壮大农民消费能力

全面提高农民收入，除了加大国家政策性收入与提高农业生产综合效益外，还可通过大力发展乡镇企业，积极推进小城镇建设、村镇化建设，通过就近转化与外出务工两种方式有效解决农村剩余劳动力的就业问题等途径，来拓展农户非农收入渠道，增加农民的工资性收入，以壮大农村消费能力。

首先，通过城镇化、村镇化建设，不断加大城乡劳动力的有效流动与优化配置，扩大城乡之间商品、信息的交流与互补，是统筹城乡均衡发展、缩小城乡差距的有效路径，其不但能带动农村第二产业、第三产业的有效发展，而且可以优化农村产业结构，释放更多的就业空间，为农村剩余劳动力转移提供更多的就业岗位，从而带动农村剩余劳动力就近就业，以增加农民的工资性收入。同时也可优化农村产业结构，推动农村经济发展。

其次，要及时、准确搜集各种就业、创业信息，加大农民工免费培训、就业、创业能力提升的培训与支持力度，精心组织外出农民工技能培训、返乡农民工就业、创业能力提升的宣传、教育、培训与政府的政策、资金扶持等活动，提高农民工劳动技能与就业创业能力，有效、有序组织农民工外出务工，同时敦促用工单位及时发放与同步增长农民工工资，改善农民工待遇，以增加农村非农收入。

最后，鼓励与支持返乡农民工创业，为其创业开通“绿色”通道，加大资金、技术、人才、销售等方面的扶持力度，以创业带动更多的农民

就业，实现农民非农收入的大幅增长，从而壮大农民消费能力。事实也证明，工业化、城镇化是解决农村剩余劳动力问题的基本经验与必然趋势。正如党的十六大报告指出："农村剩余劳动力向非农产业和城镇转移，是工业化和现代化的必然趋势"。

（四）推进城乡公共品供给与社会保障一体化，降低农民生活成本，间接增强农村消费能力

诸多学者的研究均已证明，长期以来城乡二元公共产品供给制度与社会保障制度加大了农民的生活成本，使农民消费有后顾之忧，也加剧了农民平时过度节俭与农村消费能力不足，制约了农民的发展型消费。如城乡教育资源的供给差异，就使农民失去了平等的受教育权，进而影响到发展的起点不公平，进而终点也无法公平；医疗保障权益的缺失又使农民不得不存钱防病；城乡公共品供给差异也导致了城乡居民生活质量差距悬殊，制约着农民消费结构的合理性；城乡二元养老制度使得农民从年轻时就得存钱防老，加剧了农民平时过度节俭与农村消费能力不足等伦理问题；加上改革开放以来，我国经济社会已获得长足发展，发展成果让全体人民共享时机已成熟，因此，实施城乡公共品供给与社会保障一体化已势在必行。

首先，政府应确立起农村公共品供给的主体地位，承担起应尽的社会职能，通过科学的财政预算，有效安排农村公共品供给与社会保障资金，完善分税制，扩大乡镇财政来源，保障地方政府有经济实力履行相应农村公共品供给与社会保障职能的资金来源，并通过规范转移支付制度，加大对农村社会公共品与社会保障的转移支付力度，优先保障农村急需的生产型公共品和民生迫切需要的消费型公共品与社会保障投入，确保社会公共品用到农村发展的实处、用到农业发展的要处。

其次，改革目前"自上而下"的农村公共品供给决策机制，通过"自下而上"的权益表达渠道，广泛听取农民对社会公共品的利益诉求，从而做出科学决策，优化农村公共品供给结构，并完善相应的管理与监督机制，把权力关进制度的笼子里，杜绝权力对农村公共品的滥用，充分发挥人大、政协、纪检、监察、审计、新闻媒体、网络、群众等监督主体的作用，确保农村社会公共品供给过程"阳光"操作，公平公正地运行。

最后，建立健全城乡一体化公共品供给模式，同时充分发挥社会主义制度的优越性，通过宣传教育、税收减免、精神鼓励、物质表彰等形式，

鼓励民间资本与社会各界参与农村社会公共事业建设，全面拓宽农村公共事业发展的资金来源，努力实现农村公共品供给方式多元化。有了切实有效的社会公共品供给，农民的生活成本就无形中降低了，其消费能力也就相应增强了。

三 优化农村消费结构，提升农民消费质量

针对当前我国农民消费结构中恩格尔系数偏高、消费品构成中生存型消费、生产型消费、自给型消费比例过高，发展型、精神型、服务型消费比例偏低等消费结构异化问题，除了全面增强农村收入外，还应提高农业生产的社会化、机械化、集约化程度，发展现代农业，提高农村消费者素质，加快农村教育科学文化建设，大力发展与农村适应的信息、服务等相关产业，在解决温饱问题后，要积极引导农村消费向发展型、精神型、服务型消费发展，以优化农村消费结构，提升农民消费质量。

（一）引导农民立足现实优化消费结构，提升消费质量

首先，积极、耐心地向农民宣传消费知识，让他们正确认识到积累与消费、生产与消费、教育科学文化与收入提高之间的辩证关系，认识到消费潜在的效益。引导农民正确处理好家庭收入与适度消费、物质消费与精神消费、生存型消费与发展型消费、自给型消费与社会型消费等之间的关系，保持合理的比例，从而提高消费的有效性，并依据现实情况与现代社会的发展需求，适度偏向发展型、精神型、服务型消费，使农村消费结构趋于合理，也利于提高自身素质，适应现代社会时尚消费的发展需要，从而达到提高消费质量的目的。同时也顺应当代中国“资源节约型与环境友好型”发展战略与新农村建设中“乡风文明，生态良好”的双重要求，从而使农民的消费伦理观也逐步适应社会形势发展与时代要求。唯有紧跟时代发展步伐与形势发展需求，才能有效推进农村发展型、精神型消费形成。

其次，积极引导农民依据收入变化及时调整消费结构与消费水平，提升农民消费质量。收入提高，则应相应提高消费水平；收入降低，则应相应适度降低消费水平，使消费在自己可以承受的范围之内，以保持生活稳定为底线，并始终保持这种健康的消费心理，以适应农民预期收入与支出的不稳定的社会现实，切忌收成好时奢侈消费、逢年过节集中过度消费，死要“面子”的炫耀型、攀比型、盲从型消费、货币化的“人情”消费等畸形消费，以减少或缓解当前农村畸形消费形势严峻的现状。因为这些

畸形的消费行为不但会在一定程度上加剧消费结构的失衡，而且会造成生活质量与幸福指数的下降。正如学者指出："人生的目的并非是追求越来越多的收入，消费越来越多的商品，过越来越奢侈的生活。相反，更多的闲暇、更健康的身心与更安全、更稳定的生存状态，或许是更多人所追求的目标"①。这种消费心态对提升农民的消费质量或许更具有现实意义，并且，从社会整体来看，炫耀型产品与奢侈品不仅是资源的浪费，而且会减少社会成员的总体幸福感②。因此，农民必须摒弃畸形消费，加大发展型、精神型消费比例，才能达到优化农村消费结构，提升农民的消费质量的目的。

（二）提高农村消费者素质，实现农村消费结构优化与消费质量提升

优化农村消费结构，提升农户消费质量，最终是要通过提高农村消费者素质来实现。一般而言，消费者素质是指消费主体在购买行为与消费行为中所具备的涵养与能力，包含对消费品的审美鉴赏、识别挑选、质量监督力和适度消费等方面的涵养与能力③。消费者素质的差异，直接决定着消费者的消费质量，也直接影响到消费者的生活质量与社会经济的发展变化。正如马克思所言："消费者花费自己收入的方式以及收入的多少，会使经济生活过程，特别是资本的流通和再生产过程发生极大的变化"④，虽然"人从出现在地球舞台上的第一天起，每天都要消费，不管在他开始生产以前和在生产期间都一样"⑤。但消费有自身的内在结构，是多层次，消费者素质不同，其消费行为的质量也不同，对自己的生活质量与社会的影响也不同，"因为要多方面享受，他就必须有享受的能力，因此，他必须是具有高度文明的人"⑥。马克思此处所说的"高度文明的人"是指全面发展的人，当然也应包含农村消费者素质的发展在内。由此可见，农村消费者素质对优化农村消费结构，提升农户消费质量的重要意义。当代中国著名经济学家、消费经济学创始人尹世杰教授也认为："研究消费倾向，不仅要分析居民收入，还应该分析居民的整体素质特别是科学文化

① 耿丽萍：《生存与消费——消费、增长与可持续发展问题研究》，经济管理出版社 2004 年版，第 22 页。

② 梁捷：《幸福指数：中国人幸福吗?》，中山大学出版社 2007 年版，第 202 页。

③ 卢嘉瑞：《论提高消费者的素质》，《江西社会科学》1988 年第 4 期。

④ 马克思：《剩余价值理论》（第 2 卷，中文版），人民出版社 1975 年版，第 562 页。

⑤ 马克思：《资本论》（第一卷），人民出版社 2004 年版，第 196 页。

⑥ 《马克思恩格斯文集》（第 8 卷），人民出版社 2009 年版，第 90 页。

水平。提高消费倾向，提高消费力，还必须多从提高人的素质特别是科学文化素质下功夫”[①]。可见，提高农村消费者素质，是优化农村消费结构，提升农户消费质量的关键所在。

首先，加快完善农村科学文化教育体系，强化农村“普九”与“扫盲”教育工作，积极开展形式多样的农民夜校、农技培训、地方文化娱乐等活动，全面推进科技“下乡”、文化“下乡”、实用图书、信息“下乡”等活动，加快建设农家书屋、组建农村业余文艺团，这些活动既能让广大农民在温饱有余之后有更高的精神追求，推动精神型消费的增长，又能切实提高农民的科技文化素质，为提高农村消费者素质夯实基础。

其次，充分运用各种媒体的舆论力量，广泛宣传、教育消费经济学与消费伦理学等相关知识，积极引导农民的消费重点向精神型、发展型消费拓展与迈进，努力构建科学、低碳、文明、健康、向上的良好消费氛围，逐步减少封建迷信等愚昧型消费，自觉抵制赌博、吸毒、黄色等祸害型恶性消费，从而优化消费结构，拓宽消费领域，促进农村经济持续健康发展。

最后，从严把握鉴定商品次优标准，实事求是评选产品名优品牌，并教育农民了解一些鉴别商品质量次优、识别假冒伪劣产品常识，同时教会农村消费者一些维权常识，对坑、蒙、拐、骗农村消费者的行为，使他们敢于和善于维权，从而达到提高消费者素质的目的。

四 改善农村消费环境，搭建便捷消费平台

针对当前农村村干部公款消费成风、消费硬件设施落后、农村市场体系建设滞后、农村消费卖难买难问题严重等消费环境差的现实状况，应立足现实，找准问题的关键。借助有利的政策，群策群力，采取切实措施各个突破、具体应对。

（一）加强村干部职业道德建设，扭转农村公款消费习气

村干部公款消费源于其职业道德素质低下，不能坚定正确的政治方向，被官场不良习气所感染，缺乏为农民办好事做实事的职业精神。所以，加强村干部职业道德建设，是减少农村公款消费的根本途径。

首先，要在村干部中深入开展党风廉政建设，强化农村干部拒腐防变思想观念，利用身边的廉政典型事例，深入开展“廉政”教育活动，鞭

---

① 尹世杰：《消费力经济学》，中国财政经济出版社 2001 年版，第 107 页。

策村干部切实纠查自身存在的问题，有则改之，无则加勉。

其次，广泛开展警示教育，结合具体、典型的反面事例，使村干部受到警示教育，强化廉洁从政意识，从而自觉规范自身言行，远离公款消费。

最后，强化村集体公共财物的监管，规范村务支出；硬化村级党务、村务公开与民主管理、民主监督，从源头制止农村公款消费习气的滋生，为改善农村消费环境、营造良好消费文化氛围打下政治基础。

（二）加快农村社会事业发展，为改善农村消费环境提供硬件设施

长期以来，受城乡二元体制影响，农村的公共基础设施、教育、医疗、住房、社会保障等社会公共事业严重滞后，农民支出的不确定性与农业收入的不稳定使得他们始终不敢放心消费，过分节俭成为习惯。所以，务必建立、健全农村社会保障与公共服务体系，全面推进加快农村社会事业发展，有效改善农村消费环境的硬件设施，才能解除农民消费的后顾之忧。

首先，政府要把改善农村消费环境纳入各级政府的“民生”工程，加快农村公共基础设施的建设。如农村农田水利、交通等公共基础设施、农村电网的铺设、维修、改造与升级，满足农村家用电器的用电需求，农村广播、电视、邮政通信、互联网、销售网点、公共医疗卫生等硬件设施建设，此举不仅是消除城乡差别的重大举措，而且是改善农村消费环境的重要路径，还能促进农村消费的增长与带动经济发展。以农村电网改造与降低农村电价为例，这些举措不仅满足了农户的用电需求，也扩大了农村家电的消费需求，由此带动了用电行业与家电行业的发展。如 1997 年广东省澄海市将三个镇的农户电价下调了 30%—40%，当年农户用电量就提高了 3 倍①。

其次，不断完善与强化农村教育、医疗、养老等社会保障体系与妥善解决进城农民工就业、安居、子女教育等现实问题，进一步增强农民预期支出的稳定性，可以稳定农民的预期消费、刺激农民消费倾向与消费需求，进而促进经济的有效运转，带动整个经济的良性发展。相关研究成果也证明：“增加农村公共物品供给，可以启动广大农村潜在的消费市

① 刘建国：《我国农户消费倾向偏低的原因分析》，《经济研究》1999 年第 3 期。

场”[①]；美籍华人张欣教授通过建立数学模型也得出相似的结论：“社会保障支出对促进消费、增加产出的作用非常明显，即中国每增加 100 亿元社会保障支出，可以增加 155 亿元的产出”[②]。

（三）加快农村市场体系建设，拓宽农村消费品流通渠道

长期以来，农村消费环境差，与农村消费市场不畅、消费平台少、农村消费品卖难与买难、便捷与周到的消费服务难以到达乡村等因素也直接相关。因此，要改善农村消费环境，加快农村市场体系建设，拓宽农村消费品流通渠道也势在必行。正如李克强同志在 2014 年 11 月 3 日的全国经济工作座谈会上所指出：“村里人应与城里人享受同等消费服务”[③]。

首先，优化农村市场，加强农村消费品流通体系建设，拓展消费品进入农村的各种渠道，逐步建立城乡统一的消费市场，鼓励与支持各类市场主体向农村扩展与延伸，通过城乡连锁经营超市、放心店、代理销售、商品配送下乡、网上销售服务延伸到农村等形式，向农村消费者提供耐用、质优价廉商品及便利的消费通道与服务。

其次，鼓励与支持相关企业深入农村做好市场调查，调整与优化产品结构，做好农村市场的产销规划，精心开发经久耐用、价格低廉、性能稳定、操作简易、安全可靠、节能环保、维修方便等适合农村使用的产品，并加大宣传力度，做好营销策略，在产品性能、销售渠道、促销手段、产品定价、售后服务等方面充分考虑农村市场，适应农民的消费需求与消费心理，以激活农村消费潜力，解决农民“买难”的问题；部分生产企业还可直接与农村销售网点签订合同，直接送货上门销售，减少流通环节，同时做好售前、售中与售后服务，激发农民的消费热情，满足农民消费需求，解决好农村消费的现实难题，把农村的消费需求潜力转化为实实在在的购买力。

最后，尽快完善农村金融服务体系，培育农村信贷消费市场，积极开拓农村信贷消费业务，促进农村信贷消费发展，解决农民有消费需求与无消费实力之间的矛盾，为农民享受信用卡、延期支付、分期分批支付等现

---

① 楚永生、丁子信：《农村公共物品供给与消费水平相关性分析》，《农业经济问题》2004 年第 7 期。

② 纪江明：《我国居民消费差距逐渐扩大》，《中国经济时报》2009 年 12 月 14 日。

③ 杨芳：《李克强：村里人应与城里人享受同等消费服务》，新华网（http：//news：xinhuanet：com/2014－11/04/c_ 1113115593：htm）。

代化消费模式提供现实条件和便利。

五 整顿农村消费秩序，加强消费伦理教育

引领与规范农村消费秩序，纠正农村日益严峻的畸形消费与杜绝不断膨胀的恶性消费。一要靠强化消费法规制度，二要靠加强消费伦理教育，只有靠法律与道德两种手段，法德并举、刚柔相济，才能取得良好的社会效果。正如有的学者所说："伦理规范与法律规范是维系人类社会生存与自然生存所不可或缺的两种手段"①。

（一）整顿农村消费秩序

农村消费环境差，与农村市场监管不力，相关法律惩罚威慑力不强也有关联。因此，只有强化市场法规制度，全面整顿农村市场秩序，才能为农村消费环境提供强而有力的法制保障。

首先，制定维护农村低碳、环保、文明、适度消费的乡规民约，保障村民科学消费。针对部分企业在农村过度、无序、滥采和乱用自然资源，破坏农村生态环境，由村集体出面告发或制止；针对部分村民猎杀、捕杀、食用野生动物，滥伐乱挖野生珍稀植物，滥垦乱伐植被与森林、过度放牧或捕捞，导致某些物种灭绝、破坏生态平衡的行为，轻者按乡规民约处理，重者移交司法机关制裁。

其次，加大农村消费市场的监管力度，依法整顿农村市场经济秩序，严格执法，严厉打击种子、农药、化肥、除草剂、地膜等农业生产型消费品购买、使用中的"坑蒙拐骗"行为，依法严厉制裁"坑农害农"相关人员，强化农村生活型、服务型消费市场的监管力度，严厉打击各种不同假冒伪劣商品与虚假劣质服务。

最后，严厉打击赌博、吸毒、黄色等恶性消费，依法制止农村封建迷信活动，同时引导与教育相关人员悬崖勒马、改邪归正、弃恶从善。加大农村的赌博、吸毒、黄色等恶性消费的正反宣传教育、日常巡查、督察与惩罚力度与劳动教养长度。特别是要强化制造毒品、贩卖毒品、窝藏毒品、吸食毒品的打击力度，建立健全戒毒长效机制，减少农村吸毒行为。

（二）加强消费伦理教育

农村各种畸形消费形势严峻与不良的社会及农民的消费知识贫乏、消

---

① 彭家斌：《生态伦理在可持续发展战略中的功能分析》，《甘肃社会科学》2001年第2期。

费道德素质不高等因素也密切相关，而且，这是个普遍性问题，涉及的面广、人多。因此，要改善当前农村各种畸形消费形势严峻的现状，根本之策在于加强农村消费伦理教育，积极倡导文明消费乡风，稳步推进农村乡风文明建设。

首先，继续发扬和壮大传统文化中积极消费理念与优良消费伦理精神。如“戒奢尚俭”、“天人合一”、人类与自然和谐共生共荣等消费伦理，具有普世价值，值得继续传承与发扬，并在此基础上批判不当奢靡等不良消费行为，引导与教育农民树立与国家发展战略——构建资源节约型与环境友好型社会相适应的现代消费伦理理念，以增强他们对此发展战略的道德认同感与低碳消费伦理意识。

其次，广泛开展社会主义消费荣辱观教育，借助新闻媒体、影视广播、文化下乡、乡村文艺活动等有效方式，广泛宣传教育与追踪报道农村消费的新理念、新风尚、新人物和新事迹，形成良好的消费道德意识，批驳、抨击、警示农村消费中的陈规陋习、恶俗陋习和反面人物及负面事件，帮助农民提高消费道德判断能力，提高农民自觉抵制不良消费行为的能力，逐步形成适度消费、低碳消费、文明消费与可持续消费的道德实践。

最后，加强农村人际和谐教育，引导村民和谐相处与文明交往，摒弃以金钱衡量人情厚薄的人情消费。通过舆论宣传、典型示范与价格刺激等方式，依据适度原则，切实加强农民在教育、科技、文化、文娱等发展型、精神型等方面的消费力度，提高他们的消费能力与消费质量，帮助农民实现适度、和谐、文明、协调与可持续的消费伦理目标，以满足新农村建设中消费层面的“乡风文明与环境友好”要求。正如有的学者所言：“通过道德的接纳来降低消费者社会的消费水平，减少其他方面的物质欲望，是一个理想主义的建议，尽管它与几百年的潮流相抵触，然而它可能又是唯一选择”①。消解农村消费活动中的伦理问题，根本方法仍在于加强农民的消费伦理教育，全面提高农村消费者素质。

总之，当代中国农村经济伦理问题的消解，既要靠相关制度、法律的完善提供可靠硬实力，更要靠农村经济主体道德素质提升提供可行的软实

---

① ［美］艾伦·杜宁：《多少算够——消费社会与地球未来》，毕聿译，吉林人民出版1997年版，第113页。

力。而要实现的硬实力与软实力有效结合，就必须加强农村经济主体对社会主义经济制度、法律与社会主义经济伦理规范的价值认同，才能发挥更好的功效。因为只有对他们“道之以德，齐之以礼”，才能使其“有耻且格”[①]。鉴于此，当代中国农村经济伦理问题的消解，加强农村经济主体对社会主义制度、法律与社会主义经济伦理规范的价值认同也是非常必要的。

一是对宣传教育的手段要多样化，即要充分合理利用广播电视、户外广告、报刊书籍、文化下乡活动、手机、农家书屋、互联网等多种传统与现代媒体的载体，生动、形象、立体化地宣传社会主义核心价值观的内涵、要求及其典型事迹。

二是宣传教育的内容柔性化、制度化，即要把主流经济伦理价值观的要求渗透到农村各家各户的家规、各行各业的规章制度、村民公约、乡规民俗、学生守则等行为规范之中，使之成为大众的行为规范与价值标准，引领与规范大众的生产、生活、学习活动，使其言行自觉符合社会主义主流经济伦理观的基本要求。

三是宣传教育的时机时效化，即要充分有效利用重大周年纪念日、传统节庆日、红白喜事日、政治学习等契机，精心组织开展形式多样、内容丰富、结合实际的纪念、庆典、学习等为农民群众喜闻乐见的活动，广泛传播与践行社会主义经济伦理观，弘扬与传播积极、健康的经济伦理文化，不失时机地开展节能环保、诚信励志、移风易俗、科学消费等经济伦理教育，以获取民众对社会主义主流经济伦理观的价值认同。

---

① 《论语·为政》。

结　　语

新中国成立后特别是改革开放以来，我国农村经济社会发展成就辉煌，但也出现了城乡差距拉大、工农发展失衡，农村环境污染与资源浪费严重、农村市场交易欺诈泛滥、农村劳动力与农产品价廉且流通不畅、农民财富伦理异化且诸多权利缺失、农村畸形消费形势严峻等诸多现实问题。这些问题的出现必须让我们对当代中国农村经济发展问题进行深刻的伦理反思与道德考量，进而重新确定农村经济发展的伦理价值目标，为解决“三农”问题提供学理依据与道义支持。围绕论题，本书遵循了展现问题、揭示成因并提出相应对策的常规思路，综合运用了文献研究法、田野调查法、实证研究与规范研究结合法、学科交叉法等研究方法，对当代中国农村经济活动中的主要伦理问题进行较为深入系统地探讨和分析。在对相关文献的系统梳理与史实结合的实证分析基础上，笔者对当代中国农村经济伦理问题的研究得出了以下基本结论，并对论题研究的前景与存在的问题作出简要说明。

一　基本结论

1. 农村经济伦理是指人们在一定的经济制度安排下，在农村经济生活与经济活动中产生的道德观念、道德规范及对农村经济社会制度与经济行为的价值判断与道德评价的总和。其理论流源主要来自农业、农村经济学与经济伦理学，具有区域性、理论性、实践性、交叉性、规范性、价值性、目的性等特征。其功能是促进农村经济制度公正化的“道德黏合剂”，推进农村经济发展的“精神生产力”，是调节农村经济良性发展的“价值指向标”，是促进农村经济发展的“无形资产”。

2. 研究当代中国农村经济伦理问题的理论资源可从中国传统社会的经济伦理思想精华，近代以来国外“农民学”相关道德理论，马克思主义经典作家对农村经济伦理问题的相关论述中加以提炼。现实意义可从贯彻党的十八大及十八届三中全会“涉农”政策，培育有道德的农村经营主体，构建新型农业经营体系；统筹城乡发展，推进社会和谐；发展农村经济，促进农村全面小康；推进世界农业农村经济和谐公正发展等方面得到体现。尤其是当前农村受传统文化与外来文化、社会转型与经济转轨、农民科学文化素质普遍不高与农村经济体制存在一些缺陷等多重因素影响和出现的问题，迫切需要切合农村实际的经济伦理来引领与规范农村经济生活及农村经营主体的言行、需要道德资本与道德生产力来充分发挥功效，以推进当代中国农村经济社会的持续、健康、有序、和谐发展。

3. 从农村经济活动的四大环节入手，指出了当代中国农村生产领域存在环境污染与资源浪费严重；农村交换领域存在外来商品销售欺诈泛滥与自产商品假冒猖獗；农村分配领域存在城乡居民收入分配不公与农民工劳动力价格扭曲；农村消费领域存在农民平时消费过度节俭与即时消费不当奢靡、农村消费能力不足与恶性消费膨胀等主要伦理问题。并指出了这些问题在不同程度上影响与制约了我国农村经济社会的良性发展、给社会造成了诸多负面影响，同时也为研究当代中国农村经济伦理问题提供了现实依据。

4. 站在辩证唯物主义与历史唯物主义立场，认为当代中国农村经济伦理问题的成因错综复杂。总体而言，有历史的也有现实的；有政治的也有经济的、文化的；有主观的也有客观的；有制度、法律与管理层面的，也有行为主体自身层面的。具体而言，造成农村生产领域环境污染与资源浪费严重伦理问题的成因有：①宏观层面：环保体制法规因素；②中观层面：农村企业自身因素；③微观层面：农村经济个体因素。造成农村交换领域外来商品销售欺诈泛滥与自产商品假冒猖獗伦理问题的成因有：①农村市场交易的法规滞后与监管不力；②农村市场主体道德素质低；③不良社会风气影响；④消费者自身弱点或消费理念偏差。造成农村分配领域城乡居民收入分配不公与农民工劳动力价格扭曲伦理问题的成因有：①制度原因：城乡二元经济体制；②直接原因：城乡经济主体拥有的生产要素差异悬殊；③客观原因：农业、农村、农民与农民工的弱势处境。造成农村消费领域农民平时消费过度节俭与即时消费不当奢靡、农村消费能力不足与恶性消费膨胀伦理问题的成因有：①传统节俭观影响与现实消费条件制约；②礼尚往来文化根源与不良社会风气习染；③农民收入偏低与城乡居民收入差距拉大；④城乡二元公共品供给与税费制度影响；⑤农村消费市场监管不力。

5. 在对上述成因综合分析的基础上，当代中国农村经济伦理问题的消解，应该立足现实，加强合作、共同发力，遵循具体问题具体分析原则，采取切实措施加以应对。具体而言，①可以通过推进城乡环保均衡发展、强化农村环保节能法制、加强农村企业环保制度与伦理建设、加强农民生态伦理教育四条路径去消解农村生产领域的环境污染与资源浪费严重伦理问题。②可以通过强化农村市场法规建设与监管力度，建立健全社会诚信激励与约束机制，改善农村市场交易风气与技术环境，提高消费者的商品辨别能力与维权能力四条路径去消解农村交换领域的农村外来商品销售欺诈泛滥与农村自产商品假冒猖獗伦理问题。③可以通过夯实农村增收根基、加大惠农富农力度、完善收入分配法规三条路径去消解农村分配领域的城乡居民收入分配不公与农民工劳动力价格扭曲伦理问题。④可以通过更新农村消费观念，引导农民科学消费；全面提高农村收入，增强农民消费能力；优化农村消费结构，提升农民消费质量；改善农村消费环境，搭建便捷消费平台；整顿农村消费秩序，加强消费伦理教育五条路径去消解农村消费领域的农民平时消费过度节俭与即时消费不当奢靡、农村消费能力不足与恶性消费膨胀等伦理问题。

二　研究前景

当代中国农村经济发展过程中的伦理问题还很多，还有待深度挖掘与理性剖析，作为一名伦理学研究者，在阅读了一些相关书籍与经历了诸多写作中的苦闷之余，深感农村经济伦理问题的研究，应该多向费孝通、黄宗智、阎云翔、李怀印等学者学习，尽快走出“书斋”，立足实证调查，实践出真知，只有深入农村、深入农民，开展广泛的实证调查，才能了解和发现当前我国农村经济发展中存在的具体现实问题，了解村民对农村经济制度或政策的真情实感和对农村经济发展的伦理诉求、发现农村经济行为的道德含量，才能获取研究当代中国农村经济伦理问题的样本分析数据与具体翔实材料，才能挖掘农村经济与伦理道德的内在机理的实证资料。从伦理学的学科使命来看，伦理学必须关注农村这块弱势地区、农民这个弱势群体、农业这个弱势产业。从经济学的发展趋势来看，“穷人的经济学”已成当前民生问题的热点，从诺贝尔经济奖的获得者阿马迪亚·森到中华人民共和国前总理温家宝，一再呼吁要关注和重视这一问题，再度激起了国内外学界政界的关注，农村经济伦理问题的研究前景必将迎来更好的发展契机。从学科发展而言，对当代中国农村经济发展中的伦理问题进行深度开发与系统研究，有助于丰富和发展当代中国经济伦理学、农业农村经济学、农村社会学等相关学科的研究内容，深化农村经济伦理思想的内涵，拓展应用伦理学的研究视野和空间。

当前，从国内环境来看，新农村建设在全国开展得如火如荼，农村城镇化进程加速，乡镇企业、乡村企业、农户联合经营等乡村经济组织等已在蓬勃发展，农村城镇化、农民市民化已成大势所趋，道德层面也需要相应转型，即农民道德向市民道德转化，农村种养大户、家庭农场、专业合作社和农业产业化龙头企业等新型农村经营主体的经济德性也亟待培育，伦理道德必将在引领与规范乡村经济活动中充分发挥功效，农村经济伦理问题研究将迎来广阔的发展空间与运用场所。从国际范围来看，当今世界各国间农业、农村发展很不平衡，横向的发达国家与发展中国家农村的经济交往之间，纵向的各国国内各利益团体与农村的经济交往之间的矛盾和冲突从未停止过。也引发了诸多经济伦理问题，亟待建构公正合理的农业农村经济伦理规范来引领与推动全球农业农村经济的持续、健康、公正、和谐发展，以推动世界农业农村经济发展的伦理化进程。国际粮农组织、世界环保组织、世界环境与发展大会等机构也在不断呼吁，要建立国际经济政治新秩序，呼吁世界各国共同遵守相关协议，以维护全球农业、农村经济持续、健康、和谐发展。同样，提高我国在国际农业、农村经济的竞争力，同样离不开农村经济伦理的支持。

三　存在的问题

1. 学理逻辑有待深入理顺：当代中国农村经济伦理问题研究，是一项跨越伦理学、经济学、历史学、政治学、社会学、农学等多个学科领域复杂研究。目前还停留在问题阶段，尚无现成的成果可供参考与借鉴，需要相关学科的知识背景和扎实的理论功底及综合驾驭相关学科知识的能力和敏锐的问题洞察力，如何把握得贴切到位仍然是一个值得探讨的问题。这对笔者的知识储备与综合驾驭能力是个严峻的挑战，今后应多向相关专家、学者请教，加强基本功训练，进一步以提升学术水平。

2. 观点概括有待进一步提炼：农村生产、交换、分配、消费四大领域的具体伦理问题的内容还有待进一步完善，成因归纳与对策探讨的理论深度还有待提升。此乃笔者科研禀赋不足、学术水平有限所致，唯有通过勤奋来弥补，日后进一步精读文本，加强学习。

3. 农村经济伦理问题与农村经济问题的关系还有待进一步厘清：原

因是笔者的研究视野还不够宽阔，学界对此问题也是长期争论不休。日后定将勤学苦读，以勤补拙，反复推敲相关文本，多参考权威观点，以提高自己的学术素养与归纳、驾驭相关学科基本观点的能力。

参考文献

[1]（东汉）班固:《汉书》，张永雷、刘丛注译，中华书局2007年版。
[2][美] E. 博登海默:《法理学：法律哲学与法律方法》，郑正来译，中国政法大学出版社1999年版。
[3][英] 卡尔·波普:《开放社会及其敌人》（第一卷），陆衡等译，中国社会科学出版社1999年版。
[4]薄一波:《若干重大决策与事件的回顾》（上卷），中共中央党校出版社1991年版；（下卷），中共中央党校出版社1993年版。
[5][英] 卡尔·波兰尼:《大转型：我们时代的政治与经济起源》，冯钢、刘阳译，浙江人民出版社2007年版。
[6][美] 丹尼尔·贝尔:《资本主义文化矛盾》，赵一凡等译，生活·读书·新知三联书店1989年版。
[7]白素霞、蒋同明:《人力资本视角下城乡居民收入差距研究》,《中国统计》2013年第1期。
[8]白暴力:《农民工工资收入偏低分析》,《经济经纬》2007年第4期。
[9]班健:《彻底治理不要污染转移》,《中国环境报》2012年2月9日。
[10]陈云:《陈云文稿选编》（1949—1956），人民出版社1982年版。
[11]陈锡文:《中国农村公共财政制度：理论·政策·实证研究》，中国发展出版社2005年版。
[12]陈泽环:《功利·奉献·生态·文化——经济伦理引论》，上海社会科学院出版社1999年版。
[13]陈宝庭、刘金华:《经济伦理学》，东北财经大学出版社2001年版。
[14]陈忠:《发展伦理研究》，北京师范大学出版社2013年版。
[15]陈瑛:《改造和提升小农伦理——再读马克思的〈路易·波拿巴的雾月十八日〉》,《伦理研究》2006年第2期。
[16]曹孟勤:《生态伦理是人之为人的象征》，《晋阳学刊》2006年第

6 期。

[17] 陈泽环：《现代经济伦理学初探》，《社会科学》1995 年第 7 期。

[18] 陈锡文：《环境问题与中国农村发展》，《管理世界》2002 年第 1 期。

[19] 陈锡文：《试析新阶段的农业、农村和农民问题》，《宏观经济研究》2001 年第 11 期。

[20] 楚永生、丁子信：《农村公共物品供给与消费水平相关性分析》，《农业经济问题》2004 年第 7 期。

[21] 程名望、王莉：《我国农民工进城务工收入的调查分析：2000—2008》，《当代经济管理》2009 年第 2 期。

[22] 陈锦晓：《乡村工业化与乡村伦理问题》，《生态经济》2009 年第 5 期。

[23] 陈可文：《试论农村经济学的研究对象及其内容》，《湘潭大学社会科学学报》1982 年第 4 期。

[24] 陈湘柯：《论农村经济学的对象与内容》，《湖南师范大学学报》（哲学社会科学版）1985 年第 1 期。

[25] 陈耘、李辛：《农业低效率、集约化生产及城镇化问题》，《农业技术经济》2003 年第 4 期。

[26] 曹政军：《中国乡村经济伦理问题研究——兼论新农村道德建设》，硕士学位论文，湖南师范大学，2008 年。

[27] 成智荣：《中国社会转型时期制度伦理的价值取向研究——以城乡关系为例》，硕士学位论文，西北师范大学，2006 年。

[28] 陈景略、丁洪海：《婚庆铺张折射农村畸形消费》，《江西日报》2006 年 2 月 22 日。

[29] 陈锡文：《城镇化过程中的“三农”问题》，新浪财经网（http：//www. ccrs. org. cn/ html /2013/09/16684. html）。

[30] 曹世功等：《国外规范法律法规打击制假售假》，中国经济网（http：//intl. ce. cn/right/jcbzh/200606/28/t20060628 _ 7543000 _ 4. shtml）。

[31] 储成仿：《毛泽东对修正主义的认识偏差与“文化大革命”的发动》，爱思想（http：//www. aisixiang. com/data/41864. html）。

[32] 陈叶军：《中国特色社会主义制度具有五大优越性》，凤凰网（ht-

tp：//news. ifeng. com/gundong/detail _ 2011 _ 07/27/7976460 _ 0. shtml）。

[33] 楚国良：《中国农民的生存现状》，中国农业法网（http：//www. calac. org/ news_ show. asp？id = 220）。

[34] （西汉）董仲舒：《春秋繁露》，周桂钿译，中华书局 2011 年版。

[35] 戴茂堂、江畅：《传统价值观念与当代中国》，湖北人民出版社 2001 年版。

[36] 丁长发：《农业和农村经济》，厦门大学出版社 2006 年版。

[37] 邓正来：《中国经济：农村改革与农业发展》，格致出版社 2011 年版。

[38] 董边：《毛泽东和他的秘书田家英》，中央文献出版社 1996 年版。

[39] [美] J. P. 蒂洛：《伦理学理论与实践》，孟庆时等译，北京大学出版社 1985 年版。

[40] [美] 雅克·蒂洛、基思·克拉斯曼：《伦理学与生活》（第 9 版），程立显等译，世界知识出版社 2008 年版。

[41] [美] 艾伦·杜宁：《多少算够——消费社会与地球未来》，毕聿译，吉林人民出版社 1997 年版。

[42] [法] 埃米尔·迪尔凯姆：《社会学方法的规则》，胡伟译，华夏出版社 1999 年版。

[43] [美] 罗纳德·德沃金：《认真对待权利》，信春鹰、吴玉章译，中国大百科全书出版社 1998 年版。

[44] 邓大才：《湖村经济》，中国社会科学出版社 2006 年版。

[45] 段庆林：《中国农村分配格局研究》，《中国软科学》1988 年第 11 期。

[46] 董直庆、王林辉：《我国农村经济制度改革和开放政策实施成因的经济学分析》，《学习与探索》2011 年第 1 期。

[47] 邓大才：《论城乡二元税制与税权歧视》，《中国物价》2003 年第 9 期。

[48] 杜江、罗珺：《我国农业环境污染的现状和成因及治理对策》，《农业现代化研究》2013 年第 1 期。

[49] 邓智旺：《人民公社早期分配制度的前因后果》，《湖南农业大学学报》（社会科学版）2010 年第 2 期。

[50] 董人莉:《土地利用中伦理问题研究》, 博士学位论文, 南京林业大学, 2009 年。

[51] [美] 乔治·恩德勒:《面向行动的经济伦理学》, 高国希、吴新文译, 上海社会科学院出版社 2002 年版。

[52] [美] 乔治·恩德勒等:《经济伦理学大辞典》, 李兆雄等译, 上海人民出版社 2001 年版。

[53] Freeman R. Edward, Daniel R. Gilbert, Jr. *Corporate Strategy and the Seareh for Ethies*. Prentiee Hall, Englewood, Cliffe, New Jersey, 1988.

[54] 费孝通:《江村经济——中国农民的生活》, 商务印书馆 2001 年版。

[55] 费孝通:《乡土中国》, 人民出版社 2008 年版。

[56] 樊浩:《中国伦理道德报告》, 中国社会科学出版社 2012 年版。

[57] 樊浩:《耻感的道德哲学意义》,《光明日报》2006 年 10 月 30 日。

[58] 樊纲:《走向低碳发展: 中国与世界——中国经济学家的建议》, 中国经济出版社 2010 年版。

[59] 樊纲:《渐进改革的政治经济学分析》, 上海远东出版社 1996 年版。

[60] 符晓波等:《西北农村道德观察书》, 人民出版社 2012 年版。

[61] [美] 弗兰西斯·福山:《信任——社会道德和繁荣的创造》, 李苑蓉译, 远方出版社 1998 年版。

[62] [美] 托斯丹·邦德·凡勃伦:《有闲阶级论》, 蔡受百译, 商务印书馆 2001 年版。

[63] 发展经济所综合课题组:《农民、市场与制度创新——包产到户八年后农村发展面临的深层改革》,《经济研究》1987 年第 1 期。

[64] 樊浩:《伦理与经济发展的人文动力》,《学海》1997 年第 4 期。

[65] 傅晨:《对〈破除剪刀差的迷雾〉一文的歧见——与刘福同志商榷》,《中国农村经济》1992 年第 2 期。

[66] 方工:《执法为民的全部意义和价值在于实践》,《检察日报》2011 年 4 月 5 日。

[67] 方金:《中国农业伦理问题研究》, 博士学位论文, 山东农业大学, 2007 年。

[68] 樊纲:《中国人消费水平低的原因在于可支配收入低》, 中国新闻网 (http: // www. chinanews. com/cj/plsd/news/2006/12 - 15/ 838510. shtml)。

[69] 国学整理社:《诸子集成》，中华书局 1986 年版。
[70] 清实录馆:《清实录·清世宗实录》(卷98)，中华书局 1985 年版。
[71] 清实录馆:《清实录·清圣祖实录》(卷4、卷6、卷116)，中华书局 1986 年版。
[72] 国家统计局:《新中国 55 年统计资料汇编 (1949—2004)》，中国统计出版社 2005 年版。
[73] 国家统计局:《中国统计年鉴 (1984)》，中国统计出版社 1984 年版。
[74] 国家统计局:《中国统计年鉴 (1985)》，中国统计出版社 1985 年版。
[75] 国家统计局:《中国统计年鉴 (2004)》，中国统计出版社 2004 年版。
[76] 国家统计局:《中国统计年鉴 (2008)》，中国统计出版社 2008 年版。
[77] 国家统计局农村社会经济调查司编:《中国农村统计年鉴 (2008)》，中国统计出版社 2008 年版。
[78] 国家统计局:《中国统计年鉴 (2009)》，中国统计出版社 2009 年版。
[79] 国家统计局农村社会经济调查司:《2006 年中国农村全面建设小康监测报告》，中国统计出版社 2007 年版。
[80] 国际经济增长中心、[美] V. 奥斯特罗姆、[美] D. 菲尼、[美] H. 皮希特:《制度分析与发展的反思: 问题与抉择》，王诚等译，商务印书馆 1996 年版。
[81] 国家环保局、农业部、财政部:《国家统计局全国乡镇工业污染源调查公报》，《环境保护》1998 年第 3 期。
[82] 郭岩、赵邦宏:《农民视角剖析农村假冒伪劣产品猖獗的成因——基于河北省调查问卷的分析》，《广东农业科学》2010 年第 10 期。
[83] 覃家源:《对伪劣商品案件执行难的思考》，《中国质量技术监督》2000 年第 11 期。
[84] 国家统计局:《2011 年城乡居民收入增长情况》，中华人民共和国国家统计局网 (http://www.stats.gov.cn/tjfx/jdfx/t20120120_402780174.htm)。

[85] 国家统计局：《新中国 60 周年系列报告之三：经济结构不断优化升级 重大比例日趋协调》，国家统计局网（http：//www. gov. cn/gzdt/2009 - 09/09/content_ 1412784. htm）。

[86] 国家统计局：《中国统计年鉴（2012）》，国家统计局网（http//www. stats. gov. cn/tjsj/ndsj/2012/indexch. htm）。

[87] 国家统计局：《国际统计年鉴（2012）》（居民消费支出构成），国家统计局网（http：//www. stats. gov. cn/tjsj/qtsj/gjsj/2012/t20130628_ 402907407. htm）。

[88] 国家统计局：《光辉的历程 宏伟的篇章》，国家统计局网（http：//www. stats. gov. cn/tjfx/ztfx/qzxzgcl60zn/t20090907_ 402584869. htm）。

[89] 国家环境保护部：《全国环境统计公报 2005》，中华人民共和国环境保护部网（http：//zls. mep. gov. cn/hjtj/qghjtjgb/200606/t20060612_ 77318. htm）。

[90] 国家环境保护部、国家统计局、农业部：《第一次全国污染源普查公报》，中央人民政府网（http：//www. gov. cn/jrzg/2010 - 02/10/content_ 1532174. htm）。

[91] 郭沫若、闻一多、许维遹：《管子集校》，科学出版社 1956 年版。

[92] 高培勇：《收入分配：经济学界如是说》，经济科学出版社 2002 年版。

[93] 高富平：《土地使用权与用益物权》，法律出版社 2001 年版。

[94] 高建民：《当代中国农民与农村经济社会矛盾分析》，中国经济出版社 2009 年版。

[95] 耿丽萍：《生存与消费——消费、增长与可持续发展问题研究》，经济管理出版社 2004 年版。

[96] [印] 苏曼德拉·戈沙尔、[美] 克里斯托弗·巴特利特：《以人为本的企业》，苏月译，中国人民大学出版社 2008 年版。

[97] 耿永志、吴满财：《农村可持续发展过程中经济与伦理关系问题浅探》，《农业现代化研究》2005 年第 4 期。

[98] 葛继红、周曙东：《要素市场扭曲是否激发了农业面源污染——以化肥为例》，《农业经济问题》2012 年第 3 期。

[99] 郭影帆、高平、郭熙：《统筹城乡背景下社会保障问题研究》，《江西社会科学》2009 年第 8 期。

[100] 郭星、张肖：《假渗灌工程被曝光之后》，《中国政协》2001 年第 8 期。

[101] 官翠玲、徐方平：《关于农村弃耕问题的几点思考》，《湖北大学学报》（哲学社会科学版）2003 年第 3 期。

[102] 顾兆农：《话说新农村：农村的垃圾应该放到哪儿?》，《人民日报》2007 年 4 月 29 日。

[103] 龚伟芳、孟新媛：《豆腐黑作坊藏身民房日产五六百斤》，《西安晚报》2013 年 2 月 2 日。

[104] 高慧斌：《让改革开放成果惠及广大农民》，《辽宁日报》2006 年 3 月 3 日。

[105] 郭爱娣等：《正义是社会主义制度首要价值》，《京华时报》2007 年 3 月 17 日。

[106] 高祥等：《碎石粉充当主料　造出 20 吨假饲料》，《齐鲁晚报》2013 年 6 月 23 日。

[107] 国家民委：《2011 年少数民族地区农村贫困监测结果》，中央政府门户网（http：//www. gov. cn/gzdt/2012 - 11/28/content _ 2277545. htm）。

[108] 关志雄：《扩大消费的关键是收入分配政策》，和讯评论网（ht-tp：//opinion. hexun. com/2009 - 08 - 07/120340264. html）。

[109] 巩胜利：《中国 9 亿农民没有“国民待遇”》，法律快车网（http：//www. lawtime. cn/info/wto/guomindaiyutiaokuan/20100608994. html）。

[110] 郭丽君：《媒体称我国大量农村青壮年进城种地》，中国新闻网（ht-tp//news. eastday. com/c/20111004/u1a6136081. html）。

[111] 冯友兰：《中国哲学简史》，天津社会科学院出版社 2005 年版。

[112] 胡寄窗：《中国经济思想简史》，中国社会科学出版社 1981 年版。

[113] 胡绳：《中国共产党的七十年》，中共党史出版社 1991 年版。

[114] 韩长赋：《中国农民工的发展与终结》，中国人民大学出版社 2007 年版。

[115] 韩俊：《中国三农 100 题》，人民出版社 2004 年版。

[116] 贺雪峰：《新乡土中国》，广西师范大学出版社 2003 年版。

[117] ［德］尤尔根·哈贝马斯：《交往行为理论》（第 1 卷），曹卫东译，上海人民出版社 2004 年版。

[118] [美] 黄宗智：《中国的隐性农业革命》，法律出版社 2010 年版。
[119] [美] 黄宗智：《长江三角洲的小农家庭与乡村发展》，中华书局 2000 年版。
[120] [美] 黄宗智：《华北的小农经济与社会变迁》，中华书局 2000 年版。
[121] [美] 韩丁 [威廉·辛顿（Willam Hinto）]：《翻身：一个中国村庄的革命纪实》，北京出版社 1980 年版。
[122] [美] 韩丁 [威廉·辛顿（Willam Hinto）]：《翻身：一个中国村庄的继续革命》，中国国际文化出版社 2008 年版。
[123] [美] 塞缪尔·亨廷顿：《难以抉择——发展中国家的政治参与》，汪晓寿译，华夏出版社 1989 年版。
[124] [美] 塞缪尔·亨廷顿等：《现代化：理论与历史经验的再探讨》，上海译文出版社 1993 年版。
[125] 韩峥：《脆弱性与农村贫困》，《农业经济问题》2004 年第 10 期。
[126] 贺雪峰：《农民价值观的类型及相互关系——对当前中国农村严重伦理危机的讨论》，《开放时代》2008 年第 3 期。
[127] 贺汉魂：《市场条件下的农民人情辩证——转型期农民经济伦理问题分析》，《怀化学院学报》2003 年第 4 期。
[128] 黄国勤：《化肥对农业生态环境的负面影响及对策》，《生态环境》2004 年第 4 期。
[129] 洪大用、马芳馨：《二元社会结构的再生产——中国农村面源污染的社会学分析》，《社会学研究》2004 年第 4 期。
[130] 韩汉君：《收入分配：一个从生产要素层面的分析框架》，《学术月刊》2005 年第 9 期。
[131] 何东云：《论新时期农村经济改革中的生态伦理建设》，《商场现代化》2009 年第 6 期。
[132] 何颖：《制度伦理——人权保障新途径》，《人权》2010 年第 3 期。
[133] 韩兆洲：《工农业产品价格“剪刀差”的计量方法研究》，《统计研究》1993 年第 1 期。
[134] 黄铁苗、刘成伟：《外国政要的节俭品质》，《刊授党校》2008 年第 10 期。
[135] 何凤兰：《乡镇企业不正常行为浅析》，《经济问题》2003 年第

1 期。
[136] 黄巧云、田雪：《生态文明建设背景下的农村环境问题及对策》，《华中农业大学学报》（社会科学版）2014 年第 2 期。
[137] 侯惠勤、杨亚军、黄明理：《关于“四信”问题的调查分析——基本群众的“四信”状况》，《淮阴师范学院学报》（哲学社会科学版）2003 年第 6 期。
[138] 黄志春：《试论农村吸毒的现状与戒毒对策》，《广西社会科学》1998 年第 6 期。
[139] 胡飞：《举债后的幸福家庭》，《民生周刊》2014 年第 2 期。
[140] 胡锦涛：《加快开拓农村消费市场》，《经济日报》2007 年 4 月 4 日。
[141] 黄洁杰、李长灿：《中国成全球制造业第一大国　超越美国》，《杭州日报》2012 年 12 月 29 日。
[142] 冯永锋：《警惕工矿污染与城市污染向农村转移》，《光明日报》2009 年 6 月 10 日。
[143] 侯爱敏、闫明：《调查显示文化素质与农民收入成正比》，《郑州日报》2013 年 5 月 10 日。
[144] 胡佩霞：《工农产品价格剪刀差在扩大》，《深圳商报》2011 年 4 月 28 日。
[145] 环境保护部、国家统计局、农业部：《关于发布〈第一次全国污染源普查公报〉的公告》，中华人民共和国环境保护部网（http：//www.zhb.gov.cn/gkml/hbb/bgg/201002/t20100210_185698.htm）。
[146] 韩洁、罗沙：《2009 年中国财政支农投入再创历史新高》，新华网（http：//news.xinhuanet.com/fortune/2009 - 12/25/content _ 12704949.htm）。
[147] 何欣：《国家统计局数据显示我国城乡收入差距正在缩小》，人民网（http：//finance.people.com.cn/h/2011/1020/c227865 - 1012945500.html）。
[148] Hu Yabo, “New Study of Ecological Awareness of Chinese Farmers”, *Journal of Hubei University of Education*, 2010 (4): 44 - 46.
[149] 焦国成：《传统伦理及其现代价值》，教育科学出版社 2000 年版。
[150] 贾可卿：《分配正义论纲》，人民出版社 2010 年版。

[151] [美] 约翰·肯尼斯·加尔布雷斯：《好社会：人道的记事本》，胡利平译，译林出版社 1999 年版。

[152] 焦必方：《日本农地规模经营的动向及其启示》，《复旦学报》（社会科学版）2000 年第 6 期。

[153] 江丕寅、余鹏翼：《我国城乡居民收入差异现状及对策》，《华东经济管理》2002 年第 2 期。

[154] 金淑彬、赵利敏：《中国城乡居民消费差距分析》，《亚太经济》2010 年第 1 期。

[155] 蒋励：《人民公社：中国农村经济组织制度史上教训深刻的一页》，《学术研究》2002 年第 10 期。

[156] 蒋琪：《意识薄弱资金短缺 城市污染转移农村的环保困境》，人民网（http：//env. people. com. cn/GB/16889254. html）。

[157] 姜春媛：《人社部：农民工收入已经占到农民人均收入的 50%》，新华网（http：//news. xinhuanet. com/2014 – 02/20/c_ 119421485. htm）。

[158] 姜雪丽：《质检总局检查显示两种京产咸蛋含有苏丹红》，新浪网（http：//news. sina. com. cn/c/h/2006 – 11 – 22/023011581774. shtml）。

[159] [德] 彼得·科斯罗夫斯基、陈筠泉：《经济秩序理论和伦理学：中德比较研究》，中国社会科学出版社 1997 年版。

[160] [德] 彼得·科斯罗夫斯基：《伦理经济学原理》，孙瑜译，中国社会科学出版社 1997 年版。

[161] [德] 彼得·科斯罗夫斯基：《资本主义的伦理学》，王彤译，张慎校，中国社会科学出版社 1996 年版。

[162] 孔祥智、何安华：《新中国成立 60 年来农民对国家建设的贡献分析》，《教学与研究》2009 年第 9 期。

[163]（西汉）刘向：《淮南子》，陈广忠译，中华书局 2012 年版。

[164] 梁漱溟：《梁漱溟全集》（第 1 卷），山东人民出版社 2005 年版。

[165] 厉以宁：《经济学的伦理问题》，北京三联书店 1995 年版。

[166] 厉以宁等：《中国的环境与可持续发展》，经济科学出版社 2004 年版。

[167] 厉以宁：《超越市场与超越政府：论道德力量在经济发展中的作

用》，经济科学出版社1999年版。
[168] 李建华：《走向经济伦理》，湖南大学出版社2007年版。
[169] 李承宗：《伦理学视野下的当代中国现实理论问题》，湖南大学出版社2008年版。
[170] 李步楼：《体制转变时期农村道德建设》，中华工商联合出版社2003年版。
[171] 李炳坤：《工农业产品价格"剪刀差"问题》，农业出版社1981年版。
[172] 李伟、刘如君：《中国走向——中华民族伟大复兴的难题和抉择》，中华工商联出版社2008年版。
[173] 李龙主：《西方法学名著提要》，江西人民出版社1999年版。
[174] 陆晓禾、[美] 乔治·恩德勒：《发展中国经济伦理》，上海社会科学院出版社2003年版。
[175] 梁捷：《幸福指数：中国人幸福吗?》，中山大学出版社2007年版。
[176] 刘光明：《经济活动伦理研究》，中国人民大学出版社1999年版。
[177] 刘建荣：《新世纪中国农民道德建设》，湖南师范大学出版社2007年版。
[178] 刘斌、张兆刚、霍功：《中国三农问题报告》，中国发展出版社2004年版。
[179] 冷晓明、王铁生、叶英斌：《农业产业化概论》，中国农业出版社1998年版。
[180] 罗文章：《新农村道德建设论》，当代中国出版社2008年版。
[181] 吕亚荣：《中国农村税费改革中的公平问题研究》，中山大学出版社2004年版。
[182] 李桂平：《突围中的农村》，江西高校出版社2011年版。
[183] 卢荣善：《走出传统——中国三农发展论》，经济科学出版社2006年版。
[184] 凌志军：《中国经济改革备忘录（1989—1997）》，东方出版中心1998年版。
[185] 林语堂：《中国人的脸》，载刘道清、宋致新《品位人生——中国现代文化名人谈》，湖南文艺出版社1992年版。
[186] 林毅夫：《制度、技术与中国农业发展》，上海人民出版社1994

年版。

[187] [美] 约翰·罗尔斯:《正义论》,何怀宏、何包钢、廖申白译,中国社会科学出版社 1988 年版。

[188] [美] 李怀印:《乡村中国纪事——集体化和改革的微观历程》,法律出版社 2010 年版。

[189] 厉以宁:《三种资本差别造成城乡收入差异》,《农村工作通讯》2011 年第 18 期。

[190] 陆晓禾:《经济伦理学的研究对象和基本框架》,《社会科学季刊》1998 年第 4 期。

[191] 龙静云:《消费伦理的变迁与当代家庭消费伦理之构建》,《道德与文明》2006 年第 2 期。

[192] 龙静云:《经济伦理的三个维度》,《哲学研究》2006 年第 12 期。

[193] 龙兴海:《"利益最大化"的伦理审视》,《道德与文明》1999 年第 5 期。

[194] 李实:《中国个人收入分配研究回顾与展望》,《经济学》(季刊)2003 年第 2 期。

[195] 李实、赵人伟:《中国居民收入分配再研究》,《经济研究》1999 年第 4 期。

[196] 李长健:《论农民权益的经济法保护——以利益与利益机制为视角》,《中国法学》2005 年第 3 期。

[197] 李学丽、金杉杉:《生产伦理的理性分析》,《学习与探索》2004 年第 4 期。

[198] 刘云林:《道德法律化的学理基础及其限度》,《南京师范大学学报》(社会科学版)2001 年第 6 期。

[199] 刘建荣:《社会转型时期的农民道德现状——一项基于实地调查的研究》,《湖南师范大学学报》(社会科学版)2007 年第 1 期。

[200] 刘智元:《生态文明建设视野下的农民生态伦理素质教育》,《高等农业教育》2012 年第 6 期。

[201] 陆学艺:《中国农民有增无减,呼唤农村二次改革》,《改革参考》(决策版)2008 年第 4 期。

[202] 李成蹊:《论工资制和供给制相桔合的分配制度》,《学术月刊》1959 年第 2 期。

[203] 李祖繁:《农业集体化的效率：组织、博弈结构及激励——对林毅夫（1988，1990）两篇论文的评论》,《安徽师范大学学报》（人文社会科学版）2011 年第 2 期。

[204] 李水山:《现阶段农村教育存在的主要问题与解决对策》,《教育与职业》2003 年第 15 期。

[205] 李小玉:《当前我国农民工收入现状及提升路径》,《企业经济》2012 年第 12 期。

[206] 刘忠强:《用好作物秸秆发展生态农业》,《科学种养》2009 年第 5 期。

[207] 刘永湘、杨继瑞、杨明洪:《农村土地所有权价格与征地制度改革》,《中国软科学》2004 年第 4 期。

[208] 陆迁、叶小雯:《关于我国失地农民的安置和补偿问题的思考》,《华南农业大学学报》（社会科学版）2005 年第 4 期。

[209] 雷鑫、潘益云:《走出误区　奔向小康——当前农村不良消费问题浅谈》,《消费经济》1994 年第 4 期。

[210] 刘新:《中国城乡二元经济社会结构形成的原因探析》,《农业经济》2009 年第 5 期。

[211] 刘建国:《我国农户消费倾向偏低的原因分析》,《经济研究》1999 年第 3 期。

[212] 刘连泰:《国际人权宪章与我国宪法的相关比较》,《中共浙江省委党校学报》1999 年第 5 期。

[213] 刘汉屏、汪柱旺:《农业发展与财政支农政策选择——基于支农资金总量和结构的分析》,《上海财经大学学报》2006 年第 2 期。

[214] 李志勇:《中国城乡二元税制演变的数量特征分析（1978—2006 年)》,《经济研究参考》2011 年第 47 期。

[215] 李迎生:《社会转型与社会保障——工业化国家现代社会保障制度演变的启示》,《学海》2004 年第 2 期。

[216] 李学昌:《危机与出路：当前农村社会问题研究述评》,《史林》2003 年第 4 期。

[217] 卢现祥:《论制度的正义性》,《江汉论坛》2009 年第 8 期。

[218] 罗正月:《劳动收入的最优化——农民工工资增长的新思》,《西北农林科技大学学报》（社会科学版）2013 年第 1 期。

[219] 卢嘉瑞：《论提高消费者的素质》，《江西社会科学》1988 年第 4 期。
[220] 李成贵：《国家、利益集团与“三农”困境》，《经济社会体制比较》2004 年第 5 期。
[221] 李绍飞：《乡村生态嬗变》，《西部大开发》2011 年第 6 期。
[222] 刘飞燕：《关注农产品安全　倡导绿色消费》，《商业研究》2002 年第 24 期。
[223] 李文煌：《关于农民消费结构升级的思考》，《金融经济》2008 年第 8 期。
[224] 罗瑞卿：《关于中华人民共和国户口登记条例草案的说明》，《江西政报》1958 年第 2 期。
[225] 梁发芾：《农业税取消后农民仍是纳税人》，《社会工作》2005 年第 3 期。
[226] 李奎松：《仅把污染企业搬离市区还远远不够》，《决策探索》2009 年第 10 期。
[227] 刘世昕：《2013 年中国环境状况公报发布》，《中国青年报 》2014 年 6 月 5 日。
[228] 刘泉：《“打扮”统计数据让哪些人获益》，《人民日报》（海外版）2012 年 4 月 16 日。
[229] 刘树铎：《环保总局：生存环境仍在恶化中》，《中国经济时报》2007 年 1 月 16 日。
[230] 龙新：《农业部公布 2012 年下半年查处假劣农资典型案件》，《农民日报》2013 年 1 月 7 日。
[231] 林萍、姜明、马红：《海东查获一起严重坑农害农的假冒伪劣化肥案》，《青海日报》2008 年 4 月 6 日。
[232] 李永利、王晶何、玉琼：《这样的豆腐干你敢吃吗》，《三秦都市报》2013 年 2 月 3 日。
[233] 陆学艺：《新一轮农村改革为什么难》，中国农村研究网（http：//www. ccrs. org. cn/web/xzwk/html/2013/06/11188. html）。
[234] 刘佳、刘玉飞：《农村自用井致中国水资源浪费严重》，凤凰网财经网（http：//finance. ifeng. com/a/20140528/12427122_ 0. shtml）。
[235] 刘春友、孙凌云：《寻找当代中国经济伦理研究的突破口》，上海

市社会联合会网（http：//www. sssa. org. cn/allinfo/info_ content. cfm？infoid = 2424）。

[236] 鲁云：《开原73名村干部公款吃喝被查处》，人民网（http：//unn. people. com. cn/GB/channel286/287/696/200102/23/39941. html）。

[237] 李廷学：《农民非生产性消费快速增长影响新农村建设》，南阳网（01ny. cn/news/zhxw/5500. shtml）。

[238] 李长安：《收入分配差距过大扭曲和谐劳动关系》，网易（http：//news. 163. com/12/1213/09/8IJJGS3800014JB6. html）。

[239] 李季圣：《增加农民收入的途径》，北京社科门户网（http：//www. bjpopss. gov. cn/bjpssweb/n21587c52. aspx）。

[240] 李远：《中国农村发展绿色经济低碳经济大有可为》，搜狐财经网（http：// business. sohu. com/20100427/n271787219. shtml）。

[241] 李增华：《广东揭阳卖血村震动中央》，凤凰网（http：//news. ifeng. com /mainland/200704/0406_ 17_ 98427. shtml）。

[242] 刘伟：《一单挣15万 名校研究生代孕谋生》，消费日报网（http：//www. xfrb. com. cn/jjyf/newsf/2014/07/29/140659853930. htm）。

[243] 刘金辉：《中国涌现“80后”新农民》，新华网（http：//news. xinhuanet. com/2014 - 11/07/c_ 1113152106. htm）。

[244] LI huai - yin. *Village China under Socialism and Reform*：*A Micro - history*，1948 - 2008. Stanford University Press，2009.

[245] ［德］马克思：《资本论》（第一、三卷），人民出版社2004年版。

[246] ［德］马克思：《哥达纲领批判》，人民出版社1965年版。

[247]《毛泽东在七大的报告与讲话集》，中央文献出版社1995年版。

[248] ［荷兰］伯纳德·曼德维尔：《蜜蜂的寓言》，肖聿译，中国社会科学出版社2002年版。

[249] ［英］约翰·穆勒：《政治经济学原理》（下卷），赵荣潜等译，商务印书馆1991年版。

[250] ［法］埃德加·莫兰：《复杂性思想导论》，陈一壮译，华东师范大学出版社2008年版。

[251] ［法］H. 孟德：《农民的终结》，李培林译，社会科学文献出版社2005年版。

[252] ［法］孟德斯鸠：《论法的精神》（上），张雁深译，商务印书馆

1982 年版。
[253] [英] 阿尔弗雷德·马歇尔：《经济学原理》（上册），朱志泰译，商务印书馆 1981 年版。
[254] [埃] 阿卜杜勒 - 马利克等：《发展的新战略》，杜越等译，中国对外翻译出版公司 1990 年版。
[255] Lipton, Michael. *Why Poor People Stay Poor: Urban Bias in World Development*. Harvard University Press, 1977.
[256] 孟庆延：《"生存伦理"与集体逻辑——农业集体化时期"倒欠户"现象的社会学考察》，《社会学研究》2012 年第 6 期。
[257] 毛勒堂、张健：《分配正义：经济哲学的检审》，《吉首大学学报》（社会科学版）2011 年第 6 期。
[258] 民政部：《民政部发布 2012 年社会服务发展统计公报》，人民网（http://politics.people.com.cn/n/2013/0619/c1001-21892537-2.html）。
[259] 孟昭丽、武勇：《水利部数据：中国水土流失面积有 356 万平方公里》，人民网（http://finance.people.com.cn/GB/1037/4395839.html）。
[260] 梅志罡：《从减轻农民负担看农民权益保障》，中国农村研究网（http://www.sannong.gov.cn/v1/njlt/gnwz/200503140632.htm）。
[261] 农业部政策法规司、国家统计局农村司：《中国农村 40 年》，中原农民出版社 1989 年版。
[262] [美] R. T. 诺兰：《伦理学与现实生活》，姚新中等译，华夏出版社 1988 年版。
[263] [美] 莱茵霍尔德·尼布尔：《道德的人与不道德的社会》，陈维政、蒋庆、阮炜等译，贵州人民出版社 1998 年版。
[264] 倪愫襄：《制度伦理视野中的传统文化的现代转换》，《伦理学研究》2007 年第 1 期。
[265] 聂红梅等：《中国农村制度创新伦理》，《河南社会科学》2005 年第 1 期。
[266] 牛光：《郭树清：努力实现生产要素在城乡之间的双向自由流动》，中证网（http//www.cs.com.cn/xwzx/11/201111/t20111113_3126821.html）。

[267] 聂丛笑:《2012 年全国农民工总量达 26261 万人》,人民网(http://finance. people. com. cn/n/2013/0527/c1004 - 21624982. html)。

[268] 欧阳爱权:《社会主义新农村道德建设研究》,博士学位论文,武汉大学,2010 年。

[269] 彭德怀:《彭德怀自述》,人民出版社 1981 年版。

[270] 庞卫国:《转型期农村道德建设研究》,海天出版社 2005 年版。

[271] [美] 汤姆 · L. 彼彻姆:《哲学的伦理学》,雷克勤等译,中国社会科学出版社 1990 年版。

[272] [英] 诺曼 · E. 鲍伊、[英] 帕特里夏 · H. 沃哈尼:《伦理学》,李伟等译,经济管理出版社 2009 年版。

[273] [美] 林恩 · 夏普 · 佩因:《领导、伦理与组织信誉案例:战略的观点》,韩经纶、王永贵、杨永恒译,东北财经大学出版社 1999 年版。

[274] 彭树智:《甘地的农村经济思想及其道德观》,《南亚研究》1989 年第 2 期。

[275] 彭丽荃:《2003 年底全国农村绝对贫困人口 2900 万》,《中国发展报告》2004 年第 1 期。

[276] 彭家斌:《生态伦理在可持续发展战略中的功能分析》,《甘肃社会科学》2001 年第 2 期。

[277] 潘逸阳:《浅析前苏联的工业化模式》,《企业经济》2001 年第 5 期。

[278] 潘旭涛:《面粉中到底要不要添加增白剂?》,《科技日报》2010 年 5 月 7 日(第 4 版)。

[279] 潘晓凌:《内地农村学生难入名校 北大学生占比从三成跌至一成》,凤凰网(http://news. ifeng. com/mainland/detail_ 2011_ 08/05/8201640_ 0. shtml)。

[280] 秦晖:《农民中国:历史反思与现实选择》,河南人民出版社 2003 年版。

[281] 千高原:《企业伦理学》,中国纺织出版社 2000 年版。

[282] [苏] 蔡亚诺夫:《农民经济组织》,萧正洪译,于东林校,秦晖序,中央编译出版社 1996 年版。

[283] [美] 理查德 · T. 德 · 乔治:《经济伦理学》,李布译,北京大学

出版社 2002 年版。

[284] 全林远、赵周贤:《论当代中国的诚信建设》,《中国特色社会主义研究》2011 年第 6 期。

[285] 秦树理:《在农业经济结构调整中加强农村道德建设》,《光明日报》2002 年 9 月 30 日。

[286] 秦海霞:《中国人结婚花销调查:80% 费用用于购房》,深圳新闻网(http://www.sznews.com/news/content/2007-05/14/content_1121116.htm)。

[287] [美] 道格拉斯 · C. 诺思:《经济史中的结构与变迁》,陈郁等译,上海人民出版社 1994 年版。

[288] [美] 道格拉斯 · C. 诺思:《制度、制度变迁与经济绩效》,刘守英译,上海三联书店、上海人民出版社 1994 年版。

[289] [美] R. T. 诺兰:《伦理学与现实生活》,姚新中等译,华夏出版社 1988 年版。

[290] [美] 罗伯特 · 诺齐克:《无政府、国家与乌托邦》,姚大志译,中国社会科学出版社 2008 年版。

[291] 饶静等:《我国农业面源污染现状、发生机制和对策研究》,《农业经济问题》2011 年第 8 期。

[292] 人民日报评论员:《以人为本提升价值认同度》,《人民日报》2014 年 2 月 24 日。

[293] 阮占江:《从"把农民当作公民"说起》,《法制日报》2003 年 3 月 25 日。

[294] (西汉) 司马迁:《史记》,中华书局 1959 年版。

[295] [英] 亚当 · 斯密:《国富论》,严复译,商务印书馆 1981 年版。

[296] [印度] 阿马蒂亚 · 森:《伦理学与经济学》,王宇、王文玉译,商务印书馆 2000 年版。

[297] [印度] 阿马蒂亚 · 森:《以自由看待发展》,中国人民大学出版社 2002 年版。

[298] [印度] 阿玛蒂亚 · 森:《作为能力剥夺的贫困》,李春波译,载李陀、陈燕谷:《视界》(第四辑),河北教育出版社 2001 年版。

[299] [美] 西奥多 · W. 舒尔茨:《改造传统农业》(1964),梁小民译,商务印书馆 1987 年版。

[300] [美] 西奥多·W. 舒尔茨：《经济增长与农业》，郭熙保、周开年译，北京经济学院出版社 1991 年版。

[301] [美] 西奥多·W. 舒尔茨：《教育的经济价值》，曹延亭译，吉林人民出版社 1982 年版。

[302] [美] 詹姆斯·C. 斯科特：《农民的道义经济学：东南亚的反叛与生存》，程立显、刘建等译，译林出版社 2001 年版。

[303] [美] 埃德加·诺斯：《西行漫记》（中文版），生活·读书·新知三联书店 1979 年版。

[304] [日] 速水佑次郎、[美] 弗农·拉坦：《农业发展的国际分析》，郭熙保、张进铭译，中国社会科学出版社 2000 年版。

[305] [美] 阿兰·斯密德：《制度与行为经济学》，刘璨、吴水荣译，中国人民大学出版社 2004 年版。

[306] [法] 萨伊：《政治经济学概论》，陈福生、陈振骅译，商务印书馆 1963 年版。

[307] 世界自然保护同盟、联合国环境规划署、世界野生生物基金会：《保护地球——可持续生存的战略》，中国环境科学出版社 1992 年版。

[308] 孙英、吴然：《经济伦理学》，首都经贸大学出版社 2005 年版。

[309] 宋圭武：《三农中国的经济学阐述》，甘肃人民出版社 2009 年版。

[310] 苏勇：《现代管理伦理学》，石油工业出版社 2003 年版。

[311] [英] 亚当·斯密：《国民财富的性质和原因的研究》（上），郭大力、王亚南译，商务印书馆 1974 年版。

[312] [美] 西奥多·W. 舒尔茨著：《改造传统农业》（ 1964），梁小民译，商务印书馆 1987 年版。

[313] [美] 詹姆斯·C. 斯科特：《农民的道义经济学：东南亚的反叛与生存》，程立显等译，译林出版社 2001 年版。

[314] [美] 保罗·萨缪尔森：《经济学》（下册），高鸿业译，商务印书馆 1982 年版。

[315] 申端锋：《中国农村出现伦理性危机》（香港），《中国评论》2007 年第 3 期。

[316] 苏杨、马宙宙：《我国农村现代化进程中的环境污染问题及对策研究》，《中国人口·资源与环境》2006 年第 2 期。

[317] 孙杭生:《积极提高农民环保意识刍议——江苏省农民环保意识调查》,《现代经济探讨》2009 年第 7 期。

[318] 宋圭武:《人民公社低效率原因及中国农村合作问题探讨》,《社科纵横》2012 年第 6 期。

[319] 石宏伟:《论我国城乡二元社会保障制度的改革》,《江苏大学学报》(社会科学版) 2006 年第 11 期。

[320] 宋少江:《新中国农村土地制度改革与变迁的制度伦理分析》,《理论界》2011 年第 10 期。

[321] 春歌:《收入分配差距是如何扩大的——访清华大学社会学系孙立平教授》,《理论参考》2003 年第 5 期。

[322] Tveitdal Svein, "Urban - Rural Interrelationship: Condition for Sustainable Development", *United Nations Environment Programme*, 2004, 19 (2): 145 - 147.

[323] 孙春祥:《2012 年基尼系数为 0.474　城镇居民收入差距超 4 倍》,《北京晨报》2013 年 1 月 19 日。

[324] 孙月飞:《中国癌症村的地理分布研究》,硕士学位论文,华中师范大学,2009 年。

[325] 苏杨:《中国农村环境污染调查》,人民网 (http//theory. people. com. cn /GB/49154/49369/4027248. html)。

[326] 孙瑞灼:《企业违法成本怎能如此低廉》,中华人民共和国环境部网 (http: //www. zhb. gov. cn/zhxx/hjyw/200801/t20080124_ 116788. html)。

[327] 申亚桥等:《排污企业靠群众　乡村 NGO 化解污染难题》,人民网 (http: //env. people. com. cn/GB/8928271. html)。

[328] 孙朝方等:《珠三角农民工月工资 12 年只提 68 元徘徊贫困边缘》,中国新闻网,http: //www. chinanews. com/news/2005/2005 - 01 - 21/26/531466. shtml,2005 年 1 月 21 日。

[329] 唐凯麟:《伦理学》,高等教育出版社 2001 年版。

[330] 同春芬:《转型期中国农民的不平等待遇透析》,社会科学文献出版社 2006 年版。

[331] [美] M. P. 托达罗:《第三世界的经济发展》,于同申等译,中国人民大学出版社 1988 年版。

[332] 唐凯麟、曹刚:《论道德的法律支持及其限度》,《哲学研究》2000年第4期。
[333] 唐凯麟:《对消费的伦理追问》,《伦理学研究》2002年第1期。
[334] 唐凯麟:《食品安全伦理引论:现状、范围、任务与意义》,《伦理学研究》2012年第2期。
[335] 谭玉清:《我国城乡居民收入差距的现状及对策分析》,《管理科学文摘》2007年第7期。
[336] 涂平荣:《孔子的生态伦理思想探微》,《江西社会科学》2008年第10期。
[337] 涂平荣、袁小武:《农村文化变迁及其与城市化的融合》,《商业时代》2013年第22期。
[338] 田璐、张桂豪:《清明节全国烧纸烧香消耗百亿 青岛人祭祀一般花费百元左右》,《青岛晚报》2011年3月29日。
[339] 田国垒:《权益为何要用生命来换取》,中青在线-中国青年报(http://zqb.cyol.com/content/2010-04/19/content_3189091.htm)。
[340] 田北北:《全国供销总社一官员挪用4亿农业补贴被查》,网易(http://news.163.com/10/0117/03/5T6T4H540001124J.html)。
[341] (三国)王肃:《孔子家语》,上海古籍出版社1990年版。
[342] 万俊人:《道德之维——现代经济导论》,广东人民出版社2000年版。
[343] 王小锡:《道德资本与经济伦理》,人民出版社2009年版。
[344] 王小锡等:《中国伦理学60年》,上海人民出版社2009年版。
[345] 汪荣有:《当代中国经济伦理论》,人民出版社2004年版。
[346] 汪荣有:《经济公正论》,人民出版社2010年版。
[347] 王露璐:《乡土伦理——一种跨学科视野中的"地方性道德知识"探究》,人民出版社2008年版。
[348] 温铁军:《"三农"问题与制度变迁》,中国经济出版社2009年版。
[349] 吴克伟、呈毅:《转型中的治理:当代中国乡村社会变迁实证研究》,湖北人民出版社2009年版。
[350] 吴淼:《大故事中的小逻辑——一个生产队干部对人民公社的记述》,载华中师大中国农村问题研究中心:《中国农村研究》(2002年卷),中国社会科学出版社2003年版。

[351] 王梦奎:《中国经济发展的回顾与前瞻(1979—2020)》,中国财政经济出版社 1999 年版。
[352] 王玉贵、娄胜华:《当代中国农村社会经济变迁研究:以苏南地区为中心的考察》,群言出版社 2006 年版。
[353] 吴雁南:《贾思勰和〈齐民要术〉》,中华书局 1980 年版。
[354] [德] 马克斯·韦伯:《新教伦理与资本主义精神》,于晓、陈维纲译,三联书店 1987 年版。
[355] 万俊人:《市场经济的效率原则及其道德论证——从现代经济伦理的角度看》,《开放时代》2000 年第 1 期。
[356] 王小锡:《论道德的经济价值》,《中国社会科学》2011 年第 4 期。
[357] 王小锡:《略论经济自由》,《道德与文明》2012 年第 5 期。
[358] 王露璐:《若干经典理论对乡村经济伦理研究的资源意义》,《伦理学研究》2007 年第 1 期。
[359] 王露璐:《中国乡村经济伦理之历史考辨与价值理解》,《道德与文明》2007 年第 6 期。
[360] 王露璐:《乡土经济伦理的传统特色探析》,《孔子研究》2008 年第 2 期。
[361] 王一多:《道德建设的基本途径——兼论经济生活、道德和政治法律的关系》,《哲学研究》1997 年第 1 期。
[362] 汪信砚:《普世价值·价值认同·价值共识——当前我国价值论研究中三个重要概念辨析》,《学术研究》2009 年第 11 期。
[363] 王凤山、阎国庆、任国岩:《加快转移农村富余劳动力的探讨》,《农业经济问题》2005 年第 3 期。
[364] 吴永生、张胜军:《农业与农村可持续发展的伦理思考》,《中国农业教育》2004 年第 3 期。
[365] 王吉奎等:《SMS－1500 型秸秆粉碎与残膜回收机的设计》,《农业工程学报》2011 年第 7 期。
[366] 吴栋、周鹏:《城乡二元结构下财政支出对居民消费率影响研究》,《当代经济研究》2010 年第 6 期。
[367] 韦廷柒:《阻碍城乡经济协调发展的主要因素》,《农业经济》2005 年第 11 期。
[368] 吴庆田、方倩:《财政支农结构对农村 GDP 的脉冲效应分析》,

《统计与决策》2012 年第 14 期。

[369] 王利明、周友军：《论我国农村土地权利制度的完善》，《中国法学》2012 年第 1 期。

[370] 王海光：《城乡二元户籍制度的形成》，《炎黄春秋》2011 年第 12 期。

[371] 王俞莹：《浅析前苏联工业化模式》，《中国高新技术企业》2007 年第 15 期。

[372] 文强、刘文荣、马小明：《城镇发展中的污染转移问题》，《四川环境》2005 年第 4 期。

[373] 巫文强：《劳动分占与中国农村劳动力就业问题探因》，《改革与战略》2006 年第 11 期。

[374] 万俊人：《中国伦理学的发展与时代主题》，《光明日报》2003 年 9 月 2 日。

[375] 王明峰、侯琳良、方敏：《治治农村市场假冒伪劣》，《人民日报》2014 年 1 月 19 日。

[376] 文静、曾文波：《本该“雪中送炭”，却成“锦上添花”住房公积金不同行业差距过大》，《中国青年报》2012 年 12 月 23 日。

[377] 童大焕：《中国城乡差距的真实面目》，《东方早报》2008 年 9 月 1 日。

[378] 汪红梅：《我国农村社会资本变迁的经济分析》，博士学位论文，华中科技大学，2008 年。

[379] 王周：《农村生态伦理建设研究》，博士学位论文，湖南师范大学，2003 年。

[380] 王韫梅：《“三农”制度的伦理考量》，硕士学位论文，中南大学，2007 年。

[381] 王东向：《当前我国农村经济伦理问题研究》，硕士学位论文，山西财经大学，2007 年。

[382] 吴越：《我国农民经济行为的伦理审视》，硕士学位论文，沈阳师范大学，2009 年。

[383] 温铁军:《中国失地农民将超 1 亿》，和讯网，http://opinion.hexun.com/2012-12-05/148701100.html，2012 年 12 月 5 日。

[384] 吴采平：《〈中国农民经济状况报告〉显示消费走向发展型》，中国

消费网（http//www. ccn. com. cn/news/xiaofeidiaocha/xinwen/2012/0903/436245. shtml）。

[385] 王永新：《女学生车祸赔偿案　再次拷问“同命不同价”》，新华网山东频道（http：//www. sd. xinhuanet. com/news/2007 - 06/20/content_ 10351475. htm）。

[386] 王文胜：《平乐县部分村镇吸毒情况调查：毒品让一些家庭家破人亡》，桂林生活网讯（http：//news. guilinlife. com/news/2012/04 - 18/242197. html）。

[387] 王安宁：《国家统计局：2013 年城镇居民收入为农村居民 3. 03 倍》，中国新闻网（http：//www. chinanews. com/gn/2014/01 - 20/5755313. shtml）。

[388] （明）徐光启：《农政全书》，中华书局 1956 年版。

[389] 徐元诰：《国语集解》，中华书局 2002 年版。

[390] 徐新：《现代社会的消费伦理》，人民出版社 2009 年版。

[391] 徐浩：《农民经济的历史变迁——中英乡村社会区域发展比较》，社会科学文献出版社 2002 年版。

[392] 吴克伟、呈毅：《转型中的治理：当代中国乡村社会变迁实证研究》，湖北人民出版社 2009 年版。

[393] 许全兴：《毛泽东与孔夫子》，人民出版社 2003 年版。

[394] 谢丽华：《农村伦理的理论与现实》，中国农业出版社 2010 年版。

[395] [印] 范达娜·席瓦：《失窃的收成：跨国公司的全球农业掠夺》，唐均译，上海人民出版社 2006 年版。

[396] 夏伟东：《经济伦理学研究什么》，《江苏社会科学》2000 年第 3 期。

[397] 徐勇：《深化对农村城镇化认识十题》，《东南学术》2013 年第 3 期。

[398] 徐崇温：《科学发展观：提出的背景和根据》，《广东社会科学》2008 年第 5 期。

[399] 徐少锦：《中国古代优秀的商业伦理精神》，《审计与经济研究》1997 年第 5 期。

[400] 徐祥临：《城乡要素平等交换事关大局》，《农村经营管理》2011 年第 1 期。

[401] 夏兴园、萧文海:《论我国经济转型期假冒伪劣的生成机制及其治理》,《中南财经政法大学学报》2003 年第 4 期。

[402] 肖国安:《工农产品价格剪刀差实证分析及农产品补贴政策研究》,《经济学动态》2004 年第 8 期。

[403] 谢丽华:《农业生产伦理研究综述与分析建议》,《经济学动态》2011 年第 1 期。

[404] 雷雨:《我国农业生产面临的困境与出路》,《中国粮食经济》2007 年第 10 期。

[405] 夏静:《教育公平:社会和谐的"瞭望塔"》,《光明日报》2008 年 11 月 12 日。

[406] 薛鑫:《新农村的精神因子——乡村伦理建设》,聊城门户网(http://www.lc365.net/html/agri/8672.htm)。

[407] 徐黎明:《外地污染企业遭整治跑到德兴 水晶玻璃作坊遍地开弄脏乡村》,江西新闻网(http://jiangxi.jxnews.com.cn/system/2011/12/01/011835559.shtml)。

[408] 杨伯峻:《论语译注》,中华书局 1980 年版。

[409] 袁祖社:《四书五经——全译全注》(全四册),线装书局 2002 年版。

[410] 尹世杰:《消费经济学》,高等教育出版社 2003 年版。

[411] 尹世杰:《消费力经济学》,中国财政经济出版社 2001 年版。

[412] 杨建文:《分配伦理》,河南人民出版社 2002 年版。

[413] 杨先农:《科学发展观简明读本》,四川人民出版社 2008 年版。

[414] 俞德鹏:《城乡社会:从隔离走向开放——中国户籍制度与户籍法研究》,山东人民出版社 2002 年版。

[415] 岳跃:《中国农户经济行为的二元博弈均衡分析》,中国经济出版社 2006 年版。

[416] 叶蓬、李权时:《经济伦理学研究:制度创新与经济发展的人文关怀》,中央编译出版社 2007 年版。

[417] 殷晓清:《农民的职业化——社会学视角中的三农问题及其出路》,南京师范大学出版社 2005 年版。

[418] 殷志静、郁奇虹:《中国户籍制度改革》,中国政法大学出版社 1996 年版。

[419] 杨思远：《中国农民工的政治经济学考察》，中国经济出版社 2005 年版。
[420] [古希腊] 亚里士多德：《政治学》，吴寿彭译，商务印书馆 1965 年版。
[421] [英] 亚当·斯密：《国民财富的性质和原因的研究》（上），郭大力、王亚南译，商务印书馆 1974 年版。
[422] [美] 阎云翔：《私人生活的变革：一个中国村庄里的爱情、家庭与亲密关系（1949—1999）》，龚晓夏译，上海书店出版社 2006 年版。
[423] 姚大志：《分配正义：从弱势群体的观点看》，《哲学研究》2011 年第 3 期。
[424] 严瑞珍等：《中国工农业产品价格剪刀差的现状、发展趋势及对策》，《经济研究》1990 年第 2 期。
[425] 杨威：《宋明时期儒家思想普及经验之借鉴》，冯刚主编：《高校马克思主义大众化研究报告（2009）》，光明日报出版社 2009 年版。
[426] 杨天宇：《政府管制：收入差距与社会各阶层的利益冲突》，《上海经济研究》2006 年第 4 期。
[427] 杨灿明、胡洪曙、施惠玲：《农民国民待遇与制度伦理分析——兼论“三农”问题的解决对策》，《中南财经政法大学学报》2003 年第 5 期。
[428] 杨韵新：《最大的资源浪费——中国农业剩余劳动力状况及其经济损失分析》，《职业技术教育》2003 年第 9 期。
[429] 杨普文、许均华、陈佩华：《浅析中央银行信贷政策的城市偏向》，《农村金融研究》1988 年第 12 期。
[430] 叶翠青：《城乡差别的财税政策是形成城乡二元社会经济结构的重要经济因素》，《经济研究参考》2004 年第 85 期。
[431] 杨金风、史江涛：《人力资本对非农就业的影响：文献综述》，《中国农村观察》2006 年第 3 期。
[432] 喻文德：《论食品安全伦理的基本价值诉求》，《中南大学学报》（社会科学版）2012 年第 5 期。
[433] 杨劲：《我国农民收入分配不公的成因及对策》，《南方农村》2008 年第 3 期。

[434] 杨在军:《农村日常消费品假冒伪劣市场成因及其治理》,《调研世界》2007 年第 9 期。

[435] 杨幼松:《农村“四季歌”出现大变化　宝清万名农民春节忙赚钱》,《黑龙江日报》2005 年 2 月 19 日。

[436] 杨晴初、夏珺:《30 年乡镇企业对经济社会贡献巨大》,人民网(http://finance. people. com. cn/GB/8523432. html)。

[437] 杨伟广:《儿子结婚父母背债　冀南农村娶妻难　女方彩礼越要越高》,新华网(http://www. he. xinhuanet. com/news/2014 - 03/26/c_ 119948231. htm)。

[438] 杨芳:《李克强:村里人应与城里人享受同等消费服务》新华网(http://news. xinhuanet. com/2014 - 11/04/c_ 1113115593. htm)。

[439] 中共中央马克思恩格斯列宁斯大林著作编译局编:《马克思恩格斯文集》(第 1—10 卷),人民出版社 2009 年版。

[440] 中共中央马克思恩格斯列宁斯大林著作编译局编:《马克思恩格斯选集》(第 1—10 卷),人民出版社 1995 年版。

[441] 中共中央马克思恩格斯列宁斯大林著作编译局编:《列宁选集》(第1—4 卷),人民出版社 1995 年版。

[442] 中共中央马克思恩格斯列宁斯大林著作编译局编:《列宁专题文集》(论无产阶级政党),人民出版社 2009 年版。

[443] 中共中央马克思恩格斯列宁斯大林著作编译局编:《列宁全集》(第 2 卷),人民出版社 1984 年版。

[444] 中共中央马克思恩格斯列宁斯大林著作编译局编:《列宁全集》(第 14 卷),人民出版社 1984 年版。

[445] 中共中央马克思恩格斯列宁斯大林著作编译局编:《列宁全集》(第 34 卷),人民出版社 1985 年版。

[446] 中共中央马克思恩格斯列宁斯大林著作编译局编:《列宁全集》(第 36 卷),人民出版社 1985 年版。

[447] 中共中央马克思恩格斯列宁斯大林著作编译局编:《列宁全集》(第 37 卷),人民出版社 1986 年版。

[448] 中共中央马克思恩格斯列宁斯大林著作编译局编:《列宁全集》(第 38 卷),人民出版社 1985 年版。

[449] 中共中央马克思恩格斯列宁斯大林著作编译局编:《列宁全集》

（第 42 卷），人民出版社 1987 年版。
[450] 中共中央马克思恩格斯列宁斯大林著作编译局编：《斯大林全集》（第 10 卷），人民出版社 1954 年版。
[451] 中共中央马克思恩格斯列宁斯大林著作编译局编：《斯大林全集》（第 12 卷），人民出版社 1955 年版。
[452] 中央文献编辑委员会编：《毛泽东选集》（1—4 卷），人民出版社 1991 年版。
[453] 中共中央文献研究室编：《毛泽东文集》（第 1 卷），人民出版社 1993 年版。
[454] 中共中央文献研究室编：《毛泽东文集》（第 6、7 卷），人民出版社 1999 年版。
[455] 中共中央文献研究室：《建国以来毛泽东文稿》，中央文献出版社 1992 年版。
[456] 中共中央文献编辑委员会：《邓小平文选》（第 1—2 卷），人民出版社 1994 年版。
[457] 中共中央文献编辑委员会：《邓小平文选》（第 3 卷），人民出版社 1993 年版。
[458] 中共中央文献研究室：《邓小平年谱》（1975—1997）（下），中央文献出版社 2004 年版。
[459] 中共中央文献研究室：《十二大以来重要文献选编》（上中册），人民出版社 1986 年版；（下册），人民出版社 1988 年版。
[460] 中共中央文献研究室：《十三大以来重要文献选编》（上、中、下册），中央文献出版社 2011 年版。
[461] 中共中央文献研究室：《十四大以来重要文献选编》（上、中、下册），中央文献出版社 2011 年版。
[462] 中共中央文献研究室：《十五大以来重要文献选编》（上、中、下册），中央文献出版社 2011 年版。
[463] 中共中央文献研究室：《十六大以来重要文献选编》（上、中、下册），中央文献出版社 2011 年版。
[464] 中共中央文献研究室：《建国以来重要文献选编》（第 11 册），中央文献出版社 1995 年版。
[465] 中共中央文献研究室：《十一届三中全会以来重要文献选编》（上

中下册)，人民出版社 1986 年版。
[466] (春秋) 左丘明:《左传》，岳麓书社 1988 年版。
[467] (南宋) 朱熹:《四书集注》，岳麓书社 2004 年版。
[468] (清朝) 赵翼:《二十二史札记》(卷二五)，王树民校，中华书局 1984 年版。
[469] 中国海南改革发展研究院:《中国农民权益保护》，中国经济出版社 2004 年版。
[470] 章海山:《经济伦理及其范畴研究》，中山大学出版社 2005 年版。
[471] 周中之、高惠珠:《经济伦理学》，华东师范大学出版社 2002 年版。
[472] 曾建平:《环境公正:中国视角》，社会科学文献出版社 2013 年版。
[473] 朱有志:《经济道德层次论》，湖南人民出版社 2009 年版。
[474] 臧乐源等:《当代中国农村道德导论》，济南出版社 1996 年版。
[475] 张晓山、李周:《中国农村 60 年的发展与变迁》，人民出版社 2009 年版。
[476] 郑风田:《制度变迁与中国农民经济行为》，中国农业科技出版社 1999 年版。
[477] 周谨平:《机会平等与分配正义》，人民出版社 2009 年版。
[478] 张海鹏、王廷元:《徽商研究》，安徽人民出版社 1995 年版。
[479] 张志丹:《道德经营论》，人民出版社 2013 年版。
[480] 周辅成:《孔子的伦理思想》(上)，《中国文化月刊》(台湾东南大学) 1989 年第 115 期。
[481] 章海山、詹宇扬:《西方效率与公平理论的道德启示》，《江海学刊》2003 年第 4 期。
[482] 周其仁:《中国农村改革:国家和所有权关系的变化(上)——一个经济制度变迁史的回顾》，《管理世界》1995 年第 3 期。
[483] 周其仁:《中国农村改革:国家与土地所有权关系的变化——一个经济制度变迁史的回顾》，《中国社会科学季刊》(香港) 1995 年第 6 期。
[484] 周其仁:《中国农村改革:国家和所有权关系的变化》，《中国社会科学季刊》(香港) 1994 年第 2 期。

[485] 赵宝春：《消费者伦理信念水平与其出生地的关联：中国城乡二元社会背景下的实证研究》，《管理世界》2011 年第 1 期。
[486] 张克俊：《我国城乡居民收入差距的影响因素分析》，《人口与经济》2005 年第 6 期。
[487] 詹世友、钟贞山：《“正义是社会制度的首要美德”之学理根据》，《道德与文明》2013 年第 3 期。
[488] 朱梅、汤庆熹、裴爱红：《农村居民不良消费行为的文化动因及对策研究》，《湖南农业大学学报》（社会科学版）2007 年第 12 期。
[489] 周会、应丽艳、刘钟钦：《辽宁省农户消费行为影响因素分析》，《农业经济》2007 年第 10 期。
[490] 周应华：《关于工农产品价格剪刀差问题的探讨》，《农业经济》1994 年第 4 期。
[491] 张红伟、吴瑾：《我国城乡居民消费结构的实证研究》，《大连理工大学学报》（社会科学版）2011 年第 1 期。
[492] 张俊良、何晓玉、陈丹：《农民工劳动权益保障问题及对策研究》，《农村经济》2007 年第 5 期。
[493] 张英：《当前我省居民消费结构中存在的问题及对策》，《发展》1994 年第 5 期。
[494] 周燕军：《制度伦理评价系统的原则与建构》，《理论与现代化》2000 年第 5 期。
[495] 朱诗娥、杨汝岱：《城乡居民消费差距与地区经济发展水平》，《经济评论》2012 年第 1 期。
[496] 张东辉、孙华臣：《中国物价波动与经济增长关系研究——基于城乡居民消费差距视角的分析》，《经济评论》2010 年第 2 期。
[497] 朱迎春：《从教育公平原则看中国城乡教育差距》，《河北师范大学学报》（教育科学版）2006 年第 5 期。
[498] 张鉴君等：《当前农民工劳动力价格问题研究分析》，《金融与经济》2006 年第 1 期。
[499] 曾祥斌：《中国大城市生育率太低》，《老年人》2008 年第 9 期。
[500] 周天勇：《现代化要对得起为发展做出巨大贡献的农民》，《中国经济时报》2007 年 7 月 12 日。
[501] 周小苑：《全国污染源普查公报发布　历时两年摸清污染源家底》，

《人民日报》(海外版) 2010年2月10日。

[502] 张枫逸:《速生鸡潜规则曝光,谁更该脸红?》,《人民法院报》2012年12月24日。

[503] 张俊才:《千亿农村资金悄然进城》,《国际金融报》2004年6月14日。

[504] 张凤云:《环保部:城市污染向农村转移有加速趋势》,《农民日报》2010年6月4日。

[505] 曾维政:《农村环境问题的伦理学思考》,硕士学位论文,云南财经大学,2009年。

[506] 周恩来:《1957年国务院政府工作报告》,中华人民共和国中央人民政府网,http://www.gov.cn/test/2006-02/23/content_208756.htm,2006年2月23日。

[507] 中国国民党革命委员会中央委员会:《关于改革收入分配制度提高农民工收入的建议》,中国国民党革命委员会中央委员会网(http//www.minge.gov.cn/txt/2010-03/04/content_3403593.htm)。

[508] 中华人民共和国发改委:《2010年秸秆可收集量约7亿》,中国日报网(http://www.chinadaily.com.cn/hqcj/zxqxb/2012-01-04/content_4875126.html)。

[509] 周其仁:《农村产权制度的新一轮改革》,三农资讯(http://www.gdcct.gov.cn/politics/thinktank/201101/t20110126_433551_2.html#text)。

[510] 张帆:《省人社厅:让农民工2015年实现同工同酬》,大众网(http://sd.dzwww.com/sdnews/201309/t20130909_8862954.htm)。

[511] 张晓松:《人均耕地面积1.4亩传递三大警示信号》,新华网(http://news.xinhuanet.com/newscenter/2006-04/16/content_4431026.htm)。

[512] 张艳玲、陈锡文:《城乡收入差距仍扩大 势头未获遏制》,财新网(http://china.caixin.com/2011-01-30/100222782.html)。

[513] 周英峰、王飞:《2007年我国农民工达到2.26亿人》,网易(http://news.163.com/08/0828/21/4KFB6J230001124J.html)。

[514] 周欣宇:《农业贷款仅占全国余额5%"高利贷"约1.4万亿》,新浪网(http://finance.sina.com.cn/g/20031113/0800516591.shtml)。

[515] 张娜、程小旭、张文晖：《农村市场商品调查：农民陷假冒伪劣消费怪圈》，新浪财经网（http：//finance. sina. com. cn/nongye/nyhgjj/20130308/083814762482. shtml）。

[516] 郑卫东：《集体化时期的分配制度与人口生育——以日照市东村为中心（1949—1973）》，爱思想网（http：//www. aisixiang. com/data/38483. html）。

后　记

《当代中国农村经济伦理问题研究》一书是在我的博士论文指导老师、家人与诸多同事的关心、支持与帮助下完成的。也是我近年来科研经历、工作环境、研究旨趣等方面的综合结果。伦理学硕士研究生阶段，我曾致力于先秦诸子的传统伦理思想研究，硕士研究生毕业后有幸成为工作单位的江西省"十一五"、"十二五"重点学科——伦理学与江西省高校人文社科重点研究基地——农村社会建设研究中心的骨干成员，出于研究工作的需要，近年来的研究任务一直围绕着伦理学与农村社会学展开。在攻读博士学位期间，因导师王小锡教授是从事经济伦理研究的权威，于是萌生了结合前期成果与导师的研究优势来做博士论文的想法，拟订"当代中国农村经济伦理问题研究"这一选题后，导师非常赞成，鼓励我要把这一主题做下去，并布置我先查阅、精读相关资料，在开题前写好国内外相关研究的综述论文交给他审定。在查阅、精读了诸多相关资料后，我顺利完成了《当代中国农村经济伦理问题的相关研究综述》与《近代以来国外农村经济伦理问题的相关研究综述》两篇论文。几经修改后，这两篇综述文章分别在 CSSCI 来源期刊《伦理学研究》与境外 CPCI 收录期刊《亚洲学术论坛》（中英文版）公开发表。正是导师的支持、鼓励与指导，2012 年我以这一题目申报了江西省社会科学规划项目，并有幸获准立项，又为撰写本主题的博士论文增添了一份信心，四篇小论文先后公开发表后，课题也以良好的鉴定等级顺利结题了。在历经了诸多艰难困苦的框架调整、观点提炼、文字修补、数据整合甚至是不眠之夜的苦思冥想及导师的反复修改后，博士论文 20 余万字的文稿也基本完成。本书基本上是在我博生论文的基础上修改完善而成的。

回首往事，感慨万千，深谙学术之路艰辛困苦，尤其是对学术起步晚、工作压力大、家庭杂事多的我来说更是深有体会，我的求学之路历经坎坷，饱经磨难，历经"求学—辍学—再求学—工作—再求学—再工作—

再工作与求学并举”这么个漫长曲折的过程，也算是履践个人学术成长之路的“肯定—否定—否定之否定”轨迹或谱系曾经沧桑的人生历程吧！但最值欣慰的是今生在求学之路的巅峰——博士阶段还能有幸遇上一位学识与才识、学品与人品兼优的博士生导师与南京师大公共管理学院诸多学识渊博的任课教师，是他们指导、协助我完成了学业，在不惑之年圆了博士“梦”。还有读博期间家人、同事、同学对自己的关心、支持与帮助，要感谢的人实在太多，耐何没有能力一一回报，在本书的后记中略表谢意。

第一，要感谢我的博士论文指导老师王小锡教授。导师宽容、大度、博识、睿智的人格魅力这几年深深地影响着我，其低调、友善、有节的处事风格与严谨、务实、包容的治学态度让人敬而仰之。就我的博士论文而言，从选题、提纲确定、开题、预答辩、盲审前的把关、盲审自评表的斟酌、答辩等环节，导师总是在百忙之中抽空帮我答疑解惑。有时是凌晨一点还回复我一个邮件，有时刚下飞机就回复我的电话，有时一句“观点与范围”不能并列的话语让我从懵然中猛然顿悟；生活中的一些现实难题，导师也是善解人意，时常主动提出，尽力帮助解决，这些都让我深深地体会到难得的人间真情。而在名师指导下自己没有出产高质量的成果又感觉愧对恩师。

第二，要感谢南京师大公共管理学院的诸多老师与外校的几位答辩专家。如王露璐教授、曹孟勤教授、刘云林教授，孙迎光教授、高兆明教授、陈真教授、徐强教授，他们对我论文中肯的修改意见或精彩的授课，以及博士论文开题时著名伦理学家唐凯麟教授，答辩时清华大学人文学院院长万俊人教授、南京图书馆馆长徐小跃教授对我论文改进的到位点拨与提问，均让我受益颇丰。还有南京师大公共管理学院的张志丹副教授也曾牺牲休息时间对我论文进行过诸多指点与润色，这些都让我终生难忘，也借此机会向他们表达由衷的感谢。

第三，要感谢我的家人。妻子周素琴女士不仅分担了我许多份内的家务与教育小孩的重任，默默地支持着我的学业与工作。每日四个轮回风雨无阻地接送小孩上学、放学，而且为我论文的语句、错字、别字与标点符号排查付出了大量的劳动。活泼、好动、聪明、好学、好读而又调皮、任性的儿子也时常向我问些作业难题或报告些获了奖、得了高分的事情，也为我抑郁、苦闷的论文写作增添了一份快乐。岳父、岳母对小孩的关照也减轻了我的部分家庭负担，父母的养育之恩，老家的哥哥涂平安与弟弟涂平贵也额外地分担了许多照顾年迈母亲的义务，这些都让我无法用言语去表达致谢。尤其是考博、读博期间，常常忙于看书、上课、写论文、做课题等事情，对母亲、岳父、岳母的关心与孝敬及对妻子、儿子的关爱与陪伴均太少太少，甚至几次儿子重病住院，自己都无法陪伴，还有早已在九泉之下的父亲已让我无法尽孝，感觉亏欠他们的太多太多。

第四，要感谢南京师大公共管理学院2011级博士班的同学与我工作单位的一些同事。博士班的同学乔楚、张晓亮、金富平、胡凤飞、顾美红、赵祖地、谢新春、刘永安等人读博期间对我学习、生活的关心和帮助，一些事情由于本人不在南京均是这些同学帮忙代劳了。还有我工作单位的同事刘兵飞硕士、马云多博士、王聪聪博士、尹业初博士、高勇硕士、张兴亮博士等也为我论文的翻译或校稿等提供了一些支持与帮助，宜春学院政法学院聂火云院长、郑建明教授、陈洪波副教授、胡文琴副书记，马克思主义学院范松仁院长、李志友教授等也为我读博、工作期间的工作与学习提供了诸多支持与帮助，在此一并表示衷心感谢！

第五，感谢本书中参考文献与注释中涉及的所有专家、学者，是他们的研究成果启迪了我的写作思路或支撑了我的论文论据。还要感谢几位匿名评审我博士论文的专家，他们对我论文提出的一些修改意见，这些真知灼见为我论文修改指明了方向！

最后，感谢本书的责任编辑中国社会科学出版社经济与管理出版中心的刘晓红女士、本书的责任校对周晓东先生、本书的责任印制戴宽先生等，他们为本书的编辑、校对、出版等繁杂事务也付出了辛勤的劳动，在此一并感谢！

然而，我苦于自身知识储备、学术视野、研究水平、科研时间精力等诸多有限，文章还有很多不足之处。虽然本书写作耗时颇多，我也自认为勤奋有余，尽力而为了，然而因上述的诸多主观与客观条件的限制，我只能把这些不足与遗憾当作后续科研工作的压力与动力，在今后的学术生涯中继续发奋努力，竭尽全力去修改完善。也诚恳希望各位专家、学者、读者赐教、批评、指正，以鞭策与帮助我把本研究论题做深做细，进一步拓展深化。

涂平荣

2015年6月26日